Roland Weis

Hexenschuss

Ein Kriminalroman

Roland Weis

Hexenschuss

Ein Kriminalroman

rombach verlag

Auf dem Umschlag: Löffinger Hexen, © Roland Weis

Umschlag: Bärbel Engler, Rombach Verlag KG, Freiburg i.Br./Berlin/Wien
Satz: rombach digitale manufaktur, Freiburg im Breisgau
Herstellung: Rombach Druck- und Verlagshaus GmbH & Co. KG, Freiburg i.Br.
ISBN 978-3-7930-5160-2

INHALT

Vorrede 7

Hexenschuss 9

Qualitätsjournalismus 13

Abend mit Folgen 20

Schmerzen vergehen 27

Studentenleben 34

Schmutzige Dunschdig (Vormittag) 41

Schmutzige Dunschdig (Nachmittag) 48

Schmutzige Dunschdig (Abend) 56

Jede Hexe schnitzt ihre Maske selbst 65

In der Zunftstube 77

Beim Kräuterhannele 83

Abschleppdienst Pfarrhiesler 102

Hexenball 116

Löffinger Hexenprozesse 1635/36 132

Hugos Rückkehr 141

Cyberkriminalität 151

Anna verschwunden 161

Hab das Gewehr 175

Hexenschuss aufgeklärt 187
Stress aller Art 199
Maria und Anna 212
Spuren und Verdächtige 223
Der Röhle 239
Der sechste Tag 250
Das Muckenloch 269
Showdown 282

VORREDE

Dies ist ein Alfred-Krimi aus dem Hochschwarzwald. Das bedeutet: Wie in allen Krimis mit dem Lokalreporter Alfred spielen auch in diesem tatsächlich lebende Personen aus dem Hochschwarzwald und aus Freiburg mit. Das ist Absicht, bitte nicht gleich zum Rechtsanwalt rennen.
Die in diesen Krimi und seine erfundene Handlung hineingeschmuggelten echten und tatsächlich lebenden Menschen sind selbstverständlich weder Täter noch Opfer, sie sind auf jeden Fall immer bei den Guten und sie werden nach bestem Wissen und Gewissen so beschrieben, wie sie auch tatsächlich sind.
Wenn man einen Schwarzwaldkrimi schreibt, der diesen Namen auch verdient, dann beschreibt man nicht nur Land und Leute und siedelt die Handlung im Schwarzwald an, sondern dann lässt man seine Figuren auch im realen Schwarzwald agieren. Das bedeutet: Die Dörfer heißen so wie sie heißen, die Gasthäuser heißen so wie sie heißen und die Bürgermeister oder sonstigen Ortshonoratioren heißen ebenfalls so wie sie heißen. Und wenn meine Hauptpersonen ein Gasthaus betreten, das es auch tatsächlich gibt, dann treffen sie dort keine Fantasiewirtin und keine Fantasiestammgäste an, sondern eben genau jene Leute, die man in der Realität dort antrifft.
Ich hoffe, das leuchtet ein.
Nach dem gleichen Prinzip ist auch zu erklären, warum ich für diesen Krimi keine Hexenzunft erfunden habe, sondern die Löffinger Hexen auftreten lasse, die es mir hoffentlich närrisch verzeihen. Ich musste ihnen allerdings ein Mitglied hinzuerfinden, sonst hätte die Geschichte nicht funktioniert. Außerdem haben mich anlässlich einer Lesung anno 2016

in Seppenhofen einige Hexenfrauen ausdrücklich zu diesem Vorgehen ermuntert.

Dass man in einem solchen Krimi auch zum heimlichen Helden werden kann, ohne vorher gefragt zu werden, wird auf den nachfolgenden Seiten einem allseits bekannten Original aus Göschweiler widerfahren. Der Verfasser unterstellt dabei, dass niemand etwas dagegen haben kann, in einem Krimi derjenige zu sein, der am Ende den entscheidenden Hinweis zur Auffindung des Täters gegeben hat.

Roland Weis im Juli 2017

HEXENSCHUSS

An Hexen fehlte es jedenfalls nicht. Fasnetumzug in Friedenweiler. Alfred sah nacheinander zuerst die Brändbachhexen, die wie brave Großmütterchen daherkamen, dann die rotgrünen Lenzkircher Strohberghexen mit ihren glühenden Nasenzinken, die Neustädter Wälderhexen, die eine Zunge und einen Zahn rausstreckten. Ihre geschnitzen Haare sahen aus wie pomadisiert und gescheitelt. Dann kamen die Bubenbacher Sauhexen, die sich ganz so benahmen, wie sie hießen, und mächtige Stoßzähne zur Schau stellten, als stammten sie von den Säbelzahntigern ab, gefolgt von den Rudenberger Waldhexen, die eine der ihren am Frontlader eines Traktors aufgespießt hatten. Weitere Hexenzünfte folgten: Die Raugeisthexen aus Langenordnach, die sich in die Schneepfützen warfen und auf dem Umzugsweg wälzten, als ginge es darum, möglichst viel Straßendreck einzusammeln; die blaugelben Dennenberghexen aus Neustadt, die lange Pippi-Langstrumpf-Zöpfe trugen und aus deren Masken billardkugelgroße gelbe Augen tückisch auf die Welt schielten. „Die da, die heißen Büchsenhexen", erklärte Anna und deutete auf eine neue Gruppe, die herangehüpft kam wie ein Verein beschwipster Jungfrauen.

Anna hatte Alfred überredet, den Sonntagnachmittag beim Fasnetumzug in Friedenweiler zu verbringen. Sie hatte bei der BZ-Lokalredaktion Neustadt Sonntagsdienst und wollte über den Umzug berichten.

Vom Umzugsende bollerten Kanonenschüsse vom Wagen der Titiseer Seeräuber. Irgendwo kämpfte ein Ansager mit den Tücken eines defekten Mikrofons. Außer „Narri-Narro" verstand Alfred kein Wort.

„Wieso heißen die Büchsenhexen?“, fragte Alfred, der mit den Füßen vor sich hin trampelte, weil er auf seinem Schneeberg langsam zu frieren begann. Eindeutig hatte er mit seinen Slippern das falsche Schuhwerk gewählt. Anna war da schlauer gewesen. Sie trug stramm geschnürte Winterschuhe. Und der blöde Fotograf, der dämliche Peter, den Alfred von der ersten Minute an unsympathisch gefunden hatte, der stand ebenfalls winterfest in Bergschuhen am Straßenrand.
„Sie heißen Büchsenhexen, weil sie alle Blechbüchsen am Gürtel tragen. Sieh nur!“, sagte Anna, und deutete auf eine der maskierten Hexengestalten.
„‚Büchsen‘ könnte auch noch etwas anderes bedeuten“, behauptete Alfred keck. „Sind nur Frauen unter den Masken?“
„Nicht was du denkst“, wehrte Anna ab, und kleine weiße Atemwölkchen sammelten sich vor ihrem Gesicht. „Die Büchsen sind ihr Markenzeichen. Daraus trinken sie Glühwein, Bier, Schnaps, alles, was sie kriegen können.“
„Schade“, meinte Alfred süffisant. „Ich hätte Büchsen jetzt eher für eine verklausulierte Einladung gehalten.“
Anna sah ihn mit einem ihrer typischen erzieherischen Warnblicke an. Sie mochte es überhaupt nicht, wenn Alfred frauenfeindliche Sprüche absonderte. Alfred fand sie hinreißend. Wenn sie so schaute, dann war sie unwiderstehlich. Am liebsten hätte er ihren roten Herzmund geküsst.
Peter schoss Fotos im Stakkato. Seit Kameras wie Kalaschnikows funktionierten, liebten es die Zeitungsfotografen, ganze Serien abzuschießen. Klack, klack, klack – die Kamera klackerte voller Eifer. Es klang technisch präzise und professionell. Dafür, dass am nächsten Tag in der Badischen Zeitung sowieso höchstens zwei oder drei Bilder abgedruckt werden würden, fand Alfred den Aufwand, den Peter trieb, ziemlich albern. Aber er sagte nichts, denn Peter war Annas neuer

Kollege, der neue Redaktionsfotograf der Badischen Zeitung im Hochschwarzwald, und Fotografen mussten unablässig klackern und Objektive an- und abschrauben, damit jedermann sehen konnte, welche unschlagbaren Hechte sie waren.
Der Narrenumzug in Friedenweiler ging weiter. Jetzt kamen die Löffinger Hexen. Sie trugen Schwarz mit gelben Schürzen und kehrten die Straße auf ihrer ganzen Breite mit abenteuerlichen Reisigbesen, die sie zwischendurch auch mal in die Luft schleuderten oder unachtsamen Mädchen am Straßenrand zwischen die Beine wedelten. Jetzt sammelten sie sich und bauten sich vor dem Umzugspublikum zu einer lebenden Pyramide auf.
„Fotografier das!“, kommandierte Anna, und Peter folgte brav den Anweisungen, ging in die Knie und klackerte Hunderterserien durch seine High-Tech-Kamera. Alfred beobachtete fasziniert, wie sieben schwarzgelbe Löffinger Hexen, ohne ihre grimmigen Masken abzunehmen, in die Hocke gingen und fünf Artgenossinnen auf ihre Schultern klettern ließen. Auf diese fünf kraxelten unter Zuhilfenahme ihrer Strohbesen drei weitere Hexen, so dass der Turm nun schon dreistöckig war. Nun machte sich eine weitere Hexe daran, über die Knie und Schultern der bereits in Position befindlichen Hexen emporzusteigen bis ganz hinauf, um die Pyramide zu krönen.
Peter knipste wie ein Verrückter, und Anna gab Regieanweisungen: „Von unten! Mehr links! Alle von der Seite!“
Der Umzug geriet ins Stocken, denn der Aufbau der lebenden Pyramide hielt die nachfolgenden Gruppen auf. Direkt hinter den Löffinger Hexen marschierte die Bachheimer Burgmüllerzunft, unterstützt von einer Blasmusikkapelle, die die Gelegenheit nutzte, um ihr ganzes Können abzurufen. Die Zuschauer ringsum auf den Schneebergen am Straßenrand stampften im Takt ihre kalten Füße warm.

Vom Umzugsende bollerte das Kanonenschiff der Titiseer Seeräuber. Das defekte Mikrofon brüllte ein dreifaches „Narri“.
Jetzt kletterte der Schlussmann der Löffinger Hexenpyramide auf die Schultern der dritten Etage und machte dabei auch noch Faxen in Richtung des Publikums. Von irgendwoher flog eine Mandarine. Das war gemein. Die Löffinger Hexen fuchtelten mit ihren Besen in Richtung des zwölfjährigen Cowboys, der die Mandarine geworfen hatte, und dieser ergriff sofort die Flucht Richtung Texas.
Die letzte Kletterhexe machte Anstalten, sich auf den Schultern der anderen zu voller Pracht aufzurichten.
„Schau zu, dass du die ganze Pyramide aufs Bild bekommst“, feuerte Anna ihren Fotografen an. „Am besten noch mit dem Kloster im Hintergrund, das wirkt.“
Kaum hatte sie es ausgesprochen, da zerriss ein Knall den fröhlichen Lärm. Es war nicht das Kanonenbollern vom Seeräuberwagen der Titiseer Seeräuberzunft. Der Knall kam von der anderen Seite, aus der Richtung des Klosters.
Von der Maske der Löffinger Hexe auf der Spitze der Pyramide flogen Holzsplitter weg. Die Hexe zuckte kurz, dann schwankte sie. Auf den Schultern ihrer Unterleute vollführte sie eine spastische Drehung, dann kippte sie vorneüber, überschlug sich einmal und knallte mit dem Kopf auf den konfettiverklebten Teer der Straße. Die hölzerne Hexenmaske zerbarst in zwei Teile und der unschuldige Blondkopf eines Jünglings kam zum Vorschein. Ein blutiges Loch in der Stirn. Der junge Mann im Hexenkostüm war auf der Stelle tot. Der Knall war ein Schuss gewesen.

QUALITÄTSJOURNALISMUS

Alfred fuhr. Die Straße war schneefrei, nur nass wie ein alter Putzlumpen. Sie befanden sich auf dem Rückweg von Friedenweiler nach Neustadt. Anna wollte unbedingt sofort mit der Story vom dramatischen Ende des Friedenweiler Umzugs online gehen. „Online first!“, deklamierte sie einen Spruch ihrer Verleger, welche ihn wiederum von nationalen und internationalen Kongressen mitgebracht hatten. Was nichts anderes besagte, als dass die Redakteure der Badischen Zeitung angehalten waren, alle ihre Neuigkeiten zuallererst auf BZ-Online ins weltweite Netz zu hauen, bevor sie sich um den Zeitungsartikel kümmern durften, der sowieso erst am nächsten Tag erscheinen würde.

Alfreds neuer, sagenhafter, 240 PS starker roter Flitzer lag auf der Straße wie ein Brett. Alfred drückte tüchtig auf die Tube. Einmal, um Anna zu imponieren, zum anderen, um den Fotografen Peter zu quälen, der sich auf den Hilfssitz hinter Alfred und Anna geklemmt hatte und seine Gerätschaften an sich presste, um sie vor den Zentrifugalkräften zu schützen, die Alfred durch seine Fahrtechnik in jeder Kurve entfesselte.

Ja, Alfred besaß einen neuen knallroten Flitzer. Frisch vom Werk. 60.000 Euro teuer. Den früheren roten Flitzer gab es auch noch. Die alte Schüssel stand ungenutzt immer noch in der Garage von Alfreds Kumpel Linus und war abgemeldet. Zum Verkauf hatte Alfred sich noch nicht durchringen können, obwohl er jetzt Besitzer eines nagelneuen Sportwagen-Cabriolets war. Nostalgie!

„Alfred, dieses Auto muss doch unverschämt teuer gewesen sein. Wie kannst du dir sowas leisten?“, fragte Anna gepresst, weil sie gleichzeitig durch Alfreds Kurventechnik

Panikattacken unterdrücken musste. Alfred legte es darauf an. Der blöde Fotograf im Fond sollte zittern.
„Ich hab ziemlich gut verdient“, verkündete Alfred gutgelaunt, weil er im Rückspiegel sah, dass Peter, der Fotograf, bleich wie ein Leichentuch geworden war. „Schnelle Kohle im Internet!“
Bei diesen Auskünften beließ er es. Anna wusste zwar, dass Alfred für Versicherungen, Banken, Energieversorger und Waffenhersteller die Social Media-Kanäle zutextete, um Kritik, unerwünschte Fragen und stinkige Kunden im Zaum zu halten, aber sie hatte keine Ahnung, wie er das machte. Musste sie auch nicht wissen, denn es steckte ein Trick dahinter.
„Musst du so rasen?“
„Ja!“
„Alfred! Bitte!“
Anna konnte so samtig und süßweich bitten, dass Alfred in der Regel stets parierte und folgsam wie ein Hündchen alles machte, was sie verlangte. Aber diesmal hatte er den arroganten Fotografen auf dem Rücksitz, und wollte es ihm zeigen.
Es war nicht so, dass Peter Sterzer, der neue BZ-Fotograf, Alfred irgendetwas getan hätte. Er hatte nicht einmal durch blöde Sprüche oder auffällige Körpersprache Alfreds Unwillen erregt. Er war höflich, stets zuvorkommend, drängte sich nicht in den Vordergrund, sah aus wie ein netter Bankangestellter. Der einzige Grund, warum Alfred diesen Peter vom ersten Moment an nicht leiden konnte, war der, dass Anna ihn offensichtlich sympathisch fand.
Sie passierten den Ortseingang von Neustadt. Alfred erbarmte sich und reduzierte die Geschwindigkeit auf unter hundert Stundenkilometer. Wenn hier eine Radarfalle gestanden hätte – was aber nach Alfreds langjähriger Erfah-

rung an dieser Stelle noch nie der Fall gewesen war –, dann wäre Alfred jetzt seinen Führerschein wieder los gewesen, den er gerade erst nach über einjähriger Abstinenz wieder zurückerhalten hatte.

„Es war ein Mord, oder? Was meint ihr?", fragte Anna.

Alfred verneinte: „Vielleicht hat irgendein Idiot herumgeballert und diesen Löffinger Maskenträger bloß aus Versehen getroffen. Soll es geben. Erinnert euch an den Fall vor einigen Jahren an Silvester."

Fotograf Peter sagte nichts. Er kämpfte mit der Seekrankheit und rollte mit den Augen. Vor der Lokalredaktion der Badischen Zeitung direkt neben dem Neustädter Jakobus Münster hielt Alfred mit quietschenden Reifen und ließ den Wagen gegen einen der Schneeborde rutschen, die hier vom städtischen Schneepflug aufgehäuft worden waren. Es hatte viel geschneit in den letzten Tagen. Der Hochschwarzwald lag unter einer weißen Decke und an den Rändern der gnadenlos freigesalzten Straßen stapelten sich die Schneeberge. Es gab hier vor dem Haupteingang der Geschäftsstelle Neustadt der Badischen Zeitung zwar nichts, was irgendwie als Parkplatz oder als Erlaubnis zum Abstellen des Autos hätte interpretiert werden können, aber Alfred ließ den roten Flitzer dennoch an Ort und Stelle stehen. Er legte gut sichtbar das Pappschild mit der Aufschrift „Presse" unter die Windschutzscheibe. Alle drei, Alfred, Anna und Peter, hasteten in die Redaktionsräume.

Anna warf ihren Rechner an und loggte sich in die BZ-internen Redaktionssysteme ein. Peter, inzwischen wieder mit Farbe im Gesicht, aber mit einem Blick, der Alfred klar die Erbfeindschaft verkündete, klickte sich durch seine Bildergalerien hindurch. „Ich hab ihn genau in dem Moment erwischt, wo die Maske zersplittert", rühmte sich Peter. „Soll ich das Bild hochladen?"

Anna sichtete kurz Peters Ausbeute: „Das ist ja schrecklich!“, kommentierte sie, um dann aber ungerührt zu bestimmen: „Wir nehmen das und das und das. Man sieht genau, wie die Kugel die Maske trifft, wie der arme Kerl schwankt, und dann, wie er auf die Straße knallt.“

Alfred kam sich überflüssig vor, während Anna und Peter Kopf an Kopf über dem Display der Kamera hingen und Bilder auswählten. Für Alfred war das eine Szene, die ihn neidisch, um nicht zu sagen eifersüchtig, machte.

Er war ja auch überflüssig. Die Redakteurin war Anna. Der Fotograf war Peter. Und er, Alfred, war nur ein gelegentlicher freier Mitarbeiter, ein Anhängsel Annas. Mürrisch saß er auf einem abgeschabten Redaktionsstuhl und rief sich die Szene aus Friedenweiler noch einmal in Erinnerung. Der junge Maskenträger der Löffinger Hexen hatte in seiner Blutlache auf der Straße gelegen, die übrigen Löffinger Hexen waren erschrocken und geschockt auseinandergefahren, dann kreischte eine Frauenstimme, viele andere Stimmen brüllten durcheinander, ein Kind weinte, der Umzug brach zusammen, dunkles Entsetzen legte sich über das Publikum und über ganz Friedenweiler. Es ging nicht lange und die Polizei kam herangebraust. Ein Streifenwagen nach dem anderen, dann auch noch der Notarzt, zwei Krankenwagen und ganz zum Schluss sogar die Feuerwehr. Bald war die Straße abgesperrt, das Publikum verscheucht, die Personalien aller Umstehenden aufgenommen. Doch am tragischen Ende des jungen Mannes änderte all das nichts mehr. Ein Mitglied der Löffinger Hexenzunft war mitten während des Umzuges in Friedenweiler aus dem Hinterhalt niedergeschossen worden.

Anna hämmerte konzentriert Buchstaben und Sätze in ihren Rechner. Dazwischen telefonierte sie kurz mit der Polizei, etwas länger mit ihrem Chef vom Dienst in Freiburg, dann mit einem Mitglied der Löffinger Hexen, dem sie Name und Alter des Opfers entlockte. „Marc Kienzler, 21. Erst seit einem Jahr bei den Hexen. Löffinger Neubürger, zugezogen aus Schwenningen.“ Das waren die knappen Informationen, die Anna sofort in ihren Artikel einbaute. Alfred beobachtete sie, wie sie mit ihren langen, schönen Fingern die Tastatur bearbeitete, die Stirn in Falten gelegt, die Lippen leicht geschürzt und wie sie dabei hin und wieder mit der Zungenspitze in den Mundwinkeln spielte. Ab und zu fielen ihr die schwarzen Haarsträhnen in die Stirn, und sie wischte sie wie lästige Störenfriede weg und versuchte, sie hinter die Ohren zu verbannen. Anna saß leicht vornüber gebeugt. Den Wintermantel hatte sie noch gar nicht abgelegt, aber dennoch sah sie zart und beschützenswert aus. Alfred seufzte. Wie musste er es anstellen, um diese Frau endlich aufs Kreuz zu legen? Nun waren sie schon so lange befreundet, so lange beste Kumpels, so eng und vertraut miteinander, und dennoch wollte sich nicht einstellen, wovon Alfred seit Jahren träumte.

„Bravo!“, hörte Alfred Peters Stimme. „Das ist eine geile Überschrift!“

Alfred schielte auf Annas Bildschirm. „Tödlicher Hexenschuss“ stand da. „Na ja!“, nörgelte er.

„Was heißt hier ‚na ja‘?“, reagierte Peter sofort gereizt. „Das ist blendend.“

„Das ist pietätslos!“, widersprach Alfred und stichelte: „Ein Fotograf, der voll drauf hält, wenn Blut spritzt, hat da sicher nicht das richtige Augenmaß. Aber ich warne euch: Mit dieser Überschrift bringt ihr alle Angehörigen des Opfers und sämtliche Hexenzünfte des Hochschwarzwaldes gegen euch auf.“

„Langweiler!“, versuchte Peter Alfred zu provozieren, aber Anna sprang Alfred bei: „Er hat recht. So habe ich das erst

gar nicht gesehen. Aber das Wortspiel ist angesichts der Tat unangebracht. Wir müssen seriöser formulieren."
„Qualitätsjournalismus!", so belehrte Alfred den Fotografen. Und er schob nach: „Nicht Sensationsjournalismus!"
„Warum gleich nochmal haben sie dich beim Hochschwarzwaldkurier gefeuert?", fragte Peter aggressiv. Zum ersten Mal hatte Alfred den Eindruck, dass er es nicht nur mit einem Arschloch, sondern mit einem ernstzunehmenden Feind zu tun hatte.
Peter Sterzer grinste selbstzufrieden. Dabei machte er eine gute Figur. Er war ein fröhlicher Blondschopf, zwar etwas kleiner, dafür aber deutlich sportlicher als Alfred. Typ Knuddelbär. Er hatte ein offenes Gesicht, muntere Augen und einen Mund der immer irgendwie zu grinsen schien.
„Hört auf zu streiten!", forderte Anna. „Hört mal, wie findet ihr das: ‚Tödliche Schüsse beim Hexenumzug'?"
„Langweilig!", sagte Alfred streng „Langweilig und auch noch falsch."
„Wieso falsch?"
„Ich hab nur einen Schuss gehört, du schreibst von Schüssen."
„Ist das so wichtig?", versuchte Peter Annas Überschrift zu verteidigen. Aber wieder gab Anna Alfred Recht. „Tödlicher Schuss beim Hexenumzug", schlug sie vor.
„Immer noch langweilig."
„Hast du was Besseres oder kannst du nur klugscheißen?", fragte Peter gereizt. Alfred freute sich darüber. „Mach doch irgendwas mit Hexenjagd", schlug er vor.
„Unseriös", entschied Anna. „Ich bleibe bei meiner Version, auch wenn sie langweilig klingt."
„Passt zur BZ", lästerte Alfred.

„Hör mal“, so fuhr Anna jetzt aus der Haut, „wenn dir selbst nichts Besseres einfällt, dann halt bitte die Klappe. Überhaupt, du hältst mich auf. Du störst.“
Peter grinste.
Alfred fühlte sich, als hätte ihm jemand einen unerlaubten Tiefschlag versetzt. Wann hatte Anna je so mit ihm gesprochen? Gekränkt sprang er auf. „Na dann! Wenn das so ist …“ Er eilte zur Tür.
Peter triumphierte: „Mimose!“
Anna relativierte: „Ich habe es nicht so gemeint.“
Aber da war Alfred schon zur Tür hinaus.

ABEND MIT FOLGEN

Das Wochenende war sowieso gelaufen. Alles, was Alfred sich von einem Nachmittag mit Anna versprochen hatte, insbesondere die Hoffnung, dass aus dem Nachmittag ein Abend und vielleicht sogar endlich mal eine Nacht werden würde, hatte sich in Luft aufgelöst. Dieser blöde Umzug! Dieser blöde Schuss! Dieser blöde Sonntagsdienst, um den er Anna beneidete, weil er selbst gerne Redakteur bei der Badischen Zeitung gewesen wäre! Dieser blöde Fotograf! Dieses blöde Neustadt. Was wollte er noch hier? Ohne Anna?

Es war der Sonntag vor Beginn der Fasnet. Noch vier Tage bis zum „Schmutzigen Dunschdig“, wie die Einheimischen ihren närrischen Feiertag nannten. Noch herrschte überall die Ruhe vor dem Sturm. Der Umzug in Friedenweiler, traditionell immer eine Woche vor der eigentlichen Fasnet terminiert, war der erste Auftakt gewesen. Nun mit einem tragischen Ende. Ob das die ganze Fasnet lahmlegen würde? Alfred kannte sich mit den Sitten und Bräuchen nicht aus. Vor der alemannischen Fasnet hatte er bislang stets die Flucht ergriffen. Er war ja auch nur ein Zugereister, wie man hier genannt wurde, solange man nicht mindestens seit drei Generationen im Hochschwarzwald gelebt hatte.

Alfreds Magen knurrte. Er verkehrte üblicherweise in zwei Stammlokalen in Neustadt. Das eine war die „Spritz“, aber die hatte sonntags Ruhetag. Also blieb nur das „Dennenbergstüble“. Dort gab es exklusiven Wurstsalat oder ein Bauernvesper, das diesen Namen auch verdiente, mit Speck, Schwarz- und Leberwurst. In den Jahren, die er nun schon im Hochschwarzwald weilte, hatte Alfred gelernt, bei Bauernvesper auf den Karten der hiesigen Gastronomie streng zu unterscheiden. Die meisten Häuser boten eine Touristenvariante an, mit einem Speck, der wie biegsame Gummischeiben auf Plastikbrettchen oder gar auf einem Teller serviert wurde. Andere tischten eine auf rustikal dekorierte Auswahl aus dem örtlichen Supermarkt auf. Das war auch nicht viel besser. Es gab nur wenige Gasthäuser, Geheimtipps, die echten Bauernhofspeck und tatsächlich hausgeschlachtete Leber- und Schwarzwurst auf ihrer Karte feilboten und dann auch stilsicher mit Holzbrett und Vespermesser servierten. Das Dennenbergstüble gehörte zu dieser seltenen Sorte. Einheimische sagten „Pinky“ zum Dennenbergstüble. Der Name gehörte eigentlich als Spitzname zum Wirt, der meist unsichtbar in der Küche stand, aber er hatte sich auf die Wirtschaft übertragen, so wie es im Schwarzwald Brauch ist. Man kann dazu gerne den Pauli im „Pauli“ in Rudenberg befragen. Dort ist es seit vier Generationen so. Alfred versuchte, den neuen roten Flitzer die steile, schneebedeckte Einfahrt zu den Parkplätzen vor dem Dennenbergstüble hoch zu navigieren. Das war mit den breiten Reifen ein zum Scheitern verurteilter Versuch. Da oben stand aber bereits ein Fiat Panda. Eine Provokation und Herausforderung. Also nahm Alfred einen zweiten und einen dritten Anlauf. Beim dritten Versuch drehte sich die Kühlerschnauze des roten Flitzers unwillig nach links weg und bohrte sich in die schneebehangene Buchenhecke, welche die Auffahrt säumte. Rückwärtsgang: Die Reifen drehten durch. Vorwärtsgang: Die Schnauze des roten Flitzers rutschte weiter ab. Schon stand der Wagen quer in der Einfahrt. Alfred stieg aus, um sich das Malheur zu beschauen. Schon lag er rücklings in der Einfahrt, denn in seinen glattbesohlten Slippern hatte er noch weniger Gripp als die breiten Reifen seines Flitzers. Da lag er nun auf dem Rücken und schlitterte wie ein hilfloser Käfer einige Meter die Auffahrt hinunter. Der rote

Sportwagen brummte hochtourig vor sich hin. Die Scheibenwischer fuhren hektisch hin und her, die Fahrertür stand offen, aus dem Radio wummerte ein alter Stones-Hit und das Fahrzeug bewegte sich in Zeitlupe seitlich auf Alfred zu. Zwei jahreszeitlich angemessen vermummte Fußgänger näherten sich, fröhliche Atemwölkchen über den Köpfen. Alfred schaffte es nach wie vor nicht, auf die Beine zu kommen, aber er erkannte, wer da näherkam. Das war der emeritierte Zahnarzt Dr. Bernold zusammen mit seiner Frau. Ein Stammgast im Dennenbergstüble. Alfred kannte ihn gut.
Bernold besah sich die Szene und glänzte wie immer mit einer treffenden ironischen Bemerkung: „Sieht nicht aus wie eine freiwillige Einlage!" Seine Frau war höflicher: „Kann ich Ihnen irgendwie helfen?"
Alfred ließ sich von den Bernolds auf die Beine stellen. Aber es war so rutschig in der Auffahrt, dass er sich an beiden festhalten musste, links die Schulter von Dr. Bernold, rechts der Arm seiner Frau, sonst wäre er sofort wieder der Länge nach hingeschlagen. „Mein Auto rutscht!", bemerkte Alfred überflüssigerweise. Das sahen die Bernolds auch von alleine. „Ich kümmere mich mal darum", sagte Dr. Bernold und überließ Alfred dem Oberarm seiner Frau. Nun schwang sich der alte Dr. Bernold – nach Alfreds Schätzungen weit in den Siebzigern – wie ein junger Rudolf Caracciola ohne Umstände hinter das Lenkrad, kuppelte ein bisschen hin und her, spielte mit Gas und Bremse und ließ den roten Flitzer planmäßig mit dem Hinterteil herumrutschen, so dass der Wagen wieder korrekt in der Einfahrt stand.
Alfred war sehr beschämt.
„Ich schulde Ihnen was", verkündete er. „Trinken wir einen Schnaps miteinander!" Das war keine Frage, sondern eine Ankündigung. Alfred bugsierte den roten Flitzer an

den Straßenrand, ohne einen weiteren Versuch zu unternehmen, die Auffahrt zu erklimmen. Er musste, um zum Eingang des Dennenbergstübles zu gelangen, mit seinen rutschigen Slippern durch den hohen Schneebord stapfen, weil die Einfahrt infolge der von Alfred zum Durchdrehen gebrachten Reifen zu glatt geworden war.

„Ihr müsst mal streuen, eure Einfahrt ist lebensgefährlich", forderte er die Wirtin Rosi auf, kaum, dass er am Stammtisch Platz genommen hatte. In diesem Moment kam ein weiteres Fahrzeug mühelos die Auffahrt heraufgefahren und rangierte ohne erkennbare Schwierigkeiten auf den Parkplatz neben dem Fiat Panda. Alfred schnaubte. Den Neuankömmling kannte er auch. Das war Leuchter, sein ehemaliger Chef beim Hochschwarzwaldkurier, jener Wochenzeitung, bei der er vor über einem Jahr in Unehren entlassen worden war.

Seither war Alfred Leuchter eher aus dem Weg gegangen. Leuchter war all das, was Alfred nicht war. Solide, rechtschaffen verheiratet, als Redakteur bedächtig und erfahren, als Neustädter allbekannt und angesehen, maßvoll im Trinken, gesundheitsbewusst, und erfüllt von einem enzyklopädischen Wissen über den gesamten Hochschwarzwald und seine Geschichte. Leuchter brachte seine Familie mit, seine ausnehmend attraktive und etliche Jahre jüngere Frau und drei erwachsene Kinder, eine Tochter und zwei Söhne. Alles beneidenswert. Alfred nickte ihnen beiläufig zu, als sie ihren offensichtlich vorreservierten Tisch einnahmen. Familiensonntag. Sofort tauchte Leuchter in ein intensives Gespräch mit Dr. Bernold ein, der mit seiner Frau am Nachbartisch saß. Damit war auch der geplante gemeinsame Schnaps mit den Bernolds erstmal auf Eis gelegt. Alfred saß mit einem älteren Pärchen am Stammtisch. Hansibert und Anemone. Denen gehörte der Fiat Panda. Hans-Herbert, den alle nur

Hansibert riefen, trug einen Schnurrbart, wie ihn sonst nur Tiroler Freiheitskämpfer besaßen, und darin hatte sich rötlichbraun all das Nikotin verewigt, das er tagtäglich filterlos inhalierte. Anemone sah gelblich vertrocknet aus, eine Folge jahrzehntelanger Aufenthalte im Sonnenstudio. Man grüßte sich. Alfred muss betrübt ausgesehen haben, denn die Wirtin Rosi, die ein Auge für so etwas hatte, forschte bereits nach: „Alles in Ordnung? Wurstsalat oder Bauernvesper?"
„Wurstsalat!" Alfred winkte ab. Er tat so, als sei seine deprimierte Miene dem tragischen Ausgang des Umzugs in Friedenweiler geschuldet und erzählte, wie er Augenzeuge gewesen war. Der tödliche Schuss auf die Löffinger Hexe hatte sich längst bis ins Dennenbergstüble herumgesprochen. Dennoch durfte Alfred seine Version zum Besten geben. Immerhin war er ein direkter Augenzeuge.
Leuchter und Dr. Bernold diskutierten von den Nachbartischen herüber mit, ebenso Hansibert und Anemone. Jeder hatte eine eigene Version. Leuchter berief sich auf ein Telefonat mit der Polizei – immerhin war er Redakteur und durfte bei der Polizei recherchieren –, wonach Zeugen einen Mann gesehen haben wollen, der mit einem Gewehr die Kirche des ehemaligen Klosters in Friedenweiler betreten habe, und zwar kurz vor dem Umzug. Dr. Bernold meinte, die Hexenzünfte müssten sich nicht wundern, dass sie nicht gut gelitten seien. Sie übertrieben es bei den Umzügen, speziell, wenn sie sich Mädchen und junge Frauen auf die Schultern lüden, um sie herumzuschleppen und in Stroh einzureiben.
„Das wollen die doch", behauptete Hansibert. „Sonst würden sie sich doch nicht in die vorderste Reihe bei den Umzügen an den Straßenrand stellen."

„Was weißt du schon?“, intervenierte seine Anemone. „Es wird doch immer schlimmer bei den Umzügen.“
Alfred bezweifelte insgeheim, dass in den letzten zwei Jahrzehnten irgendeine Hexe bei einem Umzug Hand an Anemone gelegt haben könnte, aber er behielt diese Überzeugung für sich. Anemone konnte empfindlich sein.
„Ich glaube nicht, dass das Ganze etwas mit dem Verhalten von Hexenzünften zu tun hat“, trug Leuchter seine Zweifel vor. „Ich glaube an einen Zufall.“
Das war auch Alfreds Theorie. Aber er hatte keine Lust, Leuchter Recht zu geben. Er trank zwei Bier, aß seinen Wurstsalat, spülte mit einem Obstler nach, spendierte Bernold den versprochenen Schnaps, und weil er schon dabei war auch gleich eine ganze Runde an alle Übrigen, trank ein weiteres Bier und fühlte sich allmählich besser.
Leuchter bot Alfred an, dieser könne für den Hochschwarzwaldkurier gerne seinen Augenzeugenbericht abliefern, aber Alfred lehnte ab. „Augenzeuge? In deinem Bericht? Ich bin selber Redakteur, schon vergessen?“, bemerkte er eine Spur zu patzig. Er hätte den Artikel gerne selbst geschrieben, aber dieses Angebot machte Leuchter ihm nicht. Mit Leuchter war er noch nicht im Reinen, soviel stand fest.
Später am Abend hatte Alfred genug Bier und Schnaps intus, um sich wieder wohl zu fühlen. Und es war schon zu viel, um vernünftig zu bleiben. Entgegen aller guten Vorsätze setzte er sich hinter das Steuer seines neuen roten Sportwagen – zuvor war er beim Abgang aus dem Dennenbergstüble zweimal schmerzhaft auf dem Hosenboden gelandet –, um die Heimfahrt nach Freiburg anzutreten. Das Kreuz schmerzte, doch im Rennfahrersitz und unter der örtlichen Betäubung durch den zuvor konsumierten Alkohol ließen sich die Schmerzen ertragen. Alfred wohnte in einer

Studenten-WG in der Wiehre, einem Freiburger Stadtteil. An der Freiburger Uni studierte er Geschichte und Politik. Alles ging gut. Alfred kam kurz nach Mitternacht zu Hause an. Als er an seinem Laternenparkplatz aussteigen wollte, fuhr ihm ein stechender Schmerz von der Hüfte die Rückenwirbel entlang aufwärts bis unter die Schulterblätter. Er kippte schier auf den Gehweg. Auf allen Vieren krabbelte er zum Hauseingang der schönen alten Villa, in welcher er in der dritten Etage ein Zimmer bewohnte. Wie er die Tür aufbrachte, sich durch das Treppenhaus am Geländer entlang nach oben hangelte, schließlich in die Wohnung und in sein Bett gelangte, das konnte er später nicht mehr rekonstruieren. Er wusste nur, dass der Schmerz bei jeder Bewegung unerträglich durch das Rückgrat fuhr. Er wusste zu diesem Zeitpunkt noch nicht, was ihm widerfahren war, aber im Volksmund sagte man dazu auch Hexenschuss!

SCHMERZEN VERGEHEN

Alfreds weiteres Schicksal, die bevorstehenden Fasnettage betreffend, schien besiegelt. Niemals würde er in diesem Zustand auf die Straße können. Den ganzen Montag verbrachte er leidend auf seiner Matratze. Sein Handy und seinen Laptop konnte er bedienen, also sendete er Not-SMS und Mails in alle Richtungen. Aber niemand kümmerte sich um ihn. Auch von Anna keine Antwort.
Am Dienstagmittag erbarmte sich sein WG-Mitbewohner und Zimmernachbar Tim und kam auf einen kurzen Besuch herübergerollt. Tim bewegte sich nämlich nur auf seinem XXL-Bürostuhl, auf dem er in der Wohnung rangierte wie mit einem elektrischen Rollstuhl. Alfred bezweifelte, ob Tim überhaupt aufrecht gehen konnte. Er hatte es jedenfalls noch nie gezeigt. Er führte ein ungesundes Leben im blinkenden Halbdunkel seiner Bude, vor einer Front von Bildschirmen, auf denen jugendgefährdende Kriegsspiele, gehackte Bankdaten, raubkopierte Hollywood-Blockbuster und NATO-Manövergeheimnisse einträglich nebeneinander flimmerten. Tim war der übelste Computer- und Internet-Nerd, den Alfred je kennengelernt hatte. Fett wie ein gemästeter Sumo-Ringer, plump wie ein gestrandeter Walfisch, bleich wie ein Grottenolm und wortfaul wie ein angeklagter Mafiapatron pflegte er in seiner mit Technik vollgestopften Kammer zu sitzen und aus rotgeäderten Augen die Monitore zu fixieren. Er konnte so virtuos programmieren wie eine Olympiasiegerin im Eiskunstlauf Pirouetten drehte, und er besaß ein internationales Netzwerk von dubiosen Adressen und digitalen Postfächern, unter deren Schutz er weltweit Unheil anrichtete, meist zugunsten seines Bankkontos. Aber auch Alfred profitierte von dem Können des Kumpels. Alfreds

Job war es, mit klugen Gegenpostings und getürkten Argumenten in den sozialen Netzwerken aufzupassen, dass drei Banken, mehreren Versicherungen, zwei Energiekonzernen und einem Waffenhersteller, bei denen allen er unter Vertrag stand, keine unerwünschten Diskussionen, Enthüllungen und Shitstorms um die Ohren flogen. Tim hatte ihm dazu eine Reihe von Algorithmen programmiert, mit denen es Alfred möglich war, mit Hilfe vorgefertigter Textbausteine auf alle Anfeindungen sofort und wie eine Hydra zu kontern. Kam ein böses Posting auf seine Versicherung hernieder, so löste das System zwei Antworten dagegen aus. Kamen zwei böse Postings, schoss das System vier Antworten ab. Es reagierte stets auf bestimmte Schlüsselwörter in Kombination mit dem jeweiligen Unternehmen. Die Textbausteine für diese Antworten hatte Alfred zusammen mit seiner Kommilitonin Vanessa an einem langen, alkoholgeschwängerten Wochenende gemeinsam vorformuliert. Jetzt sorgte die Programmierung dafür, dass diese Textbausteine in immer neuer Variation und Kombination ausgespielt wurden. Meistens mussten nur die Branche und die Namen der jeweiligen Unternehmen ausgetauscht werden, aber auch das schaffte das System automatisch, ohne Alfreds Hilfe.
Für diese Tätigkeit, die schon lange keine mehr war, wurde Alfred fürstlich bezahlt. Mit allen Auftraggebern hatte er Pauschalverträge, und die Banken, Versicherungen und Energiekonzerne waren alle so zufrieden mit dem Schlachtengetümmel, das Alfred im Netz anzettelte, dass Monat für Monat anstandslos die Überweisungen eintrudelten. Binnen eines halben Jahres hatte Alfred auf diese Weise das Geld für den Kauf seines neuen roten Flitzers zusammen gehabt. Und ein Ende dieser Goldeselfurzerei war nicht abzusehen. Deswegen war Alfred seinem WG-Mitbewohner Tim auf ewig dankbar. Als dieser jetzt auf seinem Bürostuhl über die

Türschwelle ruppelte, mächtig wie ein Buddha, da stöhnte Alfred einmal kurz auf seiner Matratze und hob angestrengt den Kopf.
„Hab deine Mail gelesen“, verkündete Tim mit seiner schönen, sonoren Radiosprecherstimme. Sie wollte so gar nicht zu seinem butterbergigen Äußeren passen. „Habe schon für Hilfe gesorgt!“
„Hilfe?“ Alfred verstand nicht. Fragend hob er den Kopf.
Tim zückte eine Plastiktüte und fischte mit seinen Wurstfingern eine Spritze hervor. „Hier! Schmerzmittel. Einmal in den Arsch damit und nach zwanzig Minuten spürst du nichts mehr. Kannst wieder hüpfen wie ein junger Frosch.“
„Das ist nicht dein Ernst!“
Der Buddha lächelte weise.
„Wo ... woher hast du dieses Ding.“
„Onlinehandel“, erklärte Tim. „Schnelllieferservice.“
„Aber so eine Schmerzspritze, die ist doch rezeptpflichtig.“
„Nicht bei mir.“ Tim rollte bedrohlich näher an Alfreds Matratze heran. Alfred hob abwehrend eine Hand, was ihm sofort wieder einen schmerzhaften Stich in der Hüftgegend einbrachte.
„Dreh dich um und streck mir deinen Arsch her!“, befahl Tim im Tonfall eines Märchenerzählers.
„Moo...ment!“, warnte Alfred. „So schnell geht das nicht. Ich muss erst überlegen, ob ich das überhaupt will.“
„Ich spritz mir das auch ab und zu, wenn ich mich nicht mehr bewegen kann“, verkündete Tim freundlichst.
Das beruhigte Alfred keineswegs. Im Gegenteil. Zum Glück erschien in diesem Moment Jochen Schiller auf der Bildfläche. Das war der dritte Mitbewohner der WG, der eigentliche Mieter der gesamten Wohnung, beziehungsweise war er mehr als ein Mieter. Seinem Vater gehörte nämlich das ganze Haus.

Jochen Schiller war ein sonniger junger Mann, gutaussehend wie ein Standardtänzer, mit besten Manieren und sündhaft teuren Hemden. Man hätte ihn für einen jener Jungs halten können, die in Modejournalen ganzseitig extravagante Anzüge zur Schau stellen und dabei mystisch in die Ferne blicken. Er studierte Jura, führte die Freiburger Jungliberalen an und galt weithin als der kommende Star der Bezirks-FDP. Sein Vater saß einer der namhaftesten und bestgebuchten Kanzleien der Stadt vor, Schiller & Partner. Alles an Jochen roch nach Karriere. Und dabei war er ein smarter Kumpel, unkompliziert, lebenslustig, ohne Allüren. Meist umschwärmten ihn traumhaft schöne Jura- und Medizinstudentinnen, künftige SUV-Fahrerinnen, die nicht nur blond und schlank waren, sondern auch klug und aus gutem Hause. Solche Frauen eben, wie sie um Alfred immer einen Bogen machten.

Doch diesmal erschien Jochen Schiller alleine. Er trug einen extravagant geschnittenen Lodenmantel mit Lederapplikationen, so dass man meinen konnte, der „Jäger von Fall“ komme hereingeschneit. „Habe die Mail gelesen!“, verkündete Jochen Schiller. „Wollte mal nach dir schauen!“

„Ich gebe ihm gerade eine schmerzstillende Spritze“, erklärte Tim, der aber keine Anstalten machte, sich von seinem Bürostuhl zu erheben. „Er muss nur mal seinen Hintern her strecken!“

Jochen Schiller ging in die Hocke. „Dreh dich auf den Bauch“, kommandierte er, während er den Lodenmantel abstreifte. „Ich helfe dir!“

Behutsam wie ein Krankenpfleger half Jochen Alfred beim Herumwälzen. Dann machte er sich an Alfreds Schlafanzughose zu schaffen, um Alfreds Hinterteil freizulegen. Alfred protestierte halbherzig. Schillers schmale Advokatenhände strichen über Alfreds Hinterbacken, um eine geeignete Stel-

le auszukundschaften. „Hier!“, sagte er dann. „Hier?“, fragte Tims sonorer Bass. „Genau da!“
Und schon steckte die Nadel der Spritze in Alfreds Schinken. Es ging so schnell, dass an Gegenwehr gar nicht zu denken war. Schon verkündete Jochen Schiller Vollzug: „Na also. Das war's schon. Er hat überhaupt nicht gebohrt …“
Mit einem freundschaftlichen Klapps auf Alfreds Hinterteil zog Jochen Schiller ihm die Schlafanzughose wieder hoch. Alfred fand das Ganze zwar irgendwie befremdlich, doch ganz eindeutig konnte er für sich nicht benennen, was ihn störte. Er wälzte sich wieder auf den Rücken und sah Tim immer noch über seinen Bürostuhl quellen. Wie hatte der Fettkloß sich zu ihm heruntergebeugt, um ihm die Spritze zu verabreichen? Gar nicht! Jetzt erst sah Alfred, dass Tim die Spritze auf eine antennenartige dünne Vorrichtung montiert hatte, mit der er Distanzen bis zu zwei Meter überbrücken konnte. Tim sah Alfreds Blick.
„Eigenkonstruktion“, sagte er stolz. „Man kann es fernsteuern. Es biegt sich.“ Er demonstrierte kurz die Funktion, indem er auf eine Fernsteuerung eintippte, die aussah wie Alfreds TV-Fernbedienung. Und tatsächlich, die Antenne krümmte sich zu einem kleinen ovalen Bogen. „Was denkst du, wie ich mir sonst selbst in den Hintern piksen sollte? Ich musste mir was einfallen lassen.“
Eine halbe Stunde später fühlte Alfred sich bereits wieder so munter, dass er die Matratze verließ und sich zu Jochen Schiller gesellte, der in der Gemeinschaftsküche der WG abgestandenes Bier in die Spüle schüttete. Die halbvollen Gläser und Flaschen standen bereits seit einer Woche gärend herum. Am Wochenende zuvor hatte es ein Saufgelage gegeben. Niemand hatte seither aufgeräumt.
Nach einer Stunde war Alfred schmerzfrei. Er wusste gar nicht mehr, was ihn eigentlich geplagt hatte. Hatte er tat-

sächlich Schmerzen gehabt? Ach was, alles nur eingebildet. Oder Hexerei? Sie kamen auf den Schuss beim Umzug in Friedenweiler zu sprechen. Jochen Schiller wollte wissen, was Alfred vom Tod der Löffinger Hexe hielt. Sämtliche Zeitungen und Online-Kanäle waren voll davon.
„Ein Zufallstreffer", gab Alfred seine Ansicht zum Besten. „Das hab ich gestern schon gesagt, kurz nachdem es passierte." Ausführlich schilderte Alfred sein eigenes Erlebnis. Schiller war sehr angetan von dem Fall: „Wir könnten die Umzugsveranstalter verklagen. Du bist schwer traumatisiert! Hast du Rechtschutz?"
Alfred verneinte. Schiller schüttelte unwillig den Kopf. „Das musst du unbedingt haben. Wie willst du sonst jemanden verklagen? Wovon sollen wir Anwälte leben?"
„Du bist noch kein Anwalt!"
Schiller schenkte Alfred einen Blick, der voller Mitleid zu sagen schien, wie kleinkariert es sei, auf so einem Nebendetail herumzuhacken, aber Alfred ignorierte den Vorwurf. „Wenn sie den Schützen fassen, was denkst du, was bekommt der aufgebrummt."
„Kommt drauf an, wer ihn verteidigt", behauptete Schiller. Er fasste Alfred an der Hand. Fast war es eine zärtliche Geste: „Komm Alfred, schließ einen Rechtsschutz ab. Mir zuliebe. Ich mach das für dich. Du musst nur unterschreiben."
„Und dann!", Alfred zog seine Hand zurück.
„Dann verklagen wir jemanden. Vielleicht den Hersteller der Spritze, falls dein Hintern rot anschwillt." Schiller lachte. Alfred wusste nicht, ob er es ernst meinte. Vorsichtig tastete er sein Hinterteil ab. Er spürte nichts. Es fühlte sich alles gut an.
„Ich weiß, wo wir ein ärztliches Gutachten kriegen. Kenne da eine junge Ärztin ..."

Alfred wehrte ab: „Hör mal, meinem Hintern geht es gut. Ich brauche kein Gutachten. Alles bestens. Verklag jemand anderes."
„Also ist es abgemacht?"
„Was ist abgemacht?"
„Dass ich für dich eine Rechtschutzversicherung abschließe. Bei deinem Kumpel aus dem Hochschwarzwald. Dem Linus, diesem Versicherungsfuzzi!"
Alfred winkte ab. „Mach was du willst!"
Schiller wechselte das Thema: „Übrigens, ich wollte dich noch vorwarnen."
„Vorwarnen? Wieso? Vor was?" Alfred stand auf dem Schlauch.
„Nächste Woche kommt der Hugo zurück."
„Der Hugo?"
„Ja, unser Mitbewohner. Das verschlossene Zimmer auf der anderen Seite des Ganges. Das gehört dem Hugo. Er war auf Weltreise."
Alfred erinnerte sich, dass man ihm davon erzählt hatte. Aber er hatte diesen Hugo noch nie gesehen. Seit er in dieser WG wohnte, war Hugos Zimmer stets verschlossen gewesen. Man hatte ihm immer nur gesagt, hier wohne noch ein Typ, der sich aber gerade auf Weltreise befinde. Im Flur stand eine große Metallkiste im Weg herum, die angeblich diesem Hugo gehörte. Interessant!
„Da bin ich mal gespannt", sagte Alfred, während er sich eine Zigarette drehte.
„Kannst du auch sein."
„Warum?"
Schiller lächelte geheimnisvoll: „Warte es ab. Hugo ist ein Typ!"

STUDENTENLEBEN

Den Mittwoch verbrachte Alfred zusammen mit seiner Kommilitonin Vanessa an der Uni. Genauer gesagt im Glaspalast. Das war die neue Unibibliothek. Ein gläsernes Ungetüm mitten in der Innenstadt. Die Architekten hatten es mit so viel schiefen Winkeln und disharmonisch zusammengefügten Fronten entworfen, dass sie sicher sein konnten, es würde nach einem Erdbeben gewiss symmetrischer aussehen. Wenn Alfred sich hier aufhielt, dann meistens zusammen mit Vanessa. Irgendwie hatten Alfred und Vanessa sich gefunden. Beide studierten im gleichen Semester Politik und Geschichte, die ersten Zwischenprüfungen hatten sie schon hinter sich. Beide rauchten sie selbstgedrehte, filterlose Zigaretten. Beide hielten sich gerne bis weit nach Mitternacht in dubiosen Studentenschuppen auf. Selbst vor dem Musikkeller Crash machten sie nicht Halt, Freiburgs ältester und lautester Hardcore-Spelunke. Beide führten sie das, was man einen ungesunden Lebenswandel nennt, Alfred aus Gedankenlosigkeit, Vanessa aus Geldnot. Sie hatte die Angewohnheit, in der Mensa in der Rempartstraße von den zurückgebrachten und nicht ganz leergegessenen Tellern die Essensreste zu räubern und sich auf diese Weise kostengünstig zu ernähren. Das machten außer ihr noch etliche andere Studenten, weshalb das Studentenwerk über das Geschirrrückgabelaufband eine Plastiküberdachung hatte montieren lassen. Angeblich aus hygienischen Gründen. „Pfeif drauf", sagte Vanessa und lauerte seither vor der Tunnelröhre, um Rückgabeteller gleich dort zu konfiszieren.

Beide, Alfred wie auch Vanessa, waren unglücklich verliebt. Alfred in Anna, die BZ-Redakteurin aus dem Hochschwarzwald, Vanessa in Alfred. Allerdings war er zu dämlich, das zu merken.

Nun saßen sie in einer Sitzecke der Unibibliothek, die aussah wie die Lounge in einem Flughafenrestaurant. Die aerodynamisch geformten Drehstühle, grau wie aus der Vorstandsetage, standen unmittelbar an der gläsernen Außenwand und ermöglichten den Ausblick auf den Rotteckring und das gegenüberliegende Kollegiengebäude, das noch aus der Buntsandsteinepoche der Uni stammte. Vanessa rührte in einem Becher Kaffee und ließ sich von Alfred Einzelheiten zum Todesschuss von Friedenweiler erzählen. Auf dem Handy präsentierte er dazu eine Reihe von Aufnahmen, die er während des Umzugs gemacht hatte.

„Das sieht ja irre aus", kommentierte Vanessa und strich sich das improvisiert geknotete Haar aus der Stirn. Sie war eigentlich nie gestylt. Ihr langes, hellbraunes Haar war immer irgendwie gebündelt, zusammengesteckt, geknotet, zu seltsamen Aufbauten am Hinterkopf aufgetürmt und von Spangen, Klammern, Bändeln und sonstigen Hilfsmaterialien zusammengehalten. Sie hatte eine hohe Stirn, lustige hellbraune Augen, ein Koboldgesicht und einen etwas schiefen Mund, mit dem sie beleidigte Schnuten ziehen konnte und ihre wechselnden Stimmungen tarnte. Außerdem war sie dünn wie eine Schaufensterpuppe. Das Dürrste an ihr waren die Arme und die Beine, obwohl sie selbst keineswegs an Magersucht litt. Im Gegenteil: Sie konnte futtern wie ein Holzfäller. Es blieb nur nichts hängen. Das galt – aus Alfreds Sicht – leider auch für die Brüste. Da hatte sie nicht viel mehr als zwei kleine, unschuldige Knospen zu bieten. Jedenfalls passte sie überhaupt nicht in Alfreds Beuteschema, mit einer der Gründe dafür, warum er so gut mit ihr klarkam.

„Was ist irre?“, fragte Alfred, der auf seinen Handyfotos nichts entdecken konnte.
„Na dieser ganze Umzug, diese ganze Szene. Schau dir doch mal die bunten Figuren an, die vielen Hexen, die Musikanten, diese farbigen Kostüme, die Masken. Wow! Das erinnert mich an den Christopher Street Day.“
„Fasnet ist älter!“, bog Alfred eine Lanze für das heimische Brauchtum. „Die machen das schon seit Jahrhunderten so, da oben im Hochschwarzwald. Viele Zünfte sind über hundert Jahre alt.“
„Zünfte?“
„Ja, so nennen die Leute ihre Vereine. Jeder Ort hat mindestens eine Zunft, manche sogar zwei oder drei. In Neustadt gibt es gleich sieben!“ Das wusste Alfred von Anna.
„Sieben? Kannst du die alle aufzählen?“
Alfred musste überlegen: „Die älteste Narrenzunft heißt glaube ich einfach nur Narrenzunft Neustadt oder so ähnlich. Bin mir nicht sicher. Das sind welche, die richtig lustige Masken tragen. So einen verschmitzten Bollenkopf, der einem die Zunge rausstreckt. Den gibt’s als Weibchen und als Männchen. Gigs und Gägs heißen die. Dann gibt es noch die Waldschrättele, die laufen in grünen Flicken herum und ihre Maske sieht aus wie ein polierter Wurzelstrunk.“ Er grübelte weiter: „Die Lumpenmännle! Weiß gar nicht, ob das eine reguläre Zunft ist, die haben ihre Verkleidung aus der Altkleidersammlung.“ Nach kurzem Nachdenken: „Die Übrigen sind Hexenzünfte. Die sprießen aus dem Boden wie die Radieschen. Jedes Jahr kommt eine neue dazu. Ich kenne vier: Einmal die Raugeisthexen“, er zeigte Vanessa ein Bild von diesen langhaarigen Besenweibern, damit sie eine Vorstellung bekam. „Die haben ja noch schlimmere Haare als ich“, kommentierte Vanessa. Alfred setzte seine Aufzählung fort: „Das hier sind die Wälderhexen. Lauter Weiber unter

den Masken." Er zeigte ein Bild von einer grünschwarzen Truppe. „Und das da, das sind die Dennenberghexen." Wieder ein Bild von einer Hexenzunft, diesmal blaugelb. Die hölzerne Maske wurde dominiert von billardkugelgroßen gelben Augen, einer verwarzten Hakennase und zwei Stoßzähnen, die auch zu einer Wildschweinzunft gepasst hätten.
„Gefällt mir", meinte Vanessa. „Die sehen wenigstens gruselig aus." Sie wartete auf weitere Bilder, aber es kamen keine.
„Was ist mit der vierten Hexenzunft in Neustadt?"
„Die heißen Büchsenhexen. Von denen habe ich leider keine Bilder. Vorher fiel der Schuss!" Alfred zeigte jetzt ein Foto von der soeben im Entstehen begriffenen Hexenpyramide.
„Und was sind das da für Hexen?", wollte Vanessa wissen.
„Das sind jetzt die Löffinger Hexen." Weil Vanessa verständnislos dreinschaute, erläuterte Alfred: „Löffingen ist ein Nachbarort von Neustadt. Auch dort gibt es eine Hexenzunft. Es gibt in jedem Ort des Hochschwarzwaldes mindestens eine Hexenzunft. Wir haben Hexenschwemme."
„Oha!", sagte Vanessa spitz. „Das gab es schon mal. Damals, im Mittelalter!"
Alfred verstand nicht: „Wie meinst du? Im Mittelalter gab es doch noch keine Fasnetzünfte."
„Ich rede auch nicht von der Fasnet, sondern vom wahren Leben. Im Mittelalter war Löffingen eine echte Hexenhochburg. Hast du das nicht gewusst, Herr Geschichtsstudent?"
Kleinlaut musste Alfred einräumen, dass er davon noch nie gehört hatte.
„Pass auf", sagte Vanessa. „Ich habe darüber einiges gelesen. Bei Professor Hugott gibt's nämlich ein Seminar ‚Hexenglaube und Hexenwahn im Südwesten'. Dort geht es um die Hexenprozesse im 17. Jahrhundert. Coole Nummer. Solltest du auch mal hingehen."

„Keine Zeit“, wehrte Alfred ab. „Muss mich auf die nächste Prüfung vorbereiten. Mein Thema ist die Entdeckung Brasiliens.“

Vanessa begann, sich eine Zigarette zu drehen. Alfred schnorrte von ihrem Tabak und tat es ihr nach. Währenddessen erzählte er: „Vielleicht erfahre ich bald einiges über diese alten Löffinger Hexengeschichten. Meine ... äh ... die BZ in Neustadt hat mich beauftragt, mal Kontakt mit der Löffinger Hexenzunft aufzunehmen. Ich soll einen Hintergrundbericht machen. Wie ist die Zunft entstanden, was sind ihre Rituale, wer sind die Mitglieder?“

Vanessa zischelte eine Spur zu giftig: „Du kannst ruhig sagen, dass deine Freundin Anna dich beauftragt hat. Vor mir musst du sie nicht verstecken.“

„Sie ist nicht meine Freundin“, widersprach Alfred unwirsch. „Eine Bekannte. Eine Kollegin!“ Auch Alfred klang eine Spur zu giftig. Zum Glück waren beide mit dem Drehen ihrer Zigaretten beschäftigt, das als Ablenkung und Erklärung für das nun folgende Schweigen herhalten musste.

Tatsächlich hatte Anna schon am frühen Morgen angerufen – für Alfreds Verhältnisse war alles, was vor neun Uhr geschah, früher Morgen – und Alfred den Auftrag erteilt: „Wir wollen rund um die Ermordung von Marc Kienzler ein paar Hintergrundgeschichten haben. Hättest du Lust, etwas über die Löffinger Hexenzunft zu machen?“

„J..j..ja“, sagt Alfred zögerlich. Anna hatte so eine Art, über vergangene Missstimmungen einfach hinweg zu schweigen und so zu tun, als wäre nichts gewesen. Kein Wort über das schroffe Ende ihrer letzten Begegnung am Sonntag. Jetzt hörte sie durch das Telefon hindurch Alfreds Zögern. „Was ist? Wir hatten doch ausgemacht, dass du für mich Reportagen machst. Du wolltest doch unbedingt für die BZ als freier Mitarbeiter schreiben.“

„Schon, aber …"
„Was, aber?"
„Hast du nicht genug freie Mitarbeiter in Löffingen? Da gibt's doch jede Menge."
Anna seufzte durchs Telefon. Alfred sah ihr Schneewittchengesicht vor sich, wie sie die Unterlippe schürzte, weil es nicht nach ihrem Kopf ging. „Das stimmt schon", antwortete sie. „Aber ich möchte gerade nicht, dass jemand aus Löffingen diese Reportage macht. Es soll jemand Unvoreingenommenes sein. Jemand, den die Hexenzunft noch nicht kennt. Da habe ich an dich gedacht."
Selbstverständlich fühlte Alfred sich geschmeichelt und selbstverständlich sagte er auch zu. Aber er ließ sich noch ein bisschen bitten, denn er liebte es, wenn Anna bei ihm um etwas bat. Dann wurde ihre Stimme weich und samtig und sie gewährte auch Wünsche, die sie sonst eher verweigerte. Alfred handelte solch eine Gunst heraus, indem er feilschte: „Also gut, ich häng mich dran. Aber dann nimmst du mich morgen mit, wenn in Neustadt die Fasnet eröffnet wird. Ich war noch nie am Schmutzige Dunschdig mitten im Getümmel." Er sprach „Schmutzige Dunschdig" grausig steif aus. Das unterschied sich vom Original wie ein Sperrholzbrettchen von einer Eichenbohle.
Anna sagte zu: „Wir sind ab halb neun in der Redaktion. Da gibt es Sekt und Berliner. Komm einfach dazu, dann wirst du schon sehen, was da den ganzen Tag über so abgeht. Direkt gegenüber, beim Rathaus, wird der Narrenbaum aufgestellt." Sie pries noch weitere Attraktionen des Neustädter Schmutzigen Dunschdigs an, den Kinderumzug, die Schülerbefreiung, die Schlüsselübergabe des Rathausschlüssels vom Bürgermeister an die Narrenzunft, den abendlichen Hemdglunkerumzug.
„Hemd ….?"

„Hemdglunker!" Anna erklärte: „Die Leute ziehen sich weiße Nachthemden an, tragen Schlafmützen und Laternen und ziehen so durch die Straßen. Muss man gesehen haben." Alfred erinnerte sich, dass er diesem Ereignis, wie überhaupt der ganzen Fasnet, in den letzten Jahren, seit er im Hochschwarzwald lebte, stets durch Heimatbesuch bei seinen Eltern aus dem Weg gegangen war. Nun gab es wohl kein Entkommen mehr. Anna sorgte dafür: „Du hast hoffentlich ein Nachthemd?"
Alfred hatte keines. Vielleicht konnte Vanessa ihm eines leihen.
„Kannst du mir ein Nachthemd leihen", fragte er sie schließlich in das Schweigen hinein, das sich über ihre Sitzecke gelegt hatte. Sie sah ihn zweifelnd an. „Du willst ein Nachthemd von mir? Ist alles in Ordnung? Darf es auch Unterwäsche sein."
Alfred holte zu einer Erklärung aus. Hemdglunkerumzug in Neustadt! Vanessas Miene hellte sich auf, bis Alfred herausrutschte: „Anna hat mich gefragt, ob ich mit ihr da hingehe." Da formte sich Vanessas schiefer Mund zu einem spitzen Stilett und es hätte nicht viel gefehlt, sie hätte Alfred mit einer wüsten Verwünschung durchbohrt. Aber sie versprach, ihm ein Nachthemd zu besorgen.

SCHMUTZIGE DUNSCHDIG (Vormittag)

Auf neun Uhr dreißig, wie mit Anna verabredet, würde er es nicht schaffen, denn am Morgen des Schmutzigen Dunschdig kroch Alfred erst um neun Uhr aus den Federn. Das hatte auch damit etwas zu tun, dass er am Vorabend mit Vanessa noch bis weit nach Mitternacht in der Studentenkneipe „Schlappen" über Gebühr gezecht und ein ganzes Päckchen Tabak weggeraucht hatte. Anschließend hatte sie ihn mit zu sich nach Hause geschleppt, ihm ein vanillegelbes geblümtes Nachthemd aus ihren Beständen vermacht, ihn eingeladen, bei ihr zu nächtigen, was er abgelehnt hatte, und ihm dann mit einem Unterton von Bitternis einen „schönen Schmutzigen Dunschdig mit Anna" gewünscht.
Trotz dieser Nachtaktivitäten schaffte er es irgendwie, kurz nach neun Uhr am nächsten Morgen das Haus zu verlassen und den im Hinterhof abgestellten roten Flitzer zu besteigen. Alfred ließ sich seitlich in den tiefgelegten Sitz fallen und spürte sofort, dass er eine falsche Bewegung gemacht hatte. Ein peitschender Schlag durchfuhr ihn. Der Hexenschuss kehrte zurück. Alfred krümmte sich in seiner Sitzschale und krallte sich verzweifelt am Lenkrad fest. Was für ein Schmerz! So musste sich jemand fühlen, der von einem Dauerblitz getroffen wurde. Unfähig auch nur zur geringsten Bewegung, die ihn aus seiner misslichen Lage hätte befreien können, stöhnte Alfred wie ein brunftiger Esel. Ihm war, als glühte die ganze Wirbelsäule. Alfred jaulte erbärmlich. Minutenlang verharrte er so. Nein, es besserte sich nichts. Er war gelähmt. Bewegungsunfähig. Tot! Niemand sah ihn, niemand half ihm. Sollte er hier im Hinterhof elendig verglühen? In seiner Not hämmerte er mit der Faust auf die Lenkradscheibe. Sofort plärrte die Hupe, die wie das Ne-

belhorn eines Rheindampfers klang. Eine 240 PS Hupe! Es war ein so vielversprechender Lärm, dass Alfred es gleich nochmal wiederholte. Und dann noch einmal.
Endlich hörte er, dass sich Schritte näherten. Eine leise Stimme flüsterte: „Kann man Ihnen irgendwie helfen?"
Oh, das war Julius Zupf. Alfred kannte die Stimme. Julius Zupf, der obere Mieter. Der Mann, der alleine im Dachgeschoss wohnte. Alfred war ihm gelegentlich schon im Treppenhaus begegnet. Ein arbeitsloser Geiger. Das wusste Alfred von Schiller.
„Sie schickt der Himmel", seufzte Alfred erleichtert.
Julius Zupf war ein zierlicher Mann und obendrein in Hausschlappen und im kurzen Unterhemd, obwohl es an diesem winterlichen Morgen reichlich kalt war. „Wollte bloß den Biomüll rausbringen", sagte er wie zur Entschuldigung für seinen Aufzug. Dann ließ er sich Alfreds Not erläutern und besah sich die Lage des Gestrandeten von allen Seiten. „Diese tiefgelegten Sportrennwagen sind einfach ungesund", befand er kopfschüttelnd. Schließlich fasste er sich ein Herz und half Alfred unter dessen Wehklagen zuerst auf die Beine, und dann, indem er ihn stützte, ins Haus zurück, das Treppenhaus empor und schließlich sogar glücklich bis zur Wohnungstür. Alfred starb dutzende Tode, bei jeder Treppenstufe einen, doch er überlebte. So kam er zurück in seine WG, wo der rettende Zwei-Zentner-Engel Tim auf seiner rollenden Bühne herbeischwebte, um ihm sogleich mit Hilfe seiner Antennennadel und assistiert vom staunenden Geiger eine neuerliche Schmerzspritze zu verabreichen.
Diese Bombe wirkte sofort.
Um 10 Uhr dreißig saß Alfred nahezu schmerzfrei im roten Flitzer und trat die Fahrt in den Hochschwarzwald an. Tims Spritze besaß Wunderkräfte.

In der Redaktion der Badischen Zeitung in Neustadt angekommen, erntete Alfred einen missbilligenden Blick von Anna. Wo er so lange gesteckt habe. „Parkplatzsuche!“, entschuldigte sich Alfred, was sogar stimmte. Denn der Rathausplatz und damit auch der Bordstein vor der Redaktion waren blockiert. Dort sollte am Mittag der Narrenbaum aufgerichtet werden. Alle anderen Parkmöglichkeiten rund um das Münster und um die BZ-Geschäftsstelle waren entweder besetzt, oder meterhohe Schneeberge waren im Wege. Alfred schmuggelte seinen roten Flitzer schließlich auf das Parkdeck des benachbarten Rossmann-Drogeriemarktes. Es war dort zwar nur der Behindertenparkplatz frei, aber das Hinweisschild war so zugeschneit, dass Alfred es sofort fotografierte. Um später beweisen zu können, dass man nicht hätte erkennen können, dass es sich hier um einen Behindertenparkplatz handelte.
Auf der Straße tummelten sich Narren, obwohl es frostig kalt war. Neustädter Gägs in ihrem fleckigen Häs bauten Biertische und Bänke auf dem Rathausplatz auf, wo sie eine Wurst- und Glühweinbude in Betrieb genommen hatten. Ein paar Schüler waren unterwegs. Einige trugen farbige Fantasiehüte, andere schrille Frisuren, die sie mit Kleister oder anderen Hilfsmitteln in bizarre Formen gezwungen hatten. Alfred fühlte sich an Figuren aus einem Manga Comic erinnert. Zwei ältere Damen in Strohschuhen und mit Röcken aus dem frühen 20. Jahrhundert schoben einen Kinderwagen aus dem 19. Jahrhundert, den sie mit weißen und roten Luftballons und mit Luftschlangen dekoriert hatten. Im Kinderwagen selbst ruhte keineswegs ein Säugling, sondern ein großes Plastikgefäß, aus dem die beiden Damen etwas Dampfendes schöpften und den Passanten unter die Nase hielten. Alfred achtete auf Abstand und verdrückte sich in den Eingangsbereich der Badischen Zeitung. Aus dem Hin-

terhalt schlug ihm plötzlich ein unsichtbarer Angreifer mit einer Art Peitsche, an deren Ende ein ekliges Etwas hing, auf den Kopf. Das eklige Ding sah aus wie ein glitschiger, hautfarbener Luftballon. Es war eine „Saublodere“, eine Schweinsblase. Das war das bevorzugte Arbeitsgerät der Gägs und Gigs, von denen jeder ein solches Ding ständig mit sich herumtrug und damit die Leute drangsalierte. Hinter dem Schneeberg tauchte aber keine Gägsmaske auf, sondern das einfältige Grinsen von Peter Sterzer. Der BZ-Fotograf geierte sich einen ab und ließ seine Saublodere gleich ein zweites Mal auf Alfred herniederfahren.

„Was soll der Scheiß“, herrschte Alfred ihn an. „Hat man dir ins Gehirn geschissen?“

Peter Sterzer lachte frech und brüllte übermütig: „Narri! Narro!“ Dann tanzte er hinter seinem Schneeberg hervor, lachte immer noch und stichelte: „Verstehst wohl keinen Spaß. Nicht mal an Fasnet. Es ist Schmutzige Dunschdig. Schon vergessen?“

Alfred war bedient. Er drängte sich an dem lästigen Kerl vorbei und betrat das Gebäude. Anna verbesserte seine Laune auch nicht gerade, als sie ihn wegen seines Zuspätkommens rügte. Eigentlich hatte er sich vorgenommen, erst einmal wegen des am Morgen erlittenen Hexenschusses die Jammernummer abzuziehen. Aber er sah sogleich, dass dies jetzt nicht richtig gewürdigt werden würde. Also ignorierte er den Rüffel und nörgelte stattdessen: „Wie siehst du denn aus?“

Anna trug ein weiß-blau gestreiftes Ringelhemdchen über ihrer Bluse, hatte sich die Nase rot angemalt, die Augen weiß umrandet und das schwarze Haar zu einer Tulpe aufgestülpt, die von einem kanariengelben Bändel zusammengehalten wurde. Außerdem trug sie bis über die Waden

hochgekrempelte Jeans, so dass man ihre weiß-rot gestreiften Ringelsocken sehen konnte.
„Es ist Schmutzige Dunschdig!“, erklärte sie.
Die Welt hatte also den Verstand verloren.
Einer der Redaktionstische war vollgestapelt mit Berlinern. Auf einem weiteren standen Sekt- und Sprudelflaschen und Pappbecher. „Du musst ständig mit Besuch rechnen. Die Stadtmusik, der Spielmannszug, die Gigs, die Gägs, der Narrenrat, die Hexengruppen“, so zählte Anna auf, während neben ihr Fotograf Peter Sterzer einen Tetra-Pack mit Orangensaft schüttelte. „Alle erwarten, dass wir was zum Trinken anbieten. Und Berliner sind sowas wie das Universalgebäck zur Fasnet.“
Alfred schnappte sich ein Sektglas, füllte es und wollte anstoßen. Peter Sterzer trank Orangensaft, Anna trank Sprudel. „Wir sind im Dienst!“, so wehrte sie ab. Alfred fand die Erklärung fadenscheinig, aber er wollte Anna bei Laune halten, also hielt er keine Gegenrede.
Mit Blick auf die Uhr verkündete Anna: „Gleich geht oben an der Hansjakobschule der Kinderumzug los. Der kommt dann hier herunter zum Narrenbaumaufstellen. Da gehe ich jetzt mit Peter hin.“ Sie fasste Alfred beim Arm: „Vielleicht hast du Lust, solange hier in der Redaktion die Stellung zu halten. Kann ja sein, dass noch Gruppen kommen. Und dann wäre es blöd, wenn abgeschlossen wäre.“
Ehe Alfred so recht darüber nachdenken konnte, ob er sich durch dieses Angebot geschmeichelt fühlen sollte, oder ob er sich ärgern sollte, weil Anna mit dem grinsenden Peter Sterzer alleine losziehen wollte, hatte er schon zugesagt: „Kein Problem! Ich bewache den Sekt und die Redaktionsgeheimnisse.“
Anna hauchte ihm ein Küsschen auf die Wange. Das entschädigte für vieles. Peter Sterzer machte ein säuerliches Ge-

sicht, so dass Alfred sich stark in seinem Verdacht bestätigt fühlte, dass dieser Kerl ein Auge auf Anna geworfen hatte.
Anna und ihr Fotograf machten sich davon. Alfred schnüffelte in Annas Computer herum, entdeckte aber nichts, was den Vertrauensbruch gerechtfertigt hätte. Er blieb etwa zehn Minuten in der Redaktion alleine, dann wurde sie von einer Abordnung der Wälderhexen gestürmt. Das war jene Neustädter Hexenzunft, bei der nur Frauen unter den Masken erlaubt waren. Jetzt trugen sie ihre Masken allerdings am Gürtel oder auf dem Rücken und Alfred konnte sozusagen die Originale darunter besichtigen. Er betätigte sich als Mundschenk und füllte ein Sektglas nach dem anderen. Die Mädels waren nicht zimperlich und schenkten sich selbst nach. Alfred wurde von einer Andrea und einer Martina in die Mitte genommen und genötigt, sich mit diesen beiden fotografieren zu lassen. Seine Laune besserte sich, denn erstens fühlten sich die Frauen in seinen Armen gut an, zweitens fühlte er sich als Hahn im Korb und wurde auch als solcher hofiert: „Was bist denn du für ein Süßer?", wollte eine der Hexen wissen, die so gar nicht wie eine Hexe aussah. „Ich bin der Kussredakteur!", behauptete Alfred frech. „Mich kann man küssen."
Die Mädchen ließen sich nicht zweimal bitten. Alfred bekam Küsse auf die Stirn, auf die Wangen, auf die Nasenspitze. Zwischendurch machte er selbst mit der bereitliegenden Redaktionskamera, so wie Anna es ihm aufgetragen hatte, ein paar Aufnahmen von dem Auflauf. Plötzlich tippte ihm jemand von hinten auf die Schulter. Alfred ließ die Kamera sinken.
„Sind Sie der Redakteur?", fragte eine zaghafte Stimme. Vor Alfred stand ein etwa zwölfjähriger Knirps im Supermankostüm und hielt ihm einen Briefumschlag unter die Nase.
„Ich … ja, ja. Ich bin der Redakteur."

Der Junge streckte den Briefumschlag in die Höhe: „Den soll ich Ihnen geben!"
„Wie? Mir ...? Von wem?" Alfred zögerte kurz. „Gib mal her", sagte er dann und griff sich den Brief.
„Da war ein Mann. Draußen. Der hat mir diesen Brief gegeben und fünf Euro, damit ich ihn hier herein bringe. ‚Gib ihn dem Redakteur', hat der Mann gesagt. Mehr nicht."
Alfred besah sich den Briefumschlag, drehte und wendete ihn. Er trug keinen Absender. In ungelenker Handschrift stand lediglich vorne drauf: „An BZ Zeitung!". Der junge Superman stand erwartungsvoll vor ihm. Als Alfred keine Anstalten machte, irgendwie eine Belohnung auszuschütten, drückte der Kleine sich durch die tratschenden Wälderhexen hindurch und verschwand wieder. Alfred versäumte es, ihn nach seinem Namen zu fragen. Er war hin- und hergerissen. Sollte er den Briefumschlag öffnen? Sah spannend aus. Und geheimnisvoll. Der Brief war aber eindeutig an die Badische Zeitung gerichtet, und er selbst, Alfred, gehörte eindeutig nicht zur Badischen Zeitung. Auf der anderen Seite: Anna hatte ihn als Mitarbeiter eingespannt. Sie hatte ihm für die Dauer ihrer Abwesenheit sogar die verwaiste Redaktion anvertraut. Also war er doch eigentlich befugt, den Brief zu öffnen. Die Neugierde überwog. Mit einem Kugelschreiber ritzte er den Briefumschlag und öffnete ihn. Ein schlichter Zettel kam zum Vorschein, einmal gefaltet. Alfred las die krakelige und doch irgendwie akkurate Handschrift: „An BZ. Die Hexenkerle sind selber schult! Männer sind keine Hexen. Nächster Umzug schiesse ich noch einen. Hab das Gewehr."
Kein Absender, kein Name. Aber eindeutig ein Bekennerschreiben. Der Schütze von Friedenweiler?

SCHMUTZIGE DUNSCHDIG (Nachmittag)

Der Bekennerbrief änderte Annas geplanten Tagesablauf. Nachdem Alfred ihr den Zettel gezeigt und die Begleitumstände erklärt hatte, rief sie erst einmal ihren Chef an, der sich eigentlich auf der Flucht vor den Fasnettagen in einem Skiurlaub befand. Sie klärte mit ihm am Telefon, dass sie erstens die Polizei einzuschalten hatte, was unverzüglich geschah, dass sie zweitens das Aufstellen des Narrenbaums und die Rathausübergabe dem Fotografen Sterzer überlassen solle, dass sie die Fasnet auf die zweite Lokalseite verbannen solle und stattdessen einen umfassenden Aufmacher über die neueste Entwicklung des „Hexenschuss-Falles“ fabrizieren solle. Alfred, an dessen Augenzeugenbericht die BZ in diesem Falle nicht vorbeikam, sollte eine angemessene Würdigung in diesem Aufmacher erhalten, allerdings versehen mit dem dezenten Hinweis, dass er es versäumt habe, den halbwüchsigen Überbringer des Briefes nach seinem Namen und weiteren Einzelheiten bezüglich des Mannes auszufragen, der den Brief abgegeben hatte. Während draußen auf dem Rathausplatz unter dem pompösen Geschmetter der Stadtmusik und des Spielmannszuges von Bauhof-Mitarbeitern der Narrenbaum aufgestellt wurde, und vom Rathausbalkon herunter ein beschwingter Narrenvater theatralisch an das heitere Narrenvolk deklamierte: „Loset au, was ich euch sag, heut isch er do, der große Dag ...“ musste Alfred in der Redaktion dem dort inzwischen aufmarschierten Polizeiaufgebot Rede und Antwort stehen. Der Bekennerbrief wurde konfisziert. Alfred musste Fingerabdrücke abliefern. Seine Aussage wurde auf Band aufgezeichnet. Darüber verging mehr als eine Stunde. Als das Protokoll endlich aufgesetzt war, stand draußen der neue

Narrenbaum und das Rathaus war an die Narren übergeben. Anna saß bereits über ihrem Artikel, und Alfred merkte, dass er ihr dabei im Wege war. Er räumte zerknirscht ein, dass er bei der Entgegennahme des Briefes gepennt hatte, und erbot sich, die Stadt nach dem jungen Superman zu durchforsten. „Der kann sich ja nicht in Luft aufgelöst haben. Irgendwo springt der bestimmt noch herum!"
Ausgestattet mit dieser Mission, stürzte Alfred sich also in das nachmittägliche Fasnetgetümmel auf den Straßen. Wo sollte er beginnen? Der Rathausplatz war ganz in Narrenhand. Erstaunlich, wie viele Menschen sich in bunten Kostümen hier tummelten: Nicht nur die zahlreichen Mitglieder der Zünfte und Hexengruppen, auch viele Kinder, Jugendliche und Erwachsene. Manche trugen lediglich eigenwillige Kopfbedeckungen, viele stellten aber eindeutig etwas dar: Ritter, Schornsteinfeger, Hubschrauberpiloten, Prinzessinnen und Wahrsagerinnen. Besondere Konjunktur hatten Feen, es wimmelte geradezu von ihnen. Eine nannte Alfreds Namen. Sie wuschelte in Alfreds Haar und verkündete: „Der süße Alfred! Er hat überhaupt keinen Feenstaub im Haar. Dem muss aber sofort abgeholfen werden." Alfred versuchte krampfhaft, sich zu erinnern. Die Frau kannte seinen Namen. Wer war das? Es war eine erwachsene Frau, das fahlblonde Haar wie Zuckerwatte aufgebauscht, ein spitzes Feenhütchen mit Schleier auf dem Kopf, ein grünseidenes Jäckchen über dem Anorak, in der einen Hand einen Zauberstab, in der anderen ein Stoffsäckchen mit Glitzerkonfetti, das sich nun über Alfreds eingezogenes Genick ergoss. Alfred machte halbherzige Abwehrversuche. „Kennen wir uns?"
Die Fee lächelte und umschmeichelte ihn: „Aber ja doch. Wir Feen kennen jeden unverheirateten jungen Mann. Habe ich drei Wünsche bei dir frei?"

„Ich kenne es andersherum“, beschwerte sich Alfred, indem er sich auf den spielerischen Tonfall einließ. „Feen haben keine eigenen Wünsche, vielmehr sind sie es, die drei Wünsche gewähren.“
„Das war einmal, das war einmal …“ säuselte die Fee und hauchte Alfred einen Handkuss zu. Schon entschwebte sie tänzelnd.
„Das war Petra Pollack von der Kurverwaltung in Lenzkirch“, sagte eine Männerstimme neben Alfred, die Alfred bestens kannte: „Linus?“, fragte er.
Zu der Stimme gehörte ein Typ mit verspiegelter Pilotensonnenbrille, der eine Ledersturmhaube auf dem Kopf und eine Marineuniform am Leib trug. Es war tatsächlich Alfreds Kumpel Linus. Verkleidet als jemand mit Pilotensonnenbrille, Ledersturmhaube und Marineunform.
„Was stellst denn du dar?“, fragte Alfred heiter.
„Flugzeugpilot“, behauptete Linus. „Und du? Warum bist du nicht verkleidet?“
Das war eine blöde Frage. Alfred fühlte sich selbst schon als Fremdkörper. Bis auf eine geballte Ladung glitzernden Feenstaubes, der sich in seinem Haar und im Hemdkragen versammelt hatte, war er hundsnormaler Zivilist. „Woher kennt diese Petra mich?“, fragte er Linus. „Keine Ahnung! Irgendwann musst du ihr schon mal begegnet und im Gedächtnis geblieben sein.“ Linus klärte Alfred auf: „Weißt du, das ist so bei uns im Hochschwarzwald. An Fasnet spricht man Leute an und duzt sie und macht Quatsch mit ihnen, die man sonst im Alltag nicht einmal grüßen würde. Die Einheimischen verkleiden sich, schminken sich und ziehen dann durch die Straßen und Kneipen. Dort erzählen sie sich gegenseitig Blödsinn, füllen sich mit Schnäpsen ab, drehen sich gegenseitig überflüssiges Zeug an und freuen sich über

jeden hilflosen Passanten, dem sie die Frisur durcheinander bringen können."
„Ich suche einen Superman", klärte Alfred seinen Kumpel auf. „Etwa zwölf Jahre alt. Hast du so einen gesehen?"
„Im Rathaus steht ein Batman und schenkt Sekt aus", sagte Linus. „Der ist aber über sechzig Jahre alt und hat ein Bäuchlein. Im wahren Leben heißt er Lothar Huber!"
„Der Ratschreiber?"
„Genau der. Die Rathausbelegschaft hat unten im Sitzungssaal eine Bar aufgebaut. Die Rathausmitarbeiter bewirten dort und haben sich alle als Comicfiguren verkleidet. Der Bürgermeister ist Donald Duck!"
„Ich suche aber einen Knirps, der als Superman verkleidet ist."
„Wir können ja trotzdem mal im Rathaus nachschauen. Vielleicht gehört der Knirps zu irgendeiner Rathausangestellten, die ihren Junior mitgenommen und entsprechend kostümiert hat."
Der Gedanke klang nicht unplausibel. Also wühlten sich Alfred und Linus durch die Menge Richtung Rathauseingang. Unterwegs hielt kein Geringerer als Leuchter sie auf. Alfred hätte seinen ehemaligen Chef beim Hochschwarzwaldkurier zuerst fast nicht erkannt. Leuchter trug eine Signallampe auf dem Kopf, die unablässig blitzte. Er selbst war verborgen unter einem sich nach oben verjüngenden, rot-weiß gestreiften Kartongestell, das ihm von den Füßen bis an den Kragen reichte. Nur seine Arme schauten seitlich heraus und ruderten durch die Menge.
„Ich bin der Leuchtturm in der Menge!", brüllte Leuchter. „Macht Platz, der Leuchter kommt!" Er sorgte für allgemeine Heiterkeit, schließlich war er auch im Städtchen bekannt wie ein bunter Hund. Bei Alfred allerdings sorgte sein

ehemaliger Chef in diesem Aufputz nur für Kopfschütteln. Noch einer, der den Verstand verloren hatte.
Linus arbeitete sich im Rathaus bis zur Bar im kleinen Sitzungssaal vor. Dort wachte Batman Huber über den Ausschank. Alfred folgte in der Schneise, die Linus durch die gedrängten Reihen buntscheckiger Narren hinterließ. Plötzlich tauchte die Halbmaske eines Harlekins vor Alfred auf. Augen und Nase waren unter einer violetten Pappmaske verborgen, die an der Stirn in einem halben Dutzend blauschwarzer Federbüsche auslief, die fröhlich wippten. Nur der Mund und die Kinnpartie der Unbekannten waren nicht unter der Maske, doch der Mund war knallrot und das übrige Gesicht grellweiß geschminkt. Weiß behandschuhte Hände fuchtelten vor Alfred herum und ein im Clownskostüm steckender dürrer Frauenkörper drückte sich an ihn.
„Wen haben wir denn da?“, fragte Alfred irritiert. Die weißen Handschuhe strichen ihm über die Wangen, durchfuhren sein Haar und streuten Konfetti hinein.
Alfred wollte das Wesen etwas näher untersuchen und griff mit einem fragenden „Wer...?“ nach der Hand, doch die entzog sich. Der Harlekin legte einen Finger an die geschürzten Lippen, zum Zeichen, dass er nicht sprechen würde. Schon verschwand die schlanke Gestalt wieder in der Menge.
Irgendjemand verschüttete Sekt. Alfred bekam ein paar Spritzer ab. Plötzlich trötete eine Trompete schiefe Töne in den Saal. Dann stand mit einem Mal ein Typ in schwarzem Frack auf einem Stuhl, lüpfte den Zylinderhut und brüllte über die Köpfe der Menge hinweg: „Z’Neustadt uff de Ämter, do hätt’s en Huufe Lit. Doch wenn mer e mol recht gucke duet, no schaffet d’Hälfti nitt!“
Aus dem Trubel des Saals heraus antworteten im Sprechgesang viele Stimmen: „Hoorig, hoorig, hoorig isch die Katz. Un wenn die Katz it hoorig isch, dann frisst se kei-

ne Mäus!“ Und andere Stimmen antworteten: „Borschtig, borschtig, borschtig isch die Sau. Un wenn die Sau it borschtig isch, no git si keini Leberwürscht.“
Darauf erhob sich vom anderen Ende des Saals eine weitere Stimme, diesmal ein pummeliger Brillenträger im Clownskostüm: „S'isch Fasnet, s'isch Fasnet, die Bure fresse Würscht. Un wenn se Würscht gnueg g'fresse hen, no lenn sie großi Fürz!“
Wieder lautete die Antwort der Menge: „Hoorig, hoorig, hoorig isch die Katz. Un wenn die Katz it hoorig isch, dann frisst se keini Mäus ...“
Inzwischen war der ganze Saal auf diese Hoorig-Sprüche eingestimmt. Alfred hörte Leuchters Stimme: „Wenn mich mi Mueter ärgere duet, no weiß ich guete Rot: No gang i in de Garte nus, un schiesssere in Salot!“
Gröhlendes Gelächter, dann wieder der Gegenchor: „Hoorig, hoorig, hoorig isch die Katz. Un wenn die Katz it hoorig isch, dann frisst se keini Mäus!“ Inzwischen hatte Alfred den Spruch auch verstanden und grölte begeistert mit. Jemand in einer Fantasieuniform, die nach preußischer Obrigkeit des 19. Jahrhunderts aussah, brüllte nun: „Di Bolli – Bollizei, het's Fiddle voller Blei, het's Fiddle voller Lumpe, jetzt ka se nimme gumpe!“
So ging es hin und her. Immer fand sich jemand, der einen neuen Spruch oben drauf setzte. Alfred sah den quadratischen Realschullehrer Konrad Horch auf einen Stuhl steigen und vom gesamten Geschehen Videofilme drehen. Dazwischen tröteten Plastikhupen und Blechtrompeten. Leuchters Signallampe stieß plötzlich schrillen Sirenenalarm aus. Die Harlekinmaske strich erneut vorbei und umschmeichelte Alfred mit ihren behandschuhten Händen. Batman reichte zweimal Cuba Libre über die Theke, ein Glas für Linus, ein Glas für Alfred. Zwei kichernde Frauen, verkleidet als

nahezu identische Pippi Langstrümpfe mit strohgelben, abstehenden Zöpfen und jeweils einer Galaxie von Sommersprossen im Gesicht, erkoren Alfred zum Opfer, zückten ihre Schminkstifte und bestückten Alfreds Gesicht mit schwarzen Sommersprossen und seine Wangen jeweils mit einem roten Herzchen.
Alfred fühlte sich geschmeichelt und wollte die beiden älteren Mädchen soeben zum Cuba Libre einladen, als er aus den Augenwinkeln im Getümmel einen halbwüchsigen Superman gewahrte, der sich einen heftigen Kampf mit einem etwa gleichaltrigen Jedi-Ritter lieferte. Die beiden droschen mit Plastikschwertern aufeinander ein. Das war Alfreds Superman! Der Junge, der den Zettel in die Redaktion gebracht hatte. Alfred ließ die beiden Pippi Langstrümpfe stehen und wühlte sich zu den Kampfhähnen durch. Er schnappte sich Superman an dessen wehendem Umhang und zog ihn zu sich her. „Hey, Junge. Hör mal kurz auf!“, gebot er, und brav befolgte der Knabe die Anweisung. Alfred schob den Knirps aus dem überfüllten, lärmigen Sitzungssaal hinaus. Draußen im Foyer des Rathauses war es etwas ruhiger, selbst wenn auch hier närrisches Volk sich tummelte.
Alfred versicherte sich, dass der Junge sich an ihn erinnerte, fragte ihn nach dem Namen und ermunterte ihn, sich nochmals auf den Morgen in der Badischen Zeitung zu konzentrieren: „Kannst du mir den Mann beschreiben, der dir den Zettel gegeben hat? Und nochmal genau: Was hat er dir gesagt?“
Superman überlegte. In seinem verschwitzten Kämpfergesicht arbeitete es. Sein Kumpel, der Jedi-Ritter, stand daneben und half: „Er hat gesagt, dass du nach dem Redakteur fragen sollst, und dem sollst du den Zettel geben.“
„Ja, das stimmt“, bestätigte Superman.

„Warst du auch dabei?“, fragte Alfred den Jedi-Ritter. Dieser schürzte seinen braunen Umhang und ließ zustimmend das blaue Plastikschwert leuchten. „Er hat Nico den Zettel gegeben und fünf Euro. Und er hat komisch geredet.“
„Komisch? Wie meinst du das?“ Alfred hielt sich jetzt an den Jedi-Ritter, weil dieser deutlich gesprächiger zu sein schien als sein Kumpel Nico, der Superman.
„Komisch. So abgehackt.“
„War es vielleicht ein Ausländer?“ Alfred ging in die Hocke vor dem Jungen. Er hatte das unbestimmte Gefühl, dass er gerade ein paar Schlüsselinformationen bekam.
„Nein, nicht wie ein Ausländer, so hat er nicht gesprochen.“ Der Jedi-Ritter dachte angestrengt nach. „Es war eher so, ... na komisch halt. Immer nur halbe Sätze!“
„Mach's mal nach“, forderte Alfred auf.
Jetzt half Superman aus. Er imitierte eine grobe Stimme: „Du gehsch rein! Fragsch wer Redakteur isch. Gibsch Redakteur den Zettel! Machsch! Kriegsch fünf Euro! – So war es. So hat er geredet.“
Alfred wandte sich wieder an den Jedi-Ritter: „Und wie sah er aus?“
„Er war verkleidet als Jäger“, sagte der Junge. „Mit so einem grünen Mantel und einem Hut mit Feder dran.“
Aus dem Sitzungssaal kam Linus heraus, zwei frische Cuba Libre in den Händen. „Da bist du ja! Habe dich überall gesucht.“
„Einen Moment“, wollte Alfred rufen. Doch als er sich umwandte, waren Superman und Jedi-Ritter schon wieder verschwunden. Die beiden hatten sich aus dem Staub gemacht. Alfred seufzte. Notgedrungen musste er mit dem Cuba Libre vorliebnehmen.
„Lass uns wieder rein gehen“, schlug Linus vor.

SCHMUTZIGE DUNSCHDIG (Abend)

In der Rathausbar bei Batman Huber hielten Alfred und Linus es beschwingt die nächsten zwei Stunden aus. Sie faselten blödes Zeug und flirteten mit den Frauen vor und hinter der Bar. Narren kamen und gingen. Die Gespräche wurden lauter, der Fußboden klebriger, beides, weil Sekt in Strömen floss. Das Rathauspersonal, die meisten in Micky-Maus-Kostümen, sorgte für einen halbwegs zivilisierten Barbetrieb. Lothar Huber, gestählt durch ungezählte Gemeinderatssitzungen und Amtsleiterbesprechungen, ertrug die Hektik vor seiner Bartheke in heldenhafter Gemütsruhe, wackelte hin und wieder mit seinen Fledermausohren und verhedderte sich bei jedem Cuba Libre in seinem schwarzen Flatterumhang. Alfred und Linus bequatschten nicht nur Batman, sondern auch Tick, Trick und Track, die drei fleißigen Damen, die den Barbetrieb eigentlich am Laufen hielten. Alfred erprobte seinen Charme an Track, die sich ein rosafarbenes Entenschnäbelchen geschminkt hatte. Track hieß im wahren Leben Diana und hatte sich wie Tick und Trick auch noch einen neckischen Entenpürzel aus Stoffkissen genäht, der bei jedem Schritt einladend wippte. Der Rest waren megaschlanke Beine und ein megaschlanker Oberkörper. Alfreds Versuche, Track zu Cuba Libre einzuladen, waren erfolgreich. Aber jeder Anlauf, noch weitere Gemeinsamkeiten für den Rest des Tages zu planen, prallten ungehört ab.
Dennoch fühlte Alfred Wärme aufsteigen und hätte am Ende sogar selbst Batman noch die Bruderschaft angetragen, wäre nicht Linus gewesen. Der hielt die längste Zeit den maskierten Harlekin im Arm, der kam und wieder verschwand, wie es ihm passte. Aber obwohl auch Linus be-

trächtliche Mengen an Cuba Libre investierte, durfte auch er nicht unter die Maske der geheimnisvollen Unbekannten schauen. Plötzlich war sie wieder verschwunden, und mit Blick auf die Uhr gemahnte Linus: „Wir sollten los. Bald beginnt der Hemdglunkerumzug. Treffpunkt ist bei der Spritz."

„Gehst du mit mir in die Spritz?", fragte Alfred, aber der Stoffpürzel namens Track lehnte ab. „Muss mich erst noch umziehen. Nachthemd!"

Nachthemd! Da war doch was! Ach ja, beim Hemdglunkerumzug durfte man nur im Nachthemd mitmachen. „Hast du ein Nachthemd?", fragte er Linus.

Linus schälte sich aus seiner Marineuniform, und siehe da, darunter trug er ein weißes Nachthemd. Das war zwar heftig zerknittert und er musste es jetzt erst ausrollen und in Form bringen. „Fertig!", meinte Linus fröhlich. Die Uniformjacke wickelte er zu einem Bündel zusammen und reichte sie Batman über die Theke. „Hey Lothar, kannst du das für mich hier deponieren? Ich hol's nächste Woche mal ab." Lothar machte keine Umstände und stopfte Linus' Paradeuniform zwischen zwei leere Sektkisten.

So einfach war das. Alfreds Nachthemd, das ihm Vanessa ausgeliehen hatte, lag noch im roten Flitzer auf dem Beifahrersitz. Kein Problem, denn der Parkplatz befand sich direkt auf dem Weg zur Spritz. Das Auto stand noch, aber es klemmte ein Strafzettel an der Windschutzscheibe. Alfred ignorierte ihn. Er zwängte sich in das blümchengemusterte Nachthemd von Vanessa, ließ seine Jacke im roten Flitzer zurück und folgte Linus in die Spritz.

Am Schmutzigen Dunschdig ist klugerweise in der Spritz die Hälfte der Tische weggeräumt, so dass Alfreds Stammkneipe an diesem Tag eigentlich eher zur Stehkneipe wurde. Trotzdem gab es kaum einen Platz. Alfred wurde an den hitzebullernden Kachelofen gedrückt, wo es so heiß war, dass man sich den Hintern verbrannte, wenn man zu lange an einer Stelle verharrte. Schon verlor er Linus aus den Augen, der in den kleinen Nebenraum neben der Theke abgetrieben wurde. Arsch an Arsch, Bauch an Bauch, Rücken an Rücken, so standen die Narren dichtgedrängt einander auf den Füßen. Die meisten trugen bereits Nachthemden und Zipfelmützen. Die Spritz quoll über. Man reichte Biergläser über die Köpfe hinweg. Draußen vor der Tür staute es sich im Gang. Alfred sah sich unvermittelt zwischen Hansibert und Anemone eingezwängt, die er beide aus dem Dennenbergstüble kannte. Hansibert hatte seinen Kaiser-Wilhelm-Bart silbern eingesprüht und trug statt eines Nachthemdes einen vergilbten Morgenmantel. Außerdem sah er schwer angeschlagen aus. Anemone, die ein weißes Nachthemd und darunter einen weißen Rollkragenpulli trug, schwitzte altjungferlich. Sie stritt mit Hansibert, weil dieser schon mehr dem Bier zugesprochen hatte, als von Anemone genehmigt. Hansibert schenkte seiner Anemone einen glasigen Blick. Alfred fand die erzieherische Ansprache von Anemone so unpassend und ärgerlich, dass er Hansibert unverzüglich ein weiteres Bier spendierte. Es wurden in der Spritz am Schmutzigen Dunschdig nur kleine Bier im 0,25 l Glas ausgeschenkt. Die konnte man in einem Zug austrinken. An Alfreds Platz musste man sie sogar in einem Zug austrinken, sonst wäre es warm geworden. Soviel Hitze strahlte der Kachelofen aus. Schon lief auch Alfred der Schweiß. Über ein paar Köpfe hinweg vermeinte er, die wippenden Federn des Harlekins gesehen zu haben. Er boxte sich durch eine Gruppe trinklustiger FCN-Fußballer hindurch, die ihre Nachthemden mit Rückennummern versehen hatten. Die Nummern Drei, Fünfzehn und Sechs bildeten eine echte Mauer. Alfred rempelte. Die Nummer Drei verschüttete ihr halbes Bier in Alfreds Kragen. Die Nummer Fünfzehn mahnte: „Pass doch auf, Gutschi!“, woraufhin die Nummer Drei erwiderte „Klappe Robin!“ Da war Alfred aber schon durch die Dreierkette hindurch. Doch leider war der Harlekin verschwunden.

Inzwischen leerte sich die Spritz rapide, weil draußen die Stadtmusik Neustadt aufmarschierte. Das war das Startsignal für den Hemdglunkerumzug. Alfred wollte gerade entscheiden, dass es für ihn, obwohl er ein Nachthemd trug, eigentlich keinen Grund gab, hinaus in die Kälte zu gehen und bei diesem Umzug mitzuhüpfen. Doch da betrat plötzlich Anna die Spritz. Anna, die Göttliche! Auch sie trug ein Nachthemd und gab darin eine so allerliebste Figur ab, dass Alfred ihr am liebsten um den Hals gefallen wäre. Bevor er das tun konnte, tauchte hinter ihr aber die unheilvolle Gestalt von Peter Sterzer auf. Dieser trug einen gestreiften Herrenschlafanzug mit viel zu kurzen Hosenbeinen. Seine hochgerüstete Angeberkamera baumelte ihm vor der Brust und reckte ihr monströses Objektiv wie einen erigierten Phallus in die Höhe. Anna suchte offensichtlich nach Alfred. Sie packte ihn bei der Hand und zog ihn ohne zu fragen hinter sich her und aus der Spritz hinaus.

Alfred taumelte vor Überraschung und weil er schon randvoll mit Sekt, Cuba Libre und Bier abgefüllt war. Anna hatte er doch glatt vergessen. Aber jetzt freute er sich, sie zu sehen und an der Hand zu halten. Täuschte er sich, oder hielt sie ihn nur deshalb so kräftig gepackt, damit er keine Dummheiten machen konnte?

„Ich hab den Jungen gefunden, der den Zettel gebracht hat“, flüsterte er Anna zu und hätte sie dabei beinahe umgeworfen.

„Später“, sagte sie. „Nicht jetzt!“ Damit zog sie ihn in die Umzugsreihen hinein, zu denen sich inzwischen die Teilnehmer des Hemdglunkerumzuges formiert hatten. Im Hüpfgleichschritt ging es zu den schmetternden Klängen der Stadtmusik die Scheuerlenstraße hinunter Richtung Rathausplatz. Die Umzugsteilnehmer sangen dazu: „Hans gang heim, du weisch jo nit wie's Wetter wird ..." Alfred wurde von Anna mitgehüpft. Sterzer war verschwunden. Er umkreiste den Umzug auf der Jagd nach guten Bildmotiven. Auch gut. Da hatte Alfred Anna schon für sich.

Sie wollte ihm etwas sagen, aber der Lärm war so stark, dass Alfred nichts verstand. Sie musste ganz nahe an sein Ohr: „Wir hatten leider noch Stress, heute Nachmittag", erklärte sie jetzt, bemüht, nahe bei Alfreds schaukelnden Kopf zu bleiben.

„Hä, Stress ...", lallte Alfred. Er war schon gefährlich nahe an der Klippe. Anna merkte es nicht gleich, sie erklärte weiter: „Ja, blödes Ding. Aber wir mussten die erste Lokalseite nochmal ändern: In Löffingen wird eine junge Frau vermisst. Seit zwei Tagen spurlos verschwunden. Alle Umstände sprechen für ein Verbrechen ..."

Annas weitere Sätze gingen zunächst im Lärm unter, weil unmittelbar neben ihnen ein rot gefärbter Clown im Nachthemd mit einer schrecklichen Blechtröte abenteuerliche Dezibelwerte knackte, reif für einen Eintrag ins Guinness Buch der Rekorde. Als die Lärmattacke vorbei war, verstand Alfred Anna wieder: „... und dann noch diese Großfahndung der Kripo Freiburg. Die haben irgendwie einen internationalen Hackerring gesprengt. Cyberkriminalität. Ganz großes Ding. Da gibt es auch Beteiligte aus dem Hochschwarzwald. Da mussten wir die Lokalseite nochmal ändern..."

Alfred hielt sich an Anna fest. Was kümmerte ihn das alles? Hauptsache, Anna fühlte sich gut an.

Ein paar Reihen vor Alfred blitzte über allen Köpfen plötzlich die Signallampe von Leuchter. Sie war so gut zu erken-

nen, dass Alfred über die Köpfe hinweg brüllte: „Leuchter du Armleuchter …“. Anna zog ihn zu sich her. „Hör auf! Was soll das?“ Der Ruck an Alfreds Nachthemd war so abrupt, dass Alfred ins Straucheln geriet. Sein beträchtlicher Alkoholpegel tat ein Übriges. Alfred ging stolpernd vor Anna in die Knie. Lachend ließ er sich seitlich auf die feuchtnasse Straße kippen. Das war sicher nicht vorteilhaft für das Nachthemd. Aber Alfred fühlte sich so lustig, dass er einfach liegen bleiben wollte. Anna zerrte wütend an seinem Arm. „Steh auf Alfred! Du bist ja besoffen! Du hältst den ganzen Laden auf.“
Das traf zu. Die nachdrängenden Hemdglunker schlugen einen Bogen um das Hindernis. Jemand spottete: „Alfred der Nachtkäfer!“ Es gab genug Leute, die ihn kannten. War das nicht die Stimme von Stromi gewesen, einem seiner Saufkumpane aus der Spritz? Lallend rappelte Alfred sich wieder auf, angewiesen auf die Stütze durch Annas Arm. Die war aber schon ganz schön angesäuert. „Jetzt reiß dich bloß zusammen. Wie siehst du denn aus?“
Unbeeindruckt verfiel Alfred wieder in den hüpfenden Schritt. „Allallles ok!“, lallte er fröhlich. Anna fand das nicht so lustig. Sie war ernstlich wütend.
„Du bist besoffen wie eine Haubitze“, schimpfte sie. „Wo hast du bloß deinen Verstand gelassen?“
Alfred wurde trotzig: „Dort drüben!“, behauptete er und scherte aus der Reihe aus. Mit „dort drüben“ meinte er die kleine Gasse, die in Höhe des Schuhauses Jungkind von der Scheuerlenstraße abging. Dort hinten in der Gasse befand sich das „Bistro Doorknocker“, eine Bierschwemme für die Ortsjugend. Alfred verkehrte selten dort. Fast war er schon zu alt. Aber jetzt, um Anna zu zeigen, dass er sich gar nichts sagen ließ, und außerdem, außerdem, außerdem … Ja, warum eigentlich noch? Das wusste er nicht. Jedenfalls bog

er ab und ließ die konsternierte Anna alleine im Umzugsgetümmel der Hemdglunker zurück.
Das Doorknocker war gestopft voll. Alfred boxte sich durch die zuckende und wogende Menge. An einer langen Theke erwischte er ein Bier, tauschte Pöbeleien mit einem Typen aus, den er vage kannte, und drückte sich dann durch die Leute, bis er das Treppenhaus erreichte. Von dort kam man ins Erdgeschoss, wo ein ebenfalls heillos überfüllter Döner-Imbiss türkische Dämpfe und Gerüche ausstieß. Der Eingang zum „Oriental Grill" lag ebenerdig zur Hauptstraße. Alfred wusste, dass der Hemdglunkerumzug im Bogen über den Rathausplatz hierher durch die Hauptstraße ziehen musste. So konnte er ihn wieder abfangen und sich in die hüpfende Menge einreihen, als wäre er nie weg gewesen. Er rempelte dabei Peter Sterzer um, der sich soeben auf einem Schneeberg am Straßenrand in eine gute Fotografenposition bringen wollte.
Plötzlich war der Harlekin an Alfreds Seite und hakte sich unter. „Ach, sieh an!", brüllte Alfred durch den Lärm. Er wollte noch mehr sagen, aber eine hinterrücks geschlagene Saublodere donnerte mit Urgewalt auf ihn nieder. Das brachte ihn neuerlich aus dem Tritt und er stürzte zu Füßen des Harlekin nieder. Die Schuhe, die Turnschuhe, die der Harlekin trug, kamen ihm bekannt vor. Und diese dünnen Beine. Aber ehe er, kniend und auf die Fäuste aufgestützt wie ein grunzender Menschenaffe, nach diesen dünnen Beinen greifen konnte, war der Harlekin auch schon wieder verschwunden. Stattdessen tauchte Linus aus dem Getümmel auf und zog Alfred auf die Beine. „Hopp, Kumpel! Es geht runter in die Unterstadt. Lass uns abkürzen!"
Linus' Vorschlag war vernünftig. Der Hemdglunkerumzug führte jetzt den Pfauenstich hinunter. Am Fuße dieser Steigung angekommen, würde er in die Salzstraße abbiegen

und von dort wieder stadteinwärts bis zum Postplatz führen. Man erreichte den Postplatz aber viel schneller, wenn man über den Hirschenbuckel abkürzte, so wie Linus es vorgeschlagen hatte. Unterwegs am Hirschenbuckel gab es aber noch eine Pizzeria, vollgestopft wie ein italienisches Fußballstadion, bei der Linus und Alfred auf ein schnelles Bier einkehrten, und dann war da auch noch eine italienische Eisdiele, an der sie ebenfalls nicht vorbeikamen, ohne zuvor dort einen „Mafiosi" getrunken zu haben.

Durch diese kurzen Aufenthalte verspielten sie ihren Abkürzungsvorsprung und landeten deshalb am Fuße des Hirschenbuckels wieder inmitten der nun langsam auseinanderdriftende Schar der Hemdglunker. Alfred wankte inzwischen wie ein Seemann bei Windstärke acht. Dennoch fühlte er sich in der Lage, Anna entgegenzutreten, die soeben um die Ecke bog. Sterzer war bei ihr. Alfred ignorierte den Fotografen, breitete die Arme aus und steuerte auf eine breitbeinige Umarmung zu. Bevor es aber dazu kam, stolperte er zum dritten Mal über seine eigenen Füße und ging erneut zu Boden. Diesmal kniete er vor Anna.

„Jetzt weiß ich, was du gemeint hast, als du über ihn gesagt hast, er sei ein hoffnungsloser Fall", hörte Alfred Sterzers angewiderte Stimme. „Das ist er wirklich. Hätte nicht gedacht, dass er so schlimm heruntergekommen ist."

Alfred brummte der Schädel. Er kniete immer noch. Redeten die über ihn? Anna sagte: „Hoffnungslos!" Das sprach sie so traurig und resigniert aus, dass es Alfred trotz all seiner Wahrnehmungsdefizite einen Stich versetzte. Er wollte etwas sagen und sich aufrichten. Aber er kippte um und lag nun auf dem Rücken. „Oh weia, weia …", versuchte er zu beschönigen. Linus zerrte ihn wieder auf die Beine. Anna und Sterzer waren verschwunden.

Für einen kurzen, klaren Moment, erkannte Alfred den Ernst der Lage. Er drehte sich im Kreis. „Wo sind sie hin?“ Linus fasste ihn um die Schulter: „Vergiss sie! Lass uns einen trinken!“
„Bist ein echter Kumpel!“
„Bin ich. Kannst dich immer auf mich verlassen!“
„Kann ich heute Nacht bei dir pennen?“
„Kannst du, klar!“
„Bist halt ein echter Kumpel!“
„Bin ich! Weißt du doch!“
„Dann lass uns einen trinken!“

JEDE HEXE SCHNITZT IHRE MASKE SELBST

„Alfred, hast du ein Alkoholproblem?"
„Nicht, dass ich wüsste!"
„So?"
„Ich hab's im Griff, und damit ist es kein Problem."
Alfred saß am Frühstückstisch in der Koch-, Ess- und Lifestyleecke von Linus' zweistöckigem Großraumappartement, wo ihm Linus' derzeitige Lebensgefährtin Cindy Kaffee und Toast hingestellt hatte. Linus lag noch schnarchend in den Federn. Cindy war ein kleines blondes Wunderkind, denn mit ihr hielt Linus es jetzt schon über ein Jahr aus, was für Alfreds Kumpel einen absolut neuen Rekord bedeutete. Aus verquollenen Augen musterte Alfred die Barbiepuppe, denn eine solche war Cindy. Der Mund, das Näschen, die Augen, die blonde Mähne, die Figur sowieso, alles stimmte. Sie hätte Bademoden für ein Hochglanzmagazin präsentieren können. Alles an ihr war Mode, Kosmetik, Schönheit. Selbst zum Frühstück erschien sie bereits wie eine perfekte Inszenierung. Ihr einziger Makel war die schreckliche Piepsstimme. Wenn sie sprach, klang sie wie eine zu schnell abgefahrene Schallplatte von Kylie Minogue. In Löffingen betrieb sie seit einigen Jahren erfolgreich das kleine Kosmetikstudio „Nails and more". Dort verlangte sie exorbitante Preise. Aber der Laden lief. Sie war zwar kein Bildungsmonster, aber auf ihre Art lebensklug. Wenn sie Alfred nach dessen Alkoholproblem fragte, dann tat sie dies mit einer Art mütterlicher Weisheit, so, wie nur jemand diese Frage stellen kann, der genau weiß, wie es ausgeht, wenn nichts unternommen wird. „Du wirst dich noch zu Grunde saufen!", stellte Cindy mit ihrer Piepsstimme fest. Es klang wie

im Kasperletheater, wenn die Großmutter Ermahnungen an den Kasperle richtete.
Alfred seufzte verkatert: „Mein Problem!“ Nicht, dass sein Schädel gebrummt hätte. Dagegen war er durch langjähriges Training gefeit. Aber er hatte eine pelzige Zunge, geschwollene Augen, saß unrasiert und mit ungeputzten Zähnen am Tisch und alle Knochen taten ihm weh. Bei seinen diversen Stürzen am Vorabend beim Hemdglunkerumzug hatte er sich manchen blauen Fleck zugezogen, aber vor allem plagte ihn schon wieder das Kreuz. Er durfte keine abrupten Bewegungen machen, durfte sich nicht seitlich drehen und schon gar nicht nach vorne beugen. Jedes Mal fuhr ihm sonst ein gnadenloser Schmerz durch die Bandscheiben. Der Hexenschuss lauerte auf eine Gelegenheit, um aufs Neue zuzuschlagen.
Das Telefon klingelte und Cindy bewegte sich auf der Suche nach dem Hörer anmutig durch den Raum. Alfred stierte ihr frustriert hinterher. Wieso hatte Linus einen solchen Appetithappen als Freundin und er nicht?
Cindy setzte sich auf eine Couchkante, schlug die überaus wohlgeratenen Beine übereinander, und Alfred hörte sie sagen: „Linus schläft noch. Ich muss ihn erst holen. Einen Moment bitte.“
Wenig später quälte sich Linus die Treppe vom Obergeschoss herunter, verschlafen, in Boxershorts, ähnlich zerknittert wie Alfred. Er nahm das Gespräch an, schaute dabei Alfred ernst an, kratzte sich hinter den Ohren, schüttelte den Kopf und antwortete laut genug, dass Alfred mithören konnte: „Ich kümmere mich darum. Ich melde mich wieder!“
Als er aufgelegt hatte, sah er lange stumm und ernst Alfred an. Der wurde schon unruhig: „Ist was?“
„Das war einer der Versicherungsbosse. Er hat nach dir gefragt, Alfred.“

„Nach mir?"
„Ja, wegen deiner Texte in den Social Media-Kanälen. Er wollte wissen, ob ich die Hand für dich ins Feuer legen könnte. Ob mir irgendetwas an dir seltsam aufgefallen sei."
„Wie bitte? Warum? Und was hast du gesagt?"
„Ich habe ihm gesagt, ich kümmere mich darum. Warum er nach dir gefragt hat, weiß ich nicht. Hast du etwas ausgefressen, Alfred?"
Alfred schüttelte den Kopf: „Nicht, dass ich wüsste."
Stumm frühstückte er weiter. Aber das Toastbrot mit Butter und Honig schmeckte ihm nicht mehr. Er ließ sein angebissenes Stück liegen. Den Kaffee trank er nur zur Hälfte aus. Eine merkwürdige Unruhe erfasste ihn. Was war da los? So ein Versicherungsboss telefoniert doch nicht ohne Grund in der Gegend herum. Leider hatte Alfred keine Ahnung, was zuletzt in den sozialen Netzwerken über die Versicherung in Umlauf gewesen war. Für seine Postings sorgte ja die Software seines WG-Partners Tim. Das überließ Alfred der Technik. Es war schon länger her, dass er selbst einen Satz geschrieben hatte.
Er ließ sich von Cindy in die Stadt fahren, um seinen roten Flitzer abzuholen. Beim Rossmann-Parkplatz stellte Alfred fest, dass der Wagen nicht mehr stand, wo er ihn zurückgelassen hatte. Das gab's doch nicht! Oder war er vielleicht im Vollsuff noch gefahren? Und falls ja, wohin? Nein, soweit hatte er seinen Verstand noch beisammen. Er war nach dem Hemdglunkerumzug von Linus in dessen Appartement geschleppt worden. Unterwegs waren sie nochmal in der Spritz und im stadtauswärts gelegenen Schützen eingekehrt, aber dann waren sie zu Fuß hinauf in die Josef Sorg Straße gewankt, wo Linus wohnte.
Aber was war dann mit dem roten Flitzer geschehen?

„Man hat mir das Auto gestohlen“, jammerte Alfred einem Mann im gelben Anorak vor, der mit einem spatenähnlichen Schneehacker Eisplatten auf dem Rossmann-Parkdeck zerkleinerte.
„Ach, Sie sind das!“, bekam er zur Antwort. Der Eishacker richtet sich auf und musterte Alfred kritisch. „Sie sind ja ein ganz schönes Arschloch!“
„Hey, mal langsam. Was ist los mit Ihnen?“, empörte sich Alfred.
„Sie haben mit Ihrer Karre den Behindertenparkplatz blockiert. Ist Ihnen klar, dass wir oben drin im Haus eine große Arztpraxis haben? Was glauben Sie, für wen ein Behindertenparkplatz gedacht ist?“
„Was haben Sie mit meinem Auto gemacht?“, fuhr Alfred den Mann an. Dieser grinste voller Genugtuung. Alfred beschlich eine böse Vorahnung. Wer rechnete schon damit, dass am Schmutzigen Dunschdig irgendwelche Arztpraxen geöffnet hätten?
„Wir haben das Auto abschleppen lassen!“, verkündete der Anorakmann triumphierend: „Das kostet Sie eine Stange Geld. Die Polizei hat alles fotografiert!“
Das hatte noch gefehlt. Und jetzt? Alfred erfuhr, dass sein roter Flitzer beim Autohaus Wittmer stand. Dorthin hatte der Abschleppwagen das Fahrzeug gebracht. „Da können Sie Ihren Angeberschlitten wieder abholen.“
Das war ein Fußweg von einer halben Stunde quer durch die Stadt. Alfred machte sich frierend auf den Weg. Die Jacke hatte er am Vortag im Auto gelassen. Jetzt stand er im Hemd in der Kälte. Nie wieder Hemdglunkerumzug, so schwor er sich.
Beim Autohaus Wittmer musste er ein paar Formulare unterschreiben und sofort die Kreditkarte zücken, um 280 Euro Abschleppkosten zu bezahlen. Dann erst bekam er seinen

roten Flitzer ausgehändigt. Es ging auf Mittag zu, als er endlich hinter dem Steuer saß. Um 13 Uhr war er in Löffingen mit einem gewissen Roland Müller verabredet. Das Treffen hatte Anna vermittelt. Dieser Müller war angeblich so etwas wie der Löffinger Hexenguru. Ein ehemaliger Vorsitzender der Löffinger Hexengruppe. Er hatte sich bereiterklärt, Alfred Rede und Antwort zu stehen. Alfreds Auftrag lautete, eine Hintergrundgeschichte über die Löffinger Hexen zu schreiben, sozusagen als flankierende Reportage zur Berichterstattung über den tödlichen Schuss beim Umzug in Friedenweiler.

Die Polizei hatte in dem Fall immer noch keine echte Spur. Auch wenn an diesem Tag die Zeitungen voll waren von Berichten über das Bekennerschreiben, das bei der Badischen Zeitung eingegangen war. „An BZ. Die Hexenkerle sind selber schult! Männer sind keine Hexen. Nächster Umzug schiesse ich noch einen. Hab das Gewehr."

An diesen wenigen Sätzen bissen sich jetzt die Ermittler die Zähne aus. Alfred wusste etwas mehr: Ein Mann, der komisch in abgehackten Sätzen redete und der sich als Jäger mit Federhut verkleidet hatte.

Nur, wo sollte man so jemanden finden? Wo sollte man überhaupt mit der Suche beginnen? Vielleicht bei den Löffinger Hexen?

„Eine ganz schlimme Sache ist das. Ganz schlimm!", so lautete der erste Kommentar von Roland Müller, als Alfred den früheren Hexenobermeister der Löffinger Hexen in dessen Kellerwerkstatt auf den Todesschuss von Friedenweiler ansprach. Roland Müller war ein schlanker, älterer Herr mit grauer Kurzhaarfrisur und dünnrandiger Brille. Er sah überhaupt nicht aus wie jemand, den Alfred an Fasnet unter einer Hexenmaske erwartet hätte. Eher hätte er ein freundlicher Buchhändler oder vielleicht ein Buchdrucker sein können.

Alfred wollte wissen, ob unter den Löffinger Hexen nicht die Angst umging. „Immerhin hat der Täter in seinem Bekennerschreiben gedroht, er werde beim nächsten Umzug wieder schießen. Da hätte ich die Hosen voll."
Roland Müller bemerkte sachlich: „Ich halte das für eine leere Drohung. Die Polizei ist doch jetzt gewarnt und wird jeden filzen. Vielleicht hat diesen Brief an die Zeitung auch nur ein Trittbrettfahrer geschrieben. Das alles kommt einem doch sehr komisch vor."
„›Männer gehören nicht unter Hexenmasken‹ hat er geschrieben", so fügte Alfred an.
„Aber das ist doch Quatsch. Männer sind seit Jahrzehnten unter den Hexenmasken. In Löffingen seit fast hundert Jahren."
Im Unterschied zu Alfred war dieser Hexengewährsmann überhaupt nicht verkatert, obwohl auch in Löffingen am Vortag der Schmutzige Dunschdig gefeiert worden war.
„Ach nein", wehrte Müller sanft ab, „die ganz wilden Zeiten sind für mich vorbei. Das machen jetzt die Jungen. Ich helfe ihnen nur bei den Masken."
Das sah man dem Keller an. Hier lagen Zeichnungen und Fotos von Hexenmasken, ein Schraubstock hielt noch einen hölzernen Rohling in seinen eisernen Klammern. Auf einer Werkbank lagerten Lindenholzwerkstücke in verschiedenen Fertigungsphasen. Überall lag Werkzeug herum, Stecheisen, Schnitzmesser, Sägen, hölzerne Hämmer. Eine nagelneue Maske, die vor allem aus einer gurkenähnlichen Nase und einem schief heruntergezogenen Maul mit zwei gelben Stoßzähnen zu bestehen schien, hing an einem großen Haken an der Wand. Sie glänzte wie ein polierter Kürbis. Alfred betrachtete sie genauer. Die Glupschaugen der Hexenmaske besaßen anstatt der Pupille ein kleines pfenniggroßes Loch.

„Das ist der Sehschlitz. Das muss reichen für den Maskenträger“, erklärte Roland Müller. Er holte die Maske von der Wand. Dabei hielt er sie sorgsam mit beiden Händen, präsentierte sie liebevoll wie ein Ägyptologe, der erstmals die Grabmaske von Tutenchamun anfassen darf. „Die Junghexen überlassen den letzten Schliff immer mir“, erklärte Müller den Glanz auf dem Hexengesicht: „Ich pinsle die Masken meist noch mit Acrylfarben ein, damit das bleiche Holz lebendiger wird. Hier“, er fuhr mit dem Finger eine der wulstigen Stirnfalten auf der Holzmaske nach, „das muss gedunkelt werden, damit es noch furchiger und tiefer aussieht.“ Er drehte die Maske ins Licht: „Und hier, die Falten auf der Wange, die bekommen eine leichte Rottönung. Die Augenbrauen male ich meistens schwarz an.“ Ach, das waren die Augenbrauen. Alfred hatte die Wülste auf der Maskenstirn für monströse schwarze Raupen gehalten.
„Diese Maske hier gehört dem Clemens. Der kommt gleich nachher noch. Er ist eine der Junghexen, die dieses Jahr am Fasnetmändig neu vereidigt werden.“ Müller hängte die Maske wieder an den Haken: „Er hat echt Glück gehabt. Auf den letzten Drücker ist die Maske fertig geworden. Fast wäre es schief gegangen, denn leider ist ihm beim Schnitzen ein paarmal das Messer ausgerutscht.“
„Wie?“ Alfreds fragende Blicke gingen zur Maske und zurück zum Hexenexperten. „Ich denke Sie schnitzen die Masken!“
„Nein! Wer erzählt denn sowas? Die Löffinger Hexen schnitzen ihre Masken alle selbst. Das ist ihr Markenzeichen. Ich helfe ihnen nur und zeige, wie es geht.“
„Alle Löffinger Hexen schnitzen ihre Maske …?“
„… selbst“, beendete Müller die Frage. „Ja, so ist es.“
„Aber dann sieht ja jede anders aus.“

„Das stimmt. Das ist Absicht. Jede Maske hat zwar ungefähr die gleichen Ausmessungen, auch die Augen sind vorgegeben und die ungefähre Form des Mundes.“ Müller lächelte, als er jetzt auf die fertige Maske an der Wand zeigte: „Es haben auch alle nur zwei Zähne. Nur sind die Zähne bei jeder Maske anders angeordnet. Hier, der hier hat beide Zähne links von der Nase. Die meisten schnitzen ihre Zähne in die Mundwinkel.“

Man sah Alfred das Staunen an. Er schüttelte den Kopf: „Das ist doch wahnsinnig schwierig?“

„Unter Anleitung braucht man dreißig bis vierzig Stunden. Ich mache das jetzt seit über zwanzig Jahren und bisher hat noch jeder Zögling eine Maske hingekriegt. Selbst wenn er zwei linke Hände hatte.“

„Was ist, wenn einer zu viel Holz wegschnitzt?“

Müller holte jetzt einen nahezu unbearbeiteten Holzklotz heran: „Das hier ist Lindenholz. Ganz weich. Da macht Schnitzen Spaß. Ich erkläre den Junghexen jeden Arbeitsgang. Aber wenn einer zu viel Substanz wegschnitzt, dann unterfüttern wir den Rohling mit einem aufgeleimten Holzbrett und es ist wieder genug Material da. Die Höhlung, in die der Kopf des Maskenträgers hinein muss, wird erst ganz zum Schluss geschnitzt.“

Alfred betrachtete eine Galerie von Fotos, die alle unterschiedlich ausgefallene Hexenmasken zeigten: „Das Ergebnis hängt sehr von der Schnitzkunst eines jeden Einzelnen ab“, kommentierte Alfred. „Aber irgendwie sind sie alle gut!“

„Ja, das ist das Schöne an den Hexenmasken. Sie sind auch dann noch gut, wenn sie eigentlich misslungen sind. Mal wird die Nase größer, mal höckeriger. Mal gibt es runde Backen, mal kantige Wangen. Manche haben sieben Falten,

andere nur fünf. Manche haben ein spitzes Kinn, andere eher eine Beule." Müller lachte.
„Meine hat eher eine Beule", sagte eine Stimme von der Kellertüre her. Dort stand in schwarzen Cordhosen und einem alten Parka ein junger, pickeliger Bursche, rothaarig, bleichhäutig, mit einem mageren Fuselbärtchen unter dem Kinn.
„Ah, Clemens. Da bist du ja! Höchste Zeit!"
Während Alfred mit Erlaubnis von Roland Müller jetzt eine Serie von Fotos schoss, von den Masken, vom Werkzeug, vom Holz, vom Keller, von Roland Müller, hörte er mit einem Ohr Müller und der Junghexe Clemens zu. Die beiden sprachen über die zwei Ereignisse, die derzeit Löffingen in Atem hielten: Der tödliche Schuss auf den Hexenkameraden Marc Kienzler und die vermisste Frau. Eine junge Frau, Maria, die seit inzwischen mehr als drei Tagen spurlos verschwunden war. Roland Müller hatte sie gekannt: „Ich hab sie jeden Morgen unten beim Bäcker getroffen. Sie hat immer freundlich gegrüßt!"
„Wie ist sie verschwunden?", fragte Alfred dazwischen.
„Keiner weiß es genau. Sie wollte nach Göschweiler fahren, zum Käser. Aber dort ist sie nie angekommen ..." Müller seufzte. „Ihr Auto hat man hinter Göschweiler auf einem Feldweg gefunden. Richtung Wutachschlucht. Von ihr fehlt jede Spur."
„Waldweg!", korrigierte der junge Clemens. „Es war ein Waldweg!"
Müller zögerte kurz irritiert.
„Käser ...?", fragte Alfred.
Müller erklärte: „Das ist die Käserei in Göschweiler. In einem alten Gewölbekeller wird dort Käse produziert. Daneben gibt es einen kleinen Laden. Dort kann man die Käsesorten kaufen."

„Ihr Auto wurde aber hinter Göschweiler gefunden?", hakte Alfred nach.
„Das ist es ja, was allen so ein Kopfzerbrechen bereitet. Sie muss durch Göschweiler hindurch auf der Landstraße noch weiter Richtung Schattenmühle gefahren sein. Obwohl sie zur Käserei wollte. Alles sehr rätselhaft."
Alfred kratzte kurz zusammen, was er alles über die Örtlichkeit wusste: Göschweiler war ein Ortsteil von Löffingen, keine fünf Kilometer entfernt. Von Göschweiler ging es hinunter in die Wutachschlucht. Dort unten befand sich das Gasthaus „Schattenmühle".
„Es ist einfach schrecklich!", klagte Müller. „Erst diese Wahnsinnstat in Friedenweiler, der Tod von Marc. Jetzt die arme Maria. Man verliert ganz die Freude an der Fasnet!"
„Die beiden Sachen haben doch nichts miteinander zu tun", wandte vehement die Junghexe Clemens ein. Er wirkte sehr empört über die Vermischung der beiden Ereignisse. „Da schießt irgendein Spinner mitten in den Umzug hinein. Das ist ein Wahnsinniger! Und dort verschwindet eine Frau. Keiner weiß warum. Das ist doch ganz etwas anderes."
„Ist mir wurscht!", sagte Roland Müller barsch. „Beides ist schrecklich!"
Irgendwie baute sich eine ungute Spannung auf. Alfred versuchte, die Situation zu entkrampfen und abzulenken. „Wie geht es denn jetzt weiter, mit den Masken und den Junghexen?", fragte er deshalb.
Roland Müller händigte die fertige Hexenmaske an den jungen Clemens aus, der sie sich achtlos unter den Arm klemmte. Dabei sagte Müller: „Morgen Abend haben alle Hexen Großkampftag, da sind sie beim Arbeitseinsatz auf dem Hexenball. Dann haben wir den Sonntag zum Ausschlafen. Am Montag ist hier in Löffingen dann die Hölle los, das ist der höchste närrische Feiertag, der Fasnetmändig. Da

gibt's am Nachmittag den Umzug durch unser Städtle und am Abend die Walpurgisnacht-Aufführung. Dazwischen bekommen alle Junghexen am Hexenbrunnen die Hexentaufe. Jede Junghexe bekommt dann symbolisch ihre Maske überreicht und wird mit einem kleinen Ritual offiziell in die Zunft aufgenommen."
„Es ist ein Saufritual", erläuterte Clemens. „Man muss irgendwelches Zeugs trinken!"
„Stop!", warnte Roland Müller. „Es ist eine Zeremonie, das hat nichts mit Saufen zu tun. Alle Junghexen werden von einer Althexe, die ihr Taufpate ist, gewaschen und rasiert. Und dann bekommen sie einen Trunk, ehe sie den Hexenschwur ablegen."
Alfred spottete in Richtung der Junghexe Clemens: „Das mit der Rasur wird ja nicht wirklich ein Hexenwerk!"
Clemens' bleiches Gesicht erblühte förmlich in fleckigen Rottönen, und Alfred wusste, dass er einen empfindlichen Punkt getroffen hatte. Deshalb wurde er gleich wieder seriös: „Geht ja alles irgendwie nach strengen Regeln!"
„Und ob", bestätigte Roland Müller. „Die Löffinger Hexen gibt es seit 1934. Da ist jeder Spruch und jeder Handgriff geregelt. Und selbstverständlich gibt es auch einen Verhaltenskodex!"
Alfred beschloss, dass seine Reportage über die Löffinger Hexen durchaus etwas Historie vertragen könnte. „Was weiß man über die Geschichte der Gründung? Überhaupt, seit wann wird in Löffingen Fasnet gefeiert? Seit wann gibt es hier eine Zunft?"
Roland Müller stöhnte: „Eine Stunde haben wir ausgemacht. Wenn ich das jetzt alles erzählen soll, dann brauchen wir den ganzen Tag. Soviel Zeit habe ich nicht." Er richtete einen hilfesuchenden Blick auf Junghexe Clemens. „Aber du, Clemens, du könntest den Redakteur doch schnell mal rü-

ber in die Zunftstube bringen. Dort ist die ganze Geschichte der Löffinger Fasnet ausgebreitet. Eine tolle Ausstellung mit ganz vielen Erläuterungen."
Junghexe Clemens nickte ergeben. „Mach ich!" Er winkte Alfred, ihm zu folgen: „Kommen Sie mit. Die Zunftstube ist nicht weit. Vielleicht haben wir Glück, und der Nägele ist in der Nähe. Der ist ein wandelndes Lexikon."

IN DER ZUNFTSTUBE

„Ist das nicht gruselig?“, fragte Alfred, während sie durch die schneeverdreckte Löffinger Innenstadt Richtung Maienländer Tor stolperten. Über ihnen hingen von den Dächern herunter Wäscheleinen voller gefrorener Stofffetzen. Es lag längst nicht so viel Schnee wie in Friedenweiler oder Neustadt, aber die Schneeaufhäufungen an den Straßenrändern im „Städtle“, wie die Löffinger liebevoll ihre Innenstadt nannten, strotzten bereits vor Straßendreck. Sie waren mehr braunschwarz als weiß. Alfred und die Junghexe Clemens bewegten sich auf einem der akkurat freigeschaufelten Gehwege. Alfred musste immer wieder staunen, wie penibel man im ganzen Hochschwarzwald Gehwege freiräumte. Exaktes und pünktliches Schneeschippen schien wirklich eine Paradedisziplin der Hochschwarzwälder zu sein, ein Alleinstellungsmerkmal, ähnlich der Kehrwoche bei den Schwaben.

„Was ist gruselig?“

„Na, wenn man Hexe bei der Löffinger Hexenzunft werden will, so wie du, und da läuft ein Irrer herum, der schießt auf Maskenträger und verkündet über die Zeitung, dass er nochmal einen erschießen will.“

Clemens blieb stehen. Sein bleiches Gesicht wirkte im Tageslicht noch bleicher und ungesünder als in Müllers Keller. Die käsige Hautfarbe stand in krassem Gegensatz zu den roten Haaren. Zwei rotglänzende eitrige Pickel zierten Clemens' Nase, so unauffällig wie ein Vulkan in der Sahara. Alfred musste immerzu diese Stelle anstarren.

„Die Hexen haben überlegt, ob sie alle Fasnetauftritte abblasen sollen“, erzählte Clemens. „Aber der Vorstand ist der Meinung, damit würde man vor einem solchen Spinner klein beigeben."

„Aber an einen Zufallsschützen kann man ja nach dem Bekennerbrief nicht mehr glauben."

„Das stimmt." Clemens stierte vor sich hin. Dann spuckte er aus. Die Spucke bildete einen kleinen, weißen Krater im braunen Schneematsch. Der Typ war Alfred irgendwie nicht geheuer. Aber er war immerhin eine zukünftige Löffinger Hexe und führte ihn nun zum berühmten Maienländer Tor, dem einstigen mittelalterlichen Stadttor Löffingens. Im Torbogen befanden sich die Räume der Löffinger Fasnetzunftstube, und unten am Eingang erwartete sie schon jener Hermann Nägele, den Roland Müller zuvor herbeitelefoniert hatte, damit er Alfred durch die Räume der Zunftstube führe und ihm die Geschichte der Löffinger Fasnet erkläre. Was befähigte diesen Hermann Nägele? Alfred sollte es bald erleben. Erst einmal trat ihm ein Charakterkopf in seltsamem Aufzug entgegen, angetan mit einem frackähnlichen Überrock und einem weißgrauen Zylinderhut. „S'isch Fasnet!", belehrte Nägele Alfred, nachdem er dessen fragenden Blick richtig interpretiert hatte. Hermann Nägele war ein hagerer Geselle, mit einer ausgeprägten Löffinger Mundart gesegnet, so dass Alfred die ersten paar Begrüßungssätze und einläutenden Erklärungen überhaupt nicht verstand, während sie das Gebäude betraten. Eigentlich hatte Alfred erwartet, dass Junghexe Clemens ihn nun verlassen würde, aber der Pickeljüngling schloss sich der Führung an, die Hermann Nägele nun gab.

Nägele besaß ein Gesicht wie geschnitzt. Fasziniert beobachtet Alfred den kantigen Schädel mit der markanten Nase, den lebhaften Mund und die dominierenden, runden Augen, und fühlte sich an den berühmten Bildhauer Joseph Beuys erinnert. Leider verstand er nur die Hälfte von dem, was Nägele über Hansili, die Narrenpolizei, die Laternenbrüder, die Hexen und das Reichbergmali erzählte: „Reichbergmali, Reichbergmali“, so deklamierte Nägele mit seiner markanten, brüchigen Stimme, die nach ganz vielen langen und zünftigen Abenden klang. „Reichbergmali, Reichbergmali, – gib de Wieber jo kei Ali. Denn du willsch se muuse, sel duet de Wieber gruse!“

Alfred verstand gar nichts. Clemens schmetterte ein kompetentes: „Hoorig, hoorig, hoorig isch die Katz …“ hinterher, und Alfred wusste, dass er sich unversehens wieder im Kosmos der Hoorig-Sprüche befand.

„Ha, ha, Hoorig-Sprüche“, markierte Alfred Kennerschaft. „Immer wieder lustig!“

„Meistens deftig!“, erklärte Nägele, um sofort den Bewies anzutreten: „Es kunnt en Wieb vu Riselfinge – mi ere hilzne Fiddlezwinge – un eme iisige Hebgschirr dra, – da mer si besser schneppre ka!“

Wiederum verstand Alfred kein Wort. Aber Clemens gackerte laut, so dass es offensichtlich ein guter Witz gewesen sein muss. Hermann Nägele strahlte über sein ganzes Bildhauergesicht und fragte: „Noch einer?“

Ehe Alfred nein sagen konnte, schmetterte Nägele schon den nächsten Hoorig-Spruch: „Alti Hex im Schnoogeloch, – het kon guete Kaffe kocht. – Am Sunndig hät sie Hochzit gha. – Alli Lit sin gstorbe dra!“

Alfred verstand nur „Hex“. Das interessierte ihn: „Moment mal“, so fasste er nach. „Das war ein Hexenspruch. Kann den mal einer übersetzen?“

Nägele tat ihm den Gefallen: „Die alte Hexe im Schnakenloch, die hat keinen guten Kaffee gekocht. Am Sonntag hat sie den Kaffee bei einer Hochzeit ausgeschenkt und alle Leute sind daran gestorben.“ Inzwischen wusste Alfred auch, dass mit Nägele einer vor ihm stand, der bald zwanzig

Jahre lang Vorsitzender des Löffinger Fasnetvereins der Laternenbrüder gewesen war, also einer, der wusste, worüber er sprach. Deshalb wagte er die Frage: „Wieso sind die Hexen hierzulande eine so beliebte Fasnetfigur?"
Nägele überlegte eine Weile und kratzte sich die hohe Stirn, indem er den strammen Zylinder hob. „In Löffingen ist es vielleicht etwas Besonderes", so sinnierte er. „Wir hatten hier im Mittelalter zahlreiche Hexenprozesse. Das ist direkt ein Thema der Stadtgeschichte." Es folgten ausführliche und sich in viele Unterthemen verästelnde Erläuterungen zur Löffinger Stadtgeschichte, die sogar Ausflüge in die Geschichte der Kuckucksuhr, in das Handwerk der Glasbläser, zu den Vögten der Fürstenberger und zum Demetriusbrunnen vor dem Maienländer Tor beinhalteten, weil nämlich der heilige Demetrius als Stadtpatron von Löffingen gilt. Alfred kam nicht zu Wort und wagte es auch nicht, Zwischenfragen zu stellen, bis Hermann Nägele mit der finalen Zusammenfassung endete: „Und Hexen gibt es in Löffingen auch heute noch!"
„Ach! Was Sie nicht sagen?"
Nägele richtete einen gleichzeitig verschmitzten wie auch vielsagenden Blick auf Clemens, der ganz still daneben stand und rote Ohren bekam. „Oder Clemens? Was meinst du?"
Clemens funkelte Hermann Nägele böse an und fauchte: „Halt's Maul!"
Im Stile eines Verschwörers zog Nägele Alfred am Ärmel und flüsterte ihm zu, aber so, dass Clemens es durchaus hören konnte: „Dem Clemens seine Oma, die ist nämlich ein bisschen schräg. Es sagen alle nur Kräuterhannele zu ihr. Manche sagen, sie beherrsche Hexenkünste. Ha, ha! Immerhin veranstaltet sie Hexenseminare."
„Hexenseminare?" Jetzt wollte Alfred mehr wissen.

„Klingt geheimnisvoller als es ist“, erklärte Nägele. „Das Kräuterhannele bietet Kurse an in Kräuter- und Pflanzenkunde. Arznei- und Heilpflanzen, Pilze und stimulierende Wurzeln, all solch ein Zeug. Und da sagen manche Leute halt, sie sei eine Hexe.“

Clemens pfiff hörbar durch die zusammengepressten Lippen. Alfred verstand ihn. Wer wollte schon solche Sachen über seine Oma hören?

Nägele überlegte derweil, als sei ihm soeben ein Gedanke gekommen. Und so war es auch. Er berührte Clemens mit der Hand an der Schulter: „Du sag mal, Clemens, da fällt mir doch was ein. War nicht die Maria auch beim Kräuterhannele. Die hat doch auch bei so einem Kurs mitgemacht …?“

„Die Maria, … die Maria …?“, stotterte Clemens. Er wirkte ziemlich aus der Fassung gebracht.

„Welche Maria?“, fragte Alfred, der irgendwie nur Bahnhof verstand.

„Die Maria! Die junge Frau, die seit drei Tagen verschwunden ist“, sagte Nägele. Er klatschte sich an die Stirn: „Jetzt fällt es mir wieder ein, ja, natürlich. Sie besuchte regelmäßig die Kräuterlehrgänge vom Kräuterhannele.“ Er überlegte nochmals kurz und formulierte dann seine Gedanken laut: „Das Kräuterhannele wohnt in einem alten Häuschen außerhalb von Göschweiler. Hinter Göschweiler, dort wo's zum Stallegger Hof und zur Schattenmühle geht.“ Jetzt sah er Clemens an: „Hat man dort nicht das Auto der Frau gefunden? Auf einem Feldweg?“

„Auf einem Waldweg“, korrigierte Alfred. Das hatte er am Vormittag so gehört.

„In der Zeitung stand Feldweg“, beharrte Nägele.

„Vielleicht interessiert das ja auch die Polizei“, schlug Alfred vor. „Dieser Hexenkurs da!“

„Nein!“, sagte Clemens energisch. Seine Ohren glühten jetzt beinahe so rot wie seine Pickel.
Alfred und Hermann Nägele blickten gleichermaßen verdutzt. Wieso war der junge Mann plötzlich so energisch?
„Meine Oma soll da nicht … die hat doch damit nichts zu tun.“
„Nimm doch nicht alles gleich so ernst“, versuchte Nägele zu deeskalieren. „Du weißt doch, was die Leute über das Kräuterhannele reden. Und sie ist doch selber schuld. Sie war es, die ihre Seminare ‚Hexenkurs‘ getauft hat. Muss sie sich nicht wundern, wenn man sie als Hexe bezeichnet.“
Alfred war egal, was Nägele und Clemens und die restlichen Löffinger zu diesem Thema dachten und tratschten. Für ihn war nach diesen Informationen klar: Die Hexe Kräuterhannele musste er besuchen. Das war doch eine Bombengeschichte für Anna. Und vielleicht erfuhr er bei dieser Gelegenheit auch noch ein paar Dinge über die vermisste Maria. Das wäre dann noch eine Geschichte für Anna. Zusammen mit der Reportage über die Löffinger Hexen, die alle ihre Masken selbst schnitzten, dürfte das dann genug Material sein, um Anna wieder einigermaßen versöhnlich zu stimmen. Schließlich war sie ja keine Hexe.

BEIM KRÄUTERHANNELE

Alfred kehrte zurück nach Neustadt. In der Redaktion der Badischen Zeitung traf er Anna noch an und erbot sich, die Reportage über die Löffinger Hexen gleich noch zu schreiben. Gleichzeitig berichtete er, was er in Löffingen über die vermisste Maria erfahren hatte. Kein Wort über den missglückten Vorabend beim Hemdglunkerumzug. Anna tat, als wäre nichts gewesen. Alfred war froh darüber. Sein Vorschlag, am nächsten Tag gemeinsam das Kräuterhannele bei Göschweiler aufzusuchen und ein bisschen auszufragen, fand Annas Zustimmung. Fotograf Peter Sterzer hingegen war eingeschnappt: „Du wolltest doch morgen mit mir …", moserte er verkniffen, ohne auszusprechen, was er mit Anna gewollt hatte. Offensichtlich sollte Alfred es nicht erfahren. Alfred verbuchte einen Punktsieg für sich. Den Schwung wollte er ausnutzen. „Wenn ich meine Hexenreportage geschrieben habe, könnten wir dann nicht noch zusammen Pizza essen gehen?"
Der Rückschlag folgte sofort. Anna schlug verlegen den Blick nieder. Ihre schönen langen Wimpern flatterten nervös. Mit einem kaum verhohlenen triumphierenden Unterton klärte Sterzer Alfred auf: „Ich habe Anna für heute Abend schon zum Essen eingeladen. Das ist mein Einstand für sie. Entschuldige bitte, wenn ich das nicht auf weitere Personen ausdehnen möchte."
Anna mit Peter Sterzer zum Essen verabredet! Das musste Alfred erst einmal verdauen. Er gab sich fröhlich, so als berühre ihn diese kalte Dusche überhaupt nicht. „Ich verstehe!" Dann kam ihm eine Idee, wie er diesen lästigen Rivalen vielleicht doch noch überlisten konnte.

An Anna gewandt: „Wenn ich jetzt noch die Hexenreportage schreibe und wir dann morgen früh zusammen nach Göschweiler hinausfahren, dann ist es ziemlich blöd, wenn ich heute Nacht nach Freiburg runter muss und morgen wieder zurück. Bei diesem Schneewetter. Könnte ich nicht heute Nacht bei dir auf der Couch pennen, Anna?"
Alfred stellte die Frage so beiläufig wie möglich. Es sollte für Sterzer so klingen, als sei eine solche Übernachtung nichts Besonderes und käme öfters vor. Für Anna sollte es hingegen ungefährlich klingen. Sie wehrte ja immer gleich ab, wenn Alfred in den Angriffsmodus überging.
Der Vorschlag an sich war vernünftig. Draußen hatte leichter Schneefall eingesetzt. Der Verkehrsfunk im Radio berichtete bereits von einem querstehenden LKW im Höllental. Um dem Ganzen noch etwas Druck zu verleihen, fügte Alfred hinzu: „Linus kann ich nicht schon wieder fragen. Bei dem habe ich schon die letzte Nacht gepennt."
Anna zögerte und errötete auf ihre unnachahmliche Art. Das war das schönste Erröten seit Kleopatra. Alfred interpretierte dieses Erröten vollkommen zu seinen Gunsten. Sicher dachte sie jetzt an das Gleiche wie er. Es kribbelte ihm bereits in der Lendengegend.
Da machte Peter Sterzer ihm einen Strich durch die Rechnung: „Du kannst bei mir pennen, Alfred! Das ist viel praktischer, ich wohne ja gleich drüben in der Hauptstraße. Oben drin im früheren Krone-Gebäude. Das ist gerade über die Straße." Er lächelte vergiftet: „Hier hast du einen Wohnungsschlüssel." Er löste einen Schlüssel von seinem Schlüsselbund und hielt ihn Alfred hin. Hilfesuchend ging Alfreds Blick zwischen Anna und Peter Sterzer hin und her. Mit dieser Wendung hatte er nicht gerechnet.

„Das ist ja prima!", nahm Anna ihm die Entscheidung ab. „Vielen Dank, Peter, du bist ein Schatz! Das ist für Alfred wirklich eine Erleichterung."
„Nein", dachte Alfred. „Das ist eine Scheiße!" Gleichwohl sagte er: „Mache ich dir auch wirklich keine Umstände?"
„Nein, nein. Alles gut!" Sterzer klang jetzt, als seien er und Alfred beste Freunde. „Im Wohnzimmer steht eine Couch. Die kannst du ausziehen. Da liegt auch Bettwäsche im Kasten. Genau für solche Fälle." Er klopfte Alfred kumpelhaft auf die Schulter: „Und im Kühlschrank kannst du dich auch bedienen. Nur nicht mein ganzes Bier leer saufen."
Alfred fühlte sich wie eine Punchingpuppe im Boxring. Gegen alles, was da geschah, war er wehrlos. Im Gegenteil. Er musste sogar noch Dankbarkeit mimen.
Unsäglich!
Anna verabschiedete sich mit Sterzer, der sie zum Essen ausführte. Sie winkte neckisch zum Abschied. Wohin sie zusammen gingen, verrieten sie nicht. Alfred blieb in der Redaktion zurück, um wie versprochen seine Reportage zu schreiben. Er hämmerte wütend in die Tasten. Zwei Stunden später war er fertig, zog die Redaktionstür hinter sich zu, stapfte quer über die Hauptstraße zu Sterzers Wohnung, baute sich dort die Schlafcouch auf, warf sich darauf nieder und konnte, obwohl müde wie ein Bergmann, drei Stunden lang nicht einschlafen. Ihn quälte die Eifersucht. Er malte sich alle möglichen Szenarien aus, die sich jetzt zwischen Sterzer und Anna abspielten. Wieder einmal übermannte ihn das Selbstmitleid. Wieso ging bei ihm immer alles schief?
Da er nicht einschlafen konnte, versuchte er per Smartphone, seinen Wohnungsgenossen Tim in Freiburg anzurufen. Doch der nahm nicht ab. Das war ungewöhnlich. Normalerweise konnte man Tim zu jeder Tages- und Nachtzeit

erreichen. Alfred sprach ihm aufs Band: „Hallo Tim! Ich bleibe heute Nacht nochmal in Neustadt. Wollte nur mal fragen, ob es in letzter Zeit Ärger mit den Versicherungen gegeben hat. Es war da so ein komischer Anruf … Ruf mich einfach an. Oder schick ne SMS!“

Gegen Mitternacht fiel Alfred endlich in einen unruhigen Schlaf. Sterzer war zu diesem Zeitpunkt noch nicht zu Hause. Er muss aber irgendwann in der Nacht noch zurückgekehrt sein, denn als Alfred früh am nächsten Morgen erwachte, vernahm er zufriedenes Schnarchen aus dem Nachbarzimmer. Alfred brauchte ein paar Sekunden zur Orientierung, bis er wusste, wo er sich überhaupt befand. Dann wollte er sich seitlich aus dem Couchbett schwingen, doch ein altbekannter, explosiver Schmerz fuhr ihm einmal quer durch das Kreuz. Der Hexenschuss war zurück. Alfred stöhnte laut auf und sank dann auf alle Viere neben die Couchmatratze. Mit gekrümmtem Rücken, aufgestützt auf Knien und Ellbogen, verharrte er. Es half nichts, dass er ein paar Sekunden abwartete, um dann einen neuen Versuch zu unternehmen. Erneut durchzuckte ihn ein innerer Peitschenhieb. Er schrie vor Schmerz. Peter Sterzer wurde aufmerksam und kam verschlafen aus seinem Schlafzimmer gewankt.

„Was ist denn hier los? Musst du kotzen, oder was?“ Alfreds Pose legte eine solche Vermutung nahe. „He … Hexenschuss!“, ächzte Alfred. „Kann mich nicht … be … wegen!“ Sterzer begutachtete Alfreds Not, indem er ihn einmal umrundete. Dann ließ er sich zu einem Kommentar herab: „Du solltest aufstehen. Bei Hexenschuss muss man in Bewegung bleiben.“

„Hi … hilf mir hoch!“, stöhnte Alfred flehentlich. „Alleine … alleine schaff ich's nicht.“

Peter Sterzer war kein Ungeheuer. Er griff Alfred so behutsam es ihm möglich war unter die Achsel und richtete ihn

langsam auf. Alfred biss die Zähne zusammen und stöhnte wie ein Kriegsverletzter. Aber als er auf den Beinen stand, sah er ein, dass dies die bessere Position war. Er konnte sogar vorsichtig staksend kurze Schritte machen. Mühsam tastete er sich bis zum Wohnzimmerfenster.
„Könntest du für mich rüber in die Stadtapotheke laufen", fragte Alfred und zeigte zum Fenster hinaus über die Straße. „Da kriegst du bestimmt ein brauchbares Schmerzmittel gegen Hexenschuss. Ich brauch irgendwas, sonst sterbe ich."
Sterzer zauderte, als erwöge er, ob er Alfred nicht vielleicht sterben lassen sollte.
„Was ist?", fragte Alfred zwischen zusammengebissenen Zähnen hindurch.
„Ich überlege, ob ich nicht besser einen Arzt rufen soll?"
„Nichts da! Mit einer guten Schmerztablette kriegt man den Scheiß wieder weg." Nichts fürchtete Alfred mehr als einen Arzt. Der würde ihn nicht nur für die nächsten zwei Tage krankschreiben, sondern noch allerlei weitere Gebrechen entdecken. Ärzte waren wie Autowerkstätten. Man kam heil hin, eigentlich nur zur Kontrolle, und man ging mit allerlei neuen Krankheiten und Defekten.
Schließlich ließ Peter Sterzer sich breitschlagen und besorgte bei der Stadtapotheke gegenüber ein Arsenal an chemischen Waffen, die er vor Alfred ausbreitete. Alfred studierte die Packungen: Voltaren, Ibuprofen, Diclofenac, Novalgin.
„Und jetzt? Welches hilft?"
Sterzer zuckte mit den Schultern. „Hier hab ich noch ein ABC-Pflaster."
Wiederwillig ließ Alfred sich von Peter Sterzer das pfannkuchengroße Pflaster auf die untere Wirbelsäule kleben. Dann warf er sich unerschrocken die Tabletten ein. Gegen Sterzers Ratschlag von jeder Sorte eine. „Irgendwas wird schon helfen", meinte er resigniert. Ihm ging es darum,

mindestens noch diesen Tag durchzuhalten. Er wollte die Recherchetour nach Göschweiler mit Anna nicht absagen. Nicht etwa, weil er sich von einem Besuch beim Kräuterhannele viel versprach, sondern weil er mit Anna allein sein und Peter Sterzer damit ärgern wollte.
Welche der Tabletten ihm am Ende die Linderung brachte, konnte Alfred nicht sagen. Vielleicht war es auch das ABC-Pflaster. Auf jeden Fall fühlte er sich nach einem Kaffee und einer steifen Katzenwäsche schon wieder unternehmungslustig. Er verkniff es sich, bei Sterzer nachzurecherchieren, wie der gestrige Abend verlaufen war. Das wollte er lieber von Anna hören.
Pünktlich zur verabredeten Zeit lud er sie vor der BZ-Redaktion in seinen roten Flitzer ein. Er ließ sich nicht anmerken, dass ihn immer noch heiße Qualen im Rücken plagten. So lange er im Schalensitz hinter dem Steuer des roten Flitzers saß, fühlte er sich sowieso wie im Stützkorsett. Nur keine falsche Bewegung. Beim Aussteigen, das wusste er inzwischen, musste er aufpassen.
Sie fuhren durch die schneebedeckte Landschaft über Rötenbach nach Göschweiler. Ein schöner Wintertag. Die Felder glitzerten weiß im Morgenlicht. An den kahlen Bäumen hingen Girlanden aus Raureif. Raben saßen auf Stromleitungen und hielten Ausschau. Alfred und Anna schwiegen. Er wollte ihr nicht zeigen, dass er neugierig war, und sie hatte ihm nichts zu sagen. Sie trug eine selbstgestrickte, weiße Bollenmütze und sah darin wieder einmal aus wie eine Eisprinzessin. Ihr dichtes schwarzes Haar lugte keck in die Stirn. Sie schien in Gedanken versunken.
Brennend hätte Alfred interessiert, was Anna am Vorabend mit Peter Sterzer unternommen hatte, aber er wusste, jede Frage in diese Richtung hätte ihm bei Anna Minuspunkte gebracht. Also beschränkte er die Kommunikation auf die

Routenbeschreibung. „Hinter Göschweiler muss es irgendwie runter gehen Richtung Wutachschlucht.“ Alfred hatte zwar von Hermann Nägele eine vage Anfahrtsbeschreibung erhalten, aber in Göschweiler selbst stellte er fest, dass er nicht mehr genau wusste, wo er abbiegen musste.
Göschweiler ist zwar nur ein kleines Dorf, ein paar Bauernhäuser und dazwischen ein paar Neubauten, eingebettet in eine zur Wutachschlucht hin abfallende Senke, aber weder Alfred noch Anna kannten sich hier aus. Im Dorf herrschte vollkommene Ruhe. Es war früher Vormittag. Keine Spur von Fasnet. Kein Leben auf den Straßen.
Alfred hielt deshalb sofort an, als er am Straßenrand einen älteren Herrn entdeckte, der den Schnee vor seinem gepflegten Bauernhäuschen zusammenkehrte. Der Mann trug einen weiten Mantel und hatte das graue Haar zurückgekämmt wie ein spanischer Grande.
„Wir suchen das Kräuterhannele“, rief Alfred durch das heruntergekurbelte Seitenfenster. „Wissen Sie, wie wir da fahren müssen?“
Der Straßenfeger musterte zuerst Alfred, dann den roten Flitzer. Ein ironisches Lächeln spielte um seine Lippen: „Mit dem Auto?“
Das mochte Alfred überhaupt nicht, wenn sein roter Flitzer Gegenstand ironischer Bemerkungen wurde. „Was spricht dagegen?“, fragte er, fast schon eine Spur zu barsch.
„Es geht steil hinunter“, informierte der ältere Herr. Er deutete mit der behandschuhten Hand die Straße hinunter. „Sie müssen hier weiterfahren, dann die erste links ab und dann in den Wald hinein, da wo es steil hinuntergeht Richtung Stallegger Hof.“ Eine Frau, die vom Nachbarhaus hinzukam, mischte sich sogleich ein: „Aber nein, Herr Mellert, das Häusle von der Kräuterhannele steht noch vor dem Wald, oberhalb der Steigung. Vor dem Waldrand müs-

sen Sie rechts abbiegen", wandte sie sich direkt an Alfred, indem sie den mit „Herr Mellert" angesprochenen Herrn schier vom Seitenfenster wegdrückte. „Da geht ein schmaler Weg zum Haus vom Kräuterhannele. Ist aber nicht gespurt. Sie sollten den Wagen vorher am Waldrand stehen lassen. Da ist ein kleiner Parkplatz. Von dort gehen Sie besser zu Fuß!"
Alfred und Anna bedankten sich vielmals und befolgten dann die Ratschläge. Sie fanden die beschriebene Straße, die abwärts zum Stallegger Hof Richtung Wutachschlucht führte, entdeckten den Wanderparkplatz am Waldrand und stellten dort den roten Flitzer ab. Schnee lag hier nur wenige Zentimeter hoch. Dennoch sah Alfred ein, dass es nicht klug gewesen wäre, den abschüssigen Weg zum Haus vom Kräuterhannele mit dem roten Flitzer hinab zu fahren. Er erinnerte sich noch zu gut an das Desaster beim Versuch, die Einfahrt zum Dennenbergstüble hochzufahren. Dort hatte ihn der erste Hexenschuss ereilt. Alfred registrierte erfreut, dass die Schmerzen wieder nachgelassen hatten und er sich bewegen konnte. Na also! Eine der Tabletten muss auf jeden Fall gut gewesen sein.
Sie stiegen aus und sahen sich um. Die Luft war klar und kalt. Von der Wutachschlucht schlich Frost herauf. Auf dem Wanderparkplatz lagen zehn Zentimeter Schnee. Da stand noch ein zweites Fahrzeug. Ein weißer Kastenwagen. Dem Schnee nach, den es auf Dach und Motorhaube trug, stand das Fahrzeug schon einige Tage an Ort und Stelle.
„Ein weißer Kastenwagen!", sagte Alfred, indem er Anna auf den Wagen hinwies.
„Na und?"
„Das ist verdächtig." Alfred spottete: „Weißt du nicht, dass weiße Kastenwagen immer verdächtig sind? Sie kommen in nahezu jedem ungelösten Kriminalfall vor." Er schlug sich

mit den Händen selbst gegen die Oberarme, um sich zu wärmen. Weiße Atemwölkchen schwebten über ihren Köpfen.
„Es ist ungemütlich hier. Lass uns runtergehen“, schlug Anna vor.
„Moment noch“, bat Alfred. „Muss noch schnell für kleine Jungs!“ Er stapfte durch den Schnee hinter den weißen Kastenwagen, für Anna außer Sichtweite. Er wusste, dass sie es nicht billigte, wenn er einfach in die Landschaft hinein strullerte. „Bist du ein Hund?“, hatte sie ihn mal bei einer früheren Gelegenheit gefragt. „Wir Frauen pinkeln ja auch nicht an jede Straßenecke.“
Alfred tat es trotzdem. Alle Männermarotten hatte Anna ihm noch nicht ausgetrieben. Jetzt stand er im Schnee und gestaltete kreativ ein gelbliches Ornament. Bei dieser Gelegenheit fiel sein Blick auf einen ebenso gelben Krater zwei Meter neben ihm. Fußspuren führten von dort zur Beifahrertür des weißen Kastenwagens. Diese Spuren waren frisch. Während Alfred pinkelte, überschlugen sich seine Gedanken. Da muss jemand sein. Ein Mann. Im Kastenwagen. Anders waren die Spuren nicht zu erklären. Verstohlen wagte er einen Blick über die Schulter, während er abschüttelte und einpackte. Der Kastenwagen stand eindeutig schon länger. Er trug Schnee auf dem Dach und auf der Haube und die Räder standen so im Schnee, dass auch ein ungelernter Spurenleser erkennen konnte, dass das Fahrzeug seit Tagen nicht bewegt worden war.
Aber die frischen Pinkelspuren? Wie passte das zusammen? Alfred nahm die Merkwürdigkeiten auf und speicherte sie ab. Fürs Erste verzichtete er darauf, Anna etwas von seinen Beobachtungen mitzuteilen. Er musste an die verschwundene Frau denken. Hatte der Kastenwagen etwas damit zu tun? Aber dann hätte die Polizei ihn schon längst entdeckt. Die Ermittlungen liefen doch seit Tagen auf Hochtouren.

Sie schlugen den abschüssigen und zugeschneiten Weg ein, der am Waldrand entlang in Richtung eines kleinen Bauernhäuschens führte, das sie in ungefähr 800 Metern Entfernung bereits erkennen konnten. Aus dem Kamin kräuselte sich grauer Rauch.
Inzwischen war sich Alfred nicht mehr so sicher, ob es eine gute Idee gewesen war, unangemeldet dem Kräuterhannele einen Besuch abzustatten. Im Archiv der BZ-Lokalredaktion hatten sie nur wenig über die Frau gefunden. Ein paar Ankündigungen ihrer „Hexenkurse", ein paar Veranstaltungshinweise aus dem Sommer, überschrieben mit: „Kräuterwanderung mit dem Kräuterwiible". Das war's.
Alfred und Anna waren kaum die ersten Meter gegangen – Alfred vorsichtig wie ein Anfänger beim Schlittschuhfahren – da trat ihnen aus dem Wald ein großer Mann entgegen. Ein Jäger! Er trug einen schweren Lodenmantel, einen grünen Hut mit Federbusch, und über den Rücken hatte er ein Jagdgewehr gehängt.
Der Mann sah grimmig und unnahbar aus. Er trug eine dunkle Sonnenbrille, so dass man seine Augen nicht sehen konnte. „Hier geht's nicht weiter", sagte seine knorrige Stimme. Alfred meinte, morsche Holzbengel zerbrechen zu hören.
„Wir wollen zum Kräuterhannele", sagte Anna. „Wir sind von der BZ." Als wäre das ein Freifahrschein.
Der Jägersmann überragte Alfred um einen Kopf. Er wandte kurz den Kopf den Weg abwärts. „Da unten wohnt sie", sagte die knorrige Stimme. „Nehmt euch in Acht vor dem Kranitzer!"
Das war's. Ohne auf eine Antwort zu warten, stapfte der Jäger weiter. Der Gewehrlauf wippte über seiner Schulter. Er ging noch ein paar Meter den Weg aufwärts, dann bog er plötzlich seitlich ins Unterholz ab, und schon war er wieder verschwunden.

Kranitzer? Wer war das nun schon wieder? Alfred und Anna rätselten.

Wenig später klopften sie an einer niedrigen Holztür am Haus vom Kräuterhannele. Eine Klingel gab es nicht. Das niedrige Häuschen stand windschief am Berghang. Es schien ganz aus Holz gebaut. Ein schindelgedecktes Dach ragte weit vor. Vor dem Hauseingang plätscherte ein einfacher Brunnen, bestehend aus einem Sandsteintrog, in dem das Wasser zur Hälfte zugefroren war. In einem Gatter stand missmutig ein dickbäuchiger Esel und scharrte im Schnee. Er nahm keine Notiz von Anna und Alfred.

„Hexenhäusle!“, flüsterte Anna, die anscheinend dasselbe dachte wie Alfred. Auch er fühlte sich sofort an ein Hexenhäuschen erinnert, so wie er es sich immer vorgestellt hatte. Knirschend öffnete sich die Tür und kein Geringerer als die Junghexe Clemens öffnete ihnen. Alfred hatte Anna von ihm erzählt und auch davon, dass es sich um einen Enkel der Kräuterfrau handelte. Aber er hatte nicht damit gerechnet, den Jungen hier anzutreffen.

„Ich wohne hier bei meiner Oma“, erläuterte Clemens mit seiner leicht verdrucksten Stimme, so als habe er Alfreds Überraschung sofort bemerkt. Clemens trug ein kariertes Baumwollhemd und seine schwarzen Cordhosen vom Vortag. Er sah aus wie ein Zimmermann.

„Nix mit Fasnet, heute?“, so fragte Alfred, während sie durch einen niedrigen, dunklen Gang geführt wurden.

„Erst heute Abend. Beim Hexenball!“, antwortete Clemens. „Hab noch ein bisschen Zeit bis dahin.“

Alfred fragte sich, wie die Junghexe zum Hexenball nach Löffingen kommen wollte. Vor dem Haus hatte er kein Auto gesehen, auch keinerlei Reifenspuren auf dem Weg.

„Werd’ abgeholt!“, sagte Clemens, als hätte er auch jetzt wieder Alfreds Frage erahnt.

Sie betraten nunmehr ein anderes Jahrhundert. In der kleinen Küche stand ein Holztisch. An ihm saß auf der Eckbank das Kräuterhannele. Sie hatte listige kleine Augen, umrahmt von einem Netz von Falten. Misstrauisch beäugte sie die Besucher, machte aber keine Anstalten, aufzustehen und sie zu begrüßen. Der Fußboden in diesem spartanischen Küchenraum bestand aus großen Bruchsteinplatten. Ein breiter Holzofen verbreitete bullernde Wärme. Auf der gusseisernen Ofenplatte köchelte ein Blechtopf vor sich hin. Ein schwarzes Ofenrohr schlängelte sich unter der Decke und verschwand in einer Kaminöffnung. Ein schiefes Wandregal barg ein Arsenal an tönernen Krügen, Töpfen, Tiegeln und Schüsseln. Einmachgläser mit dubiosem Inhalt. Allerlei Gerätschaften hingen an der Wand, große Suppenkellen, Messer, Spieße, Bratpfannen, ein Blechsieb, hölzerne Kartoffelstampfer und eine zehnteilige Garnitur hölzerner Kochlöffel. An den beiden Querbalken unter der Decke hingen zum Trocknen Kräuter, Blumen, Zweige, Beeren. Auch eine große Speckschwarte. Räucherwürste. Ein klebriger Fliegenfänger voller Fliegenleichen. In die aus Bruchsteinen gemauerte Rückwand der Küche war ein steinerner Spülstein eingearbeitet. Wasser plätscherte als permanentes Rinnsal aus einer spundartigen Öffnung in der unverputzten Wand, durchfloss den Spülstein und rieselte durch eine kleine Öffnung in der Wand wieder ab. Licht fand nur durch ein schmales Fenster in den Raum herein. Die ganze Küche war duster wie eine Besenkammer. Es roch nach Holzfeuer und saurem Essig.
Alfred erfasste dies alles mit einem kurzen, sezierenden Blick. Am Interessantesten war aber zweifelsohne das Kräuterhannele selbst. Die Frau am Küchentisch trug eine übergroße graue Herrenjogginghose mit einem Emblem der New York Giants, darüber eine weit fallende Bluse, fast

schon ein Überrock, und über diesen hatte sie noch eine selbstgestrickte Wolljacke gezogen. Ihre Füße steckten in Strohschuhen, um die eine schwarze Katze mit aufgestelltem Schwanz strich. So saß die Frau über einem Wollknäuel gebeugt, aus dem sie etwas zusammenstrickte, was Alfred im halbdusteren Licht als Socken identifizierte. So schnell wie ihre flinken Hände flitzten auch die Augen hin und her. Sie trug ihr ergrautes Haar offen wie ein Indianerhäuptling, so dass es ihr in langen Strähnen über den Rücken fiel. Ihr Gesicht schien alterslos. Wäre das graue Haar nicht gewesen, hätte man sie sogar für eine Frau im mittleren Alter halten können. Aber Alfred wusste, dass sie mindestens schon sechzig sein musste, da der bereits erwachsene Clemens ihr Enkel war. Angesichts des getrockneten Herbariums unter den Deckenbalken wunderte sich Alfred nicht mehr über den Namen Kräuterhannele. Das war wirklich eine Kräuterfrau. Das alte Haus, die vorsintflutliche Küche, die schwarze Katze, es fehlte nichts, um das Bild einer Hexe zu vervollständigen.

Clemens stellte nun mürrisch vor: „Gäste, Oma! Die kommen wegen dir."

„Seh' ich selber", keifte sie ihren Enkel an, der bei ihren scharf gezischten Worten zusammenzuckte, als hätte sie ihm ihre Stricknadel in die Hüften gestochen.

Das Kräuterhannele schaute auf und wies mit einer beiläufigen Geste auf die zwei freien Stühle an ihrem Tisch. Sie selbst saß dahinter auf der Eckbank. Anna übernahm das Reden und brachte auch gleich ihr Anliegen zur Sprache: „Wir kommen von der Badischen Zeitung. Wir schreiben über den Fall der vermissten Maria. Und da wir gehört haben, dass Maria zuletzt bei Ihnen im Hexenkurs war, wollten wir mal mit Ihnen über diese Hexenkurse reden. Was da so passiert. Was lernt man da …?"

„Wer seid ihr?“ Die Frau sprach präzise, scharf wie ein Schwert, und mit einer Stimme, die wie eine gefrorene Flüssigkeit klang, die beim Auftauen unbedingt tödlich sein würde. Alfred zuckte zusammen. Jetzt verstand er, wieso der Enkel Clemens so kuschte. Ehe er oder Anna antworten konnten, schnitt ihnen das Kräuterhannele schon das Wort ab: „Badische Zeitung, hä? Das kann ja jeder sagen. Von der Badischen Zeitung kenne ich nur die Christa Maier. Mit einer anderen rede ich nicht!“

„Ich soll Ihnen Grüße sagen, von der Christa Maier. Das ist unsere Mitarbeiterin hier in Löffingen. Ich bin von der Redaktion in Neustadt.“

„Und der da?“, das Kräuterhannele nickte scharf zu Alfred hinüber, der sich mehr als unwohl in seiner Haut fühlte. Es war keine gute Idee gewesen, hierher zum Kräuterhannele zu kommen.

„Das ist Alfred. Ein freier Mitarbeiter.“ Anna gab sich alle Mühe, ihren zuckersüßen Jungmädchencharme auszuspielen. Kräuterhannele nahm Alfred mit einem Blick unter die Lupe, der genauso gut zu einem Sultan gepasst hätte, dem ein Bewerber um einen Platz als Haremswächter nicht eunuchenhaft genug erschien. „Das ist aber nicht der Bächle? Der Gerold Bächle, der sieht doch anders aus?“ Wiederum schien das Kräuterhannele nur einen Löffinger zu kennen, den sie als freien Mitarbeiter der Tageszeitung akzeptierte. Alfred jedenfalls war es nicht.

Während der ganzen unangenehmen Befragung stand Clemens daneben, unbeweglich an die Wand gelehnt. Seine ganze Haltung drückte unterwürfigen Respekt aus, um nicht zu sagen Furcht vor der Oma. Er machte keinerlei Anstalten, Alfred und Anna beizuspringen. Offenbar war er es schon gewohnt, dass seine Oma so barsch mit Besuchern umsprang, die sie nicht kannte. Die Alte forderte ihn jetzt unwirsch auf, für die Gäste einen Tee aufzusetzen. Alfred wollte noch abwehren, aber Anna fasste ihn am Unterarm und beschwor ihn mit vielsagendem Blick, jetzt nicht unhöflich zu sein.

„Wie heißt du eigentlich?“, zischte Kräuterhannele jetzt Anna an.

„Ich bin die Anna ...“, sagte Anna freundlich.

Am Herd beim Teewasser fuhr Clemens herum, wie von einer Tarantel gestochen: „Anna Gsell?“, fragte er aufgeregt. Plötzlich war er aus seiner Lethargie erwacht.

„Nein! Anna ....“, sie nannte ihren Nachnamen.

„Anna Gsell“, beharrte Clemens.

„Bist du still!“, fauchte die Kräuterhexe.

Aber Clemens hörte nicht auf sie: „Doch, doch, Anna Gsell! Das passt! Das passt!“ Seine Oma fauchte ihn erneut an: „Wirst du wohl das Maul halten!“

Mit glänzenden Augen beobachtete Clemens Anna, während er ihr den Tee servierte. In der Tasse dampfte ein bitter riechender Sud. Alfred rührte seinen Tee nicht an. Nicht, dass man ihn vergiften wollte. Aus den Augenwinkeln beobachtete er Clemens. Der schien wie umgewandelt. Er stierte Anna fiebrig an und ließ sie nicht mehr aus den Augen.

Immerhin ließ sich das Kräuterhannele jetzt herab, von ihren Hexenkursen zu erzählen. „Die Leute glauben immer, es gibt keine Hexen mehr“, flüsterte sie geheimnisvoll. „Aber ich sage euch. So lange es Hexenkünste gibt, gibt es auch Hexen. Viele Frauen spüren die Kräfte in sich. Sie kommen zu mir in die Kurse. Maria war auch so eine. Ich lerne ihnen all die Dinge, die man über die Kräfte in der Natur wissen muss. Beeren, Kräuter, Pilze, Wurzeln, Rinde. Alles hat seine Kraft. Alles hat seine Wirkung. Das ist uraltes Wissen. Gegen jedes Übel gibt es ein Heilmittel aus der Natur.“

„Auch gegen Hexenschuss?“, platzte Alfred dazwischen.

Das Kräuterhannele schaute ihn aus ihren heimtückischen grauen Augen gründlich an. „Das habe ich dir angesehen, dass du von Knochenwürmern geplagt wirst.“
„Knochen .... Was?“ Alfreds Entsetzen war echt, während Anna kichern musste. Clemens schlich um den Tisch wie ein fressgieriger Kater.
„Du hast Knochenwürmer“, sagte das Kräuterhannele spitz. „Das ist das ungesunde Leben. Du musst dich mehr bewegen. Du ernährst dich falsch.“
„Ich habe einen Hexenschuss!“
„Dann brauchst du Hexensalbe.“ Die alte Frau erhob sich mit einem Seufzer, schob die schwarze Katze mit ihren Strohschuhen zur Seite und wählte an ihrem Wandregal einen kleinen, braunschwarzen Tiegel aus. Er enthielt eine knetige Paste. „Das ist Schmer“, sagte sie mit einem zufriedenen Unterton. „Hexensalbe!“ Dann kramte sie aus einer Truhe ein Stück gelblichen Leinenstoff, hielt ihn kurz ins Lichte und glättete ihn auf dem Tisch. „Vom Hira-Weber“, murmelte sie. „Viel zu schade für diese Stadtmenschen!“ Dennoch strich sie eine kräftige Portion der schwarzen Salbe auf den Stoff, schlug ihn an den Ecken ein und verknotete die Enden. Das Päckchen drückte sie Alfred in die Hand. „Einschmieren, wenn der Hexenschuss kommt!“, so befahl sie schroff.
„Oh! Vielen Dank!“, sagte Alfred verblüfft und nahm das Päckchen an sich.
„Fünfundzwanzig Euro“, sagte die Kräuterhexe.
„Wie ... wie bitte?“ Alfred wollte das Bündel zurück schieben, aber wieder hielt ihn Anna von einer Reaktion ab, die vielleicht als unhöflich aufgefasst werden würde. „Los, bezahl!“, sagten ihre Augen. Folgsam blätterte Alfred den geforderten Betrag auf den Tisch. „Was ist da drin?“, fragte er. Kräuterhannele verstaute die Scheine in den Untiefen

ihrer Rockbluse und antwortete beiläufig: „Tollkirsche, Bilsenkraut, Fliegenpilz, Alraunen, Mohn, Samen von Taumelloch … Soll ich alles aufzählen, junger Mann. Das versteht euresgleichen sowieso nicht."

Weil Anna und Alfred großes Interesse zeigten, erzählte Kräuterhannele aber doch einiges von den Heilkräften der Pflanzen und von den Künsten, daraus Tränke, Salben oder Tinkturen zuzubereiten. „Ich habe das alles von meiner Großmutter, und die hatte es wiederum von ihrer Großmutter. In unserer Familie haben schon immer die Frauen dieses Wissen weitergegeben", so erklärte sie geduldig.

Alfred wollte die Sprache auf die vermisste Maria bringen, aber da winkte das Kräuterhannele nur ab. „Sie war ein paar Mal bei mir. Hier, da am Tisch, da hat sie gesessen. Da, wo du jetzt sitzt." Sie zeigte auf Annas Platz. „Sie war recht gelehrig."

„Man hat ihr Auto hier in der Nähe gefunden", stocherte Alfred weiter. Dann kam ihm ein Gedanke: „Vielleicht weiß ja dieser Jäger was. Wir sind einem Jäger begegnet, dort oben am Weg."

In Clemens, der die ganze Zeit unbeweglich an der Wand gestanden hatte, von wo aus er Anna anstierte wie ein hypnotisierter Idiot, kam plötzlich Bewegung. Er trat einen Schritt vor und behauptete: „Das ist der Röhle, der Fidlewisch!"

„Sei still!", fauchte seine Oma.

Clemens zuckte erneut zusammen, blieb aber nicht still: „Der Röhle ist es. Ich weiß es!" Der junge Mann klang schrill. Fast überschlug sich seine Stimme. Seine Oma schenkte ihm einen Blick, der auch zu einer Katze gepasst hätte, kurz bevor sie die Maus verschlingt.

Vom Eingang her drangen polternde Geräusche. Jemand betrat das Haus und klopfte seine Stiefel ab. Schwere Schritte klumpten durch den Gang.

„Der Karl kommt!“, sagte das Kräuterhannele.
Unvermittelt stand ein großer, grobknochiger, rotblonder Mann in der Küche. Mittleres Alter, so schätzte Alfred. Der Neuankömmling ließ einen schweren hölzernen Kasten, den er an einem Tragegestell auf dem Rücken getragen hatte, seitlich abgleiten und auf den Steinboden plumpsen. Der Mann hatte eine gerötete Haut. Offenbar hatte er sich länger im Freien aufgehalten. Die buschigen, rötlichen Augenbrauen trugen noch kleine Eiszäpfchen. Seine Hände waren schwer und schrundig, sein Gesicht irgendwie schief. Die große Nase tropfte. Der Mund besaß Gefälle von der linken zur rechten Gesichtshälfte. Der Kerl grinste und zeigt krumme unsymmetrische Zähne. Er trug einen grünen Lodenmantel, den er jetzt umständlich abstreifte.
„Das ist mein Sohn Karl“, sagte das Kräuterhannele. „Es wird besser sein, ihr verlasst uns jetzt. Karl mag keinen Besuch.“
Karl schaute böse. Sofort flößte er Alfred Respekt ein. Diesem Kerl wollte er nicht in der Nacht begegnen.
„Hab Harz gemacht“, sagte der Unheimliche. „Wie du gesagt hast, Mama!“
Die Worte klangen seltsam nach Kindersprache. Auch die Frage: „Wer sind die?“, die Karl nun nachschob. „Soll ich sie verjagen?“
„Besucher! Nicht wichtig! Sie gehen gleich wieder“, beruhigte das Kräuterhannele ihren Sohn. Karl wrang seine schweren Schaufelhände, unschlüssig, was er mit ihnen anfangen sollte, und schaute misstrauisch auf Alfred und Anna herab, die sich jetzt beide unabgesprochen zum Gehen erhoben.
Anna bedankte sich noch höflich für den Tee, den Alfred nicht angerührt hatte, dann verabschiedeten sie sich vom Kräuterhannele. Sie drückten sich an Karl vorbei, der

sich nicht von der Stelle rührte, und waren dankbar, dass Clemens sie zur Tür brachte.
„Mein Onkel ist nicht ganz klar im Kopf, macht euch nichts draus“, sagte Clemens, während er Alfred und Anna schier zur Tür hinaus schob. Dabei glotzte er Anna wie ein verliebtes Kalb an. Den Jungen musste es ganz schön erwischt haben, dachte sich Alfred.
„Sehen wir uns heute Abend beim Hexenball?“, fragte Clemens lauernd. Die Frage war an Alfred gerichtet, galt aber wohl auch Anna.
„Mal sehen“, wehrte Alfred ab. Dann zog er Anna mit sich. Als sie vor die Tür traten, atmeten beide tief die frische Winterluft ein. Es war wie eine Erlösung, als seien sie soeben einer Giftküche entronnen. Der Esel vor dem Haus, der immer noch im Schnee scharrte, schickte ihnen zum Abschied einen knatternden Eselsfurz hinterher.
„Unheimlich, das Ganze!“, sagte Alfred, während sie schnell bergan stiegen.
„Kann man wohl sagen“, bestätigte Anna.

ABSCHLEPPDIENST PFARRHIESLER

Beide gestanden es nicht laut, aber sie waren froh, schnell vom Haus des Kräuterhanneles wegzukommen.
„Sie war ja eigentlich ganz nett", meinte Anna, während sie bergan auf dem Weg zurück zum Wanderparkplatz stapften. „Aber ihr Sohn, der war nun wirklich unheimlich. Wie der komisch geguckt hat."
„Und komisch gesprochen", ergänzte Alfred. Er nestelte im Gehen an seinem Tabak herum und versuchte, sich eine Zigarette zu drehen.
„Und ihr Enkel, dieser Clemens, der ist ja auch ein komischer Typ."
„Du hast ihm gefallen", sagte Alfred spitz, während er die Zigarette vollendete.
Anna blieb plötzlich stehen und tastete ihre Manteltaschen ab. „Ach herrjeh", klagte sie. „Ich habe meine Handschuhe liegen lassen."
„Da unten? Beim Kräuterhannele?", fragte Alfred überflüssiger Weise. Anna nickte. „Ich bin doch eine blöde Kuh", schalt sie sich selbst.
„Wollen wir zurückgehen?", bot Alfred an. Aber Anna wehrte ab: „Ehrlich gesagt zieht mich nichts mehr dahin. Die Handschuhe werde ich schon zurückbekommen. Notfalls musst du mal diesen Clemens bitten, dass er sie dir bringt."
Da machte Anna es sich aber einfach. „Ich hab mit diesem Clemens nichts am Hut", wehrte sich Alfred.
Inzwischen hatten sie den Wanderparkplatz erreicht. Der weiße Kastenwagen stand noch immer an Ort und Stelle. Alfreds roter Flitzer ebenfalls. Keine neuen Spuren im Schnee.

„Jetzt nichts wie weg“, sagte Alfred, als er sich hinter das Steuer fallen ließ und den Motor startete. Das war aber leichter gesagt als getan. Die Räder des roten Flitzers drehten auf dem Schnee durch. Der Wagen bewegte sich nicht vorwärts, höchstens seitwärts. Alfred gab verbissen Gas. Die Reifen drehten noch heftiger durch und wirbelten Schnee durch die Luft. Möglicherweise war Alfred ein guter Autofahrer. Aber nicht im Winter. Anders als die Einheimischen, die im Hochschwarzwald mit traumwandlerischer Sicherheit auch bei zwanzig Zentimeter Neuschnee locker überall hin fuhren, hatte er es wie alle Flachländer: Er bekämpfte sein Unvermögen mit dem Gaspedal. Und das war gerade die falsche Methode. Anstatt im zweiten Gang das Auto ein bisschen zu ruckeln und aus der glattgefrästen Reifenspur herauszubringen, ließ Alfred den Motor aufheulen und die Räder durchdrehen wie wahnsinnig gewordene Kampfhunde. Dabei hämmerte er wütend aufs Lenkrad und verfluchte den Schnee, den Parkplatz, alle Löffinger und den ganzen Hochschwarzwald. Anna saß daneben und verdrehte die Augen. Schon zog sie ihr Handy aus der Manteltasche: „Ich rufe den Peter an, der soll uns hier abholen“, bemerkte sie trocken. Das brachte Alfred noch mehr in Rage. „Der Peter kann bleiben, wo er ist. Hier komme ich schon noch alleine raus.“ Wütend stieg er aus und warf die Fußmatte unter die Vorderreifen. Wäre doch gelacht! Anna stieg ebenfalls aus. Sie marschierte auf der Suche nach Handy-Empfang auf dem Parkplatz kreuz und quer. Vergebens. Es gab hier keinen Empfang.

Alfred hatte es unterdessen geschafft, die eine Fußmatte zu durchlöchern, die andere mit durchdrehenden Rädern meterweit durch die Luft zu schleudern. Nur den roten Flitzer brachte er nicht vom Fleck. Inzwischen stand er quer im

Parkplatz, tief in einer selbstgegrabenen Eisspur, von der Straße weiter entfernt als zuvor.
Sie unternahmen einen Versuch, bei dem Anna – ausgestattet mit Alfreds Handschuhen – den roten Flitzer anzuschieben versuchte. Er endete damit, dass Anna bäuchlings im Schnee landete. Alfred fluchte erneut.
„Du könntest selber schieben und mich mal ans Steuer lassen“, schlug Anna so neutral wie möglich vor. Sie wusste genau, dass jeder Zweifel an Alfreds Fahrfähigkeiten sofort heftige Renitenz bei ihm ausgelöst hätte. Aber Alfred roch eine gut verpackte Kritik auch dann noch, wenn sie wie ein Blumengebinde daherkam: „Du glaubst wohl, ich kann nicht fahren“, moserte er. Soweit war er noch lange nicht, dass er den Fahrzeugschlüssel herausgerückt hätte. Nach einer weiteren Zigarette und einigem Grübeln warf er sich erneut hinter das Steuer und ließ seine Wut am Gaspedal aus. Ohne Erfolg. Der rote Flitzer qualmte. Anna schlug vor: „Wir könnten im Wald ein paar Äste und Reisig holen und unter die Räder legen. Dann drehen sie vielleicht nicht mehr durch und wir kommen weg.“
Der Vorschlag war vernünftig und durchaus erfolgversprechend. Allerdings erwies es sich als gar nicht so einfach, Äste und Reisig aus dem zugeschneiten und gefrorenen Wald zu brechen. Sie hatten beide kein Messer oder sonstiges Werkzeug zur Hand. Die Äste wussten sich zu wehren. An zähen Fasern hingen sie fest, so sehr Alfred auch riss und rüttelte. Und alles, was auf der Erde lag, war festgefroren und ebenso wenig bereit, sich von Alfred oder Anna einfach aus dem Schnee ziehen zu lassen.
„Horch! Da kommt jemand!“, sagte Anna mitten in die erbärmlichen Bemühungen hinein. Alfred richtete sich auf und spürte schon wieder das verdächtige Ziehen im Kreuz. Jetzt durfte er keine falsche Bewegung mehr machen. Er

hörte es auch: Motorengeräusch. Das schnaufende Tuckern eines Traktors näherte sich. Er kam von unten aus der Wutachschlucht herauf und spuckte braune Auspuffwölkchen aus. Schon rumpelte er an der Einfahrt zum Waldparkplatz vorbei. Es war ein älteres Modell, in sanftem Blau gehalten. Vorne auf der langgestreckten Kühlerhaube prangte das Gehörn einer ausgestorbenen Wildbisonart. Jedenfalls bogen sich zwei imponierende Hörner von einem blanken Schädel ab, der wie eine Galionsfigur auf der Kühlerhaube befestigt war. Auf dem wippenden Fahrersitz saß ein vermummter Mann mit Vollbart und mit kariertem Hütchen auf dem Kopf. Er hielt Kurs Richtung Göschweiler. Anna und Alfred begannen fast gleichzeitig zu rufen und zu winken. Sie rannten hinter dem Traktor her. Alfred trug wieder einmal die völlig ungeeigneten Slipper und lag nach zwei Schritten schon auf der Nase. Aber Anna schaffte es, im Laufschritt mit dem Traktor gleichzuziehen und jetzt den Fahrer auf sich aufmerksam zu machen.

Mit einem Ruckeln, das wie ein epileptischer Anfall für Zugmaschinen wirkte, kam der Traktor zum Stillstand. Der Fahrer drehte sich in seinem Sitz zu Anna hin. „Fräulein?“, sagte er fröhlich.

„Anna!“, sagte Anna und stellte sich vor.

„Albert“, sagte der Traktorfahrer. „Egon Albert!“

Egon oder Albert? Annas fragenden Blick interpretierte der fröhliche Großvater falsch: „Ihr könnt gerne auch Pfarrhiesler zu mir sagen. Sagen alle hier!“

Anna war froh, schnell von ihrem Missgeschick zu berichten und führte das Wort: „Wir stecken fest. Da unten auf dem Parkplatz.“ Sie zeigte in die Richtung, wo Alfred immer noch im Schnee krabbelte. „Das Auto kommt nicht mehr weg. Es ist so glatt!“

Der Bärtige nickte. „Das haben wir gleich“, sagte er im Dialekt, so dass es sich für Anna wie „Deshämmerglii“ anhörte. Der Mann lächelte unentwegt hinter seinem Sieben-Zwerge-Bart hervor, als sei das Ganze eine ziemlich fröhliche Situation. Auf seinem Sitz sah er aus wie eine Werbefigur aus dem Raiffeisen Bau- und Gartengroßmarkt. Er startete seinen Traktor wieder und lenkte ihn in einem eleganten Bogen mühelos über den schneebedeckten Acker auf den Parkplatz. Die mannshohen Traktorreifen hinterließen geriffelte Furchen im Schnee. Der Pfarrhiesler schwang sich aus dem Traktorsitz, ließ den Traktor aber munter weiter vor sich hin tuckern.

Nach kurzer Besichtigung, begleitet von einem wissenden Knurren, entschied der Pfarrhiesler, dass Alfreds Auto angehängt und vom Traktor aus dem Schlamassel herausgezogen werden müsse.

„Warum heißen Sie Pfarrhiesler?“, fragte Alfred, während Egon Pfarrhiesler in einer Staukiste hinter dem Traktorsitz nach einem Abschleppseil kramte.

„Hesch kon Hoake?“, fragte er dann, während er auf Knien unter Alfreds vorderer Stoßstange nach einer Möglichkeit tastete, sein Abschleppseil einzuhängen. „Ob du keinen Haken hast, an dem er sein Seil festmachen kann“, übersetzte Anna.

Woher sollte Alfred das wissen? Unter seinem Auto hatte er noch nie gelegen. Aber der Pfarrhiesler plapperte unermüdlich weiter, während er jetzt schier unter den roten Flitzer kroch: „Hab lange im Pfarrhaus von Göschweiler gewohnt. Deshalb sagen alle Pfarrhiesler zu mir.“ Dumpf klang es unter dem Kotflügel hervor: „Dersell wo des erfunde het, het gsait, s’mond au jeder vostoh …“

„Ich versteh überhaupt nichts“, beklagte sich Alfred.

Ein metallisches Klicken. Jetzt rastete irgendwo der Karabinerhaken ein. Der Pfarrhiesler schnaubte zufrieden unter dem Wagen hervor und robbte sich wieder ins Freie.
„Wo kommt ihr überhaupt her?“ Er bemühte sich jetzt, halbwegs seinen eigentümlichen Löffinger Dialekt zu vermeiden, der aus kein „kon“ und aus der Frage „meinst du?“ ein knackiges „monsch?“ machte.
Anna erzählte vom Besuch beim Kräuterhannele. Der Pfarrhiesler hörte interessiert zu. Während er prüfend am Abschleppseil ruckelte und zerrte, gab er Kommentare ab: „Ich bin nicht abergläubisch, meistens nicht, aber des Hannele, die ist ...“ Er zögerte: „Diesell isch ... – vielleicht ist sie eine Hexe!“
„Wegen ihrer Kräuterkurse?“
„Auch! Ihr ganzer Hokuspokus. Nachts geht sie auf den Friedhof! Und ihr Karl, der Kranitzer. Dersell ...“
Alfred unterbrach: „Was sagen Sie da gerade? Ist dieser Karl ... ist das der Kranitzer?“
„Dersell ...“ Der Pfarrhiesler begann jeden zweiten Satz mit „Dersell ...“. Das hieß so viel wie „derjenige, welcher ...“. Alfred brauchte eine Weile, bis er dahinter kam. Der Pfarrhiesler erzählte: „Dersell ist der Sohn vom Kräuterhannele. Bei der Geburt ist ein bisschen was schief gegangen. Der Karl isch nit ganz bache.“ Der Pfarrhiesler merkte, dass er wieder in seinen Dialekt verfallen war. Er suchte nach einer hochdeutschen Formulierung und fand sie: „Er ist nicht ganz richtig im Kopf, dersell!“
Anna forschte weiter, während der Pfarrhiesler prüfend Alfreds roten Flitzer umrundete: „Und wieso heißt er Kranitzer?“
„Kranitzer, so hieß früher der Krämer, der zu Fuß von Dorf zu Dorf und von Hof gewandert ist, um dort einmal im Jahr seine Waren zu verkaufen. Meistens hatte er Knöpfe, Na-

deln, Hosenträger, Taschenmesser und lauter solches Alltagszeug in seiner hölzernen Krätze, und das verkaufte er dann den Leuten auf dem Land, wo es keine Läden gab. Heute fahren die Leute natürlich alle in die Stadt und kaufen dort ein. Nur der Karl, der geht immer noch durchs ganze Ösch mit seinem Kasten auf dem Buckel und verkauft sein Schusterpech und sein Harzpetroleum. Er ist nämlich ein Harzer."

„Oh je", stöhnte Alfred. „Ich versteh gar nichts! Was ist das Ösch? Was ist ein Harzer?"

Der Pfarrhiesler trat mit dem Schuh gegen die Eisbrocken, die sich beim roten Flitzer im Radkasten gebildet hatten. Dabei erklärte er: „Das Ösch, das ist hier ganz Löffingen mit allen Ortsteilen. Und noch Rötenbach dazu. So heißt das halt. Und ein Harzer, das ist einer, der Harz aus dem Wald holt und daraus Schusterpech macht. Das macht der Karl. Das kann er gut. Die alte Hexe hat es ihm beigebracht." Er schüttelte den Kopf, als könne er es selbst nicht glauben: „Und dann geht er tatsächlich zu Fuß über die Dörfer. Manche kaufen ihm aus Mitleid was ab. Aber die Schuhmacher schwören auf sein Schusterpech."

Jetzt endlich schien der Pfarrhiesler zufrieden mit dem Ergebnis seiner Besichtigung. „Hock dich ans Lenkrad!", befahl er Alfred. „Motor an, aber Leerlauf!" Er klopfte auf die Motorhaube. „Isch jo au kon Auto!"

Zu Anna sagte er: „Das Kräuterhannele hat zwei Kinder. Der Karl, der hatte nämlich noch eine Schwester. Das war die Mama von dem Clemens. Aber diesell ist abgehauen, mit so einem Italiener. Und den Clemens, den hat sie bei der Oma gelassen, beim Kräuterhannele."

„Und die hat ihn großgezogen?"

„Und wie? Dersell het nit viel Schöns ka."

„Wie …?"

„Wachse du mal auf, in so einer abgeschiedenen Hütte, mit dem Kranitzer als Onkel, ohne Mama. Nur mit der Oma, die halber spinnt und die meiste Zeit im Wald unterwegs ist.“ Er schwang sich entschlossen auf seinen Traktorsitz. „Dersell isch trotzdem groß worre, irgendwie. Rumgstromert isch er da ganz Dag!“
„Nochmal bitte!“, setzte Anna nach. „Was war den ganzen Tag?“
Wieder mühte sich der Pfarrhiesler um ein paar hochdeutsche Sätze: „Der Clemens, dersell ... er war halt auf sich alleine gestellt. Er hat im Sommer im Freien gehaust, dort hat er seine Verstecke. Manchmal war er wochenlang verschwunden. Er ist ein bisschen eigen, aber ein ganz netter Junge ...“ Jetzt machte der Pfarrhiesler Zeichen zu Alfred hin, der bereits hektisch hinter seiner Windschutzscheibe winkte und darauf wartete, dass die Abschlepperei endlich losging.
„Dersell kanns nit vowarte!“, rief Egon Pfarrhiesler Anna zu, dann ließ er seinen Traktor sanft anfahren. Präzise wie bei einem Andockmanöver der NASA setzte der Pfarrhiesler sein Gefährt in Bewegung. Das geschah wirklich mit so viel Gefühl, dass sich das Abschleppseil nur ganz allmählich spannte. Sofort bewegte sich auch Alfreds roter Flitzer. Völlig unspektakulär kam der Wagen frei. Der Pfarrhiesler steuerte den Traktor sachte aus dem schneezerfurchten Parkplatz hinaus auf die Teerstraße Richtung Göschweiler, die schneefrei geräumt war. Anna ging zu Fuß nebenher und klatschte Beifall. Das tat sie auch deswegen, weil sie an den Händen fror. Sie sehnte sich nach ihren Handschuhen, die sie in der Küche vom Kräuterhannele hatte liegen lassen.
Als der rote Flitzer sauber auf der Teerstraße stand, gab der Pfarrhiesler wieder Zeichen und saß von seinem Traktor ab, ohne dass er den Motor abstellte.

Dankbar wollte Alfred ihm einen Zehneuroschein in die Hand drücken, aber der Pfarrhiesler winkte ab. „Mache ich doch gerne, sowas. Ich bin der Egon Albert, der Pfarrhiesler. Ich nehm kein Geld für eine selbstverständliche Hilfe." Er lächelte sein mildes Onkellächeln und fasste sich zum Gruß an den Pepita Hut, der nahtlos die gleiche Farbe wie sein Bart hatte.
„Eine Frage hätte ich noch", hielt Alfred ihn zurück. „Wenn Sie sich hier so auskennen, wir sind da vorhin einem Jäger begegnet. Einem großen Mann im Lodenmantel, mit dunkler Brille ..."
Der Pfarrhiesler lächelte wissend. „Ah, dersell!"
„Wissen Sie, wer das ist?"
„Kommt von Bonndorf! Hat hier eine Jagd gepachtet. Komischer Kerl, redet nicht viel."
„Wissen Sie, wie er heißt?"
„Röhle! Röhle heißt er. Mehr weiß ich auch nicht."

Nachdem sich der Pfarrhiesler mit einem „Vergelt's Gott" verabschiedet hatte, tuckerte er mit seinem Traktor querfeldein Richtung Reiselfingen davon, auf einem zugeschneiten Feldweg, den nur er unter dem Schnee erkennen konnte. Alfred und Anna schauten ihm eine Weile nach und fuhren dann ohne Straßenprobleme zurück nach Göschweiler. Dort parkte Alfred den roten Flitzer hinter der Dorfkirche und kehrte mit Anna im Café Alpenblick ein. „Ich bin so durchgefroren, ich brauche dringend einen heißen Tee!", so hatte Anna Alfred überredet. Also gut, tranken sie eben Tee in Göschweiler. Alfred bestellte Tee mit Rum.
Sie waren die einzigen Gäste. Eine weibliche Bedienung kümmerte sich um sie, wechselte das Tischtuch, zündete eine Kerze an und zählte etliche Sorten selbstgemachter Kuchen auf, die zur Auswahl standen.

Anna wärmte ihre Hände am Teeglas und betrachtete versonnen die goldbraune Flüssigkeit. Alfred rührte seinen Tee schwindlig.

Jeder hing seinen Gedanken nach. Draußen vor dem Fenster tanzten verirrte Schneeflöckchen.

„Urlaub hier?", wagte die Bedienung zu fragen, als sie mal wieder unauffällig am Tisch der beiden vorbeistrich, nachzuschauen, ob nicht vielleicht doch noch eine Kuchenbestellung abfiele.

„Nein", bequemte Alfred sich zu einer kargen Antwort. „Wir waren beim Kräuterhannele".

„Die Hex? Da wächst das Gras nicht normal", war die überraschende Antwort. Das wollte Alfred näher wissen. Er fragte nach: „Was wächst nicht normal?"

„Die hat den Hexenstrich rund um ihr Haus", sagte die Bedienung vielsagend. Dann flüsterte sie verschwörerisch: „Kaufen sie ihr bloß das Haus nicht ab. Und schon gar nicht ihre Matte."

Daher wehte also der Wind. Die Bedienung glaubte, Alfred und Anna hielten Ausschau nach einer Immobilie auf dem Land. Schon erzählte die Frau weiter: „Vom Frühjahr bis zur Heuet sieht man, dass das Gras um das Hexenhaus viel dunkler und länger ist, als auf den übrigen Matten. Die Alten sagen, das ist früher der Tanzplatz der Hexen und Teufel gewesen."

„Ach so ein Unsinn!", ging Anna jetzt dazwischen. „Das ist doch Aberglaube!"

„Na, wenn Sie meinen!", sagte die Bedienung jetzt leicht eingeschnappt. „Dann kauft halt die Hütte!"

„Wir wollen gar nicht kaufen", versuchte Alfred zu besänftigen. „Wir haben nur einen Besuch gemacht. Und dann sind wir im Schnee stecken geblieben, bis der Herr Pfarrhiesler uns rausgezogen hat. Mit seinem Traktor!"

Die Bedienung brach in schallendes Gelächter aus. „Der Herr Pfarrhiesler! Ha, ha! Das habe ich jetzt auch noch nie gehört. Der Egon, ha, ha! Der Herr Pfarrhiesler." Sie schien sich schwer zu amüsieren.
„Sie kennen den Herrn Pfarrhiesler?", fragte Anna.
„Den Pfarrhiesler? Wer kennt den nicht?" Die Bedienung schüttelte sich immer noch vor Vergnügen. „Der ist bekannt wie ein bunter Hund. Der hilft jedem und überall. Der schafft und schafft. Der ist in jedem Verein. Der macht bei jeder ehrenamtlichen Aktion mit. Ich glaube, er hat bald die ganze Wutachschlucht renoviert ..." Noch immer kicherte die Bedienung. Dann ließ sie Anna und Alfred wieder alleine.
„Was hältst du von all dem?", nahm Alfred den Gesprächsfaden auf.
Anna nippte nachdenklich an ihrem Glas, das sie fest mit beiden Händen hielt. „Seltsame Gestalten, das ist wahr? Dieser Kranbichler ..."
„Kranitzer", verbesserte Alfred.
„... dieser Kranitzer", so setzte Anna ihre Überlegung fort, „der ist wirklich angsteinflößend. Ehrlich gesagt, ich habe sofort an den Bekennerbrief gedacht. Ein Mann im Lodenmantel, der komisch spricht. Und dann dieser Kerl in dieser gruseligen Umgebung ... Also, ich weiß nicht!"
„Und über allem dieses Hexenthema", ergänzte Alfred. „Das ist doch kein Zufall. Im Bekennerbrief stand ‚Männer sind keine Hexen'. Das klingt, als wäre da jemand, der etwas dagegen hat, dass Männer sich unter Masken als Hexen ausgeben."
„Deswegen erschießt man sie doch nicht gleich", meldete Anna Zweifel an.
„Ein normaler Mensch macht das nicht, da gebe ich dir recht. Aber jemand wie dieser Kranitzer? Der ist bei seiner

Mutter aufgewachsen, von der alle sagen, dass sie eine Hexe ist. Vielleicht hat sie ihn so erzogen. Ganz hell brennt sein Licht auch nicht. Denk an die Rechtschreibfehler in dem Bekennerbrief. Und an das komische Deutsch. ‚Nächster Umzug schiesse ich noch einen. Hab das Gewehr.' Das passt doch zu so einem Kretin. So schreibt doch kein normaler Mensch."

„Ich kann der Polizei ja mal einen Hinweis geben", meinte Anna nachdenklich. „Da ist ja auch noch die Sache mit der verschwundenen Frau. Das war ja auch direkt hier zwischen Göschweiler und der Wutachschlucht. Es sind schon seltsame Zufälle ..."

Die Teegläser leerten sich. Alfred wollte die Zweisamkeit nutzen, um die Luft zwischen sich und Anna wieder gänzlich zu reinigen. Es war ihm ernst: „Ich möchte mich noch entschuldigen, für neulich, für mein Verhalten am Schmutzigen Dunschdig. Das war saublöd! Es tut mir leid."

Er sah Anna aus treuen Dackelaugen an. Das wirkte normalerweise immer. Im nächsten Schritt würde er ihre Hand fassen.

Doch Anna verbarg die Hände wohlweislich unter der Tischplatte. „Das war ganz schlimm, Alfred", sagte sie vorwurfsvoll. „Ich habe mich so geschämt, als du da vor mir auf der Straße herumgekrabbelt bist. Es war nur peinlich, es war ..., es war ..."

„Anna ....", Alfred mischte Flehen und Zerknirschung. Anna schüttelte den Kopf. Es stahl sich sogar eine kleine, glitzernde Träne in ihren Augenwinkel. Sie musste immer schnell weinen. Alfred liebte es. Er liebte sie. Er hätte sie auf der Stelle umarmen und küssen wollen, so zart, verletzlich und beschützenswert sah sie gerade aus. Aber statt entschlossen das Heft an sich zu reißen, stotterte er nur herum. Und dann machte er den größten Fehler, den ein Kerl in solch einer Si-

tuation machen kann. Er ließ seine kleinkarierte Eifersucht ausreiten: „Und dieser, dieser Peter, der Fotograf? Dein neuer Kollege? An dem hast du wohl einen Narren gefressen?“ Das war dumm im Inhalt und noch dümmer im Tonfall. Alfred klang wie eine gekränkte Mimose. Kein bisschen souverän.
Anna wischte sich das Tränchen aus dem Augenwinkel. Sie hob in dem für sie so typischen sittsamen Ernst zu einer Bemerkung an, die Alfred sicher empfindlich getroffen hätte. Doch es kam nicht dazu, denn in dieser Sekunde bollerte Alfreds Mobiltelefon los. Der Klingelton imitierte ein Sylvesterfeuerwerk. Etwas Dümmeres hätte er nicht finden können, jedenfalls nicht in dieser Situation.
Linus war dran, Alfreds Kumpel: „Heute Abend ist Hexenball in Löffingen. Ich geh mit Cindy hin. Die stammt schließlich aus Löffingen. Und sie sagt, den Hexenball darf man sich nicht entgehen lassen. Kommst du mit?“
Alfred war seit zwei Tagen nicht mehr in Freiburg in seiner Bude gewesen. Und genauso lange schon versuchte er vergeblich, Tim ans Telefon zu bekommen. Dass der sich nicht meldete, war irgendwie beunruhigend. Alfred Bedürfnis, mal wieder in seiner Bude in Freiburg nach dem Rechten zu sehen, war also groß. Normalerweise hätte er Linus deshalb abgesagt und sich einen Ruhetag gegönnt. Aber der Moment war kein normaler. Er hatte soeben ein paar emotionale Tiefschläge eingefangen. Und was auch geschah, Anna brauchte nicht zu merken, dass sie Treffer gelandet hatte. Also sagte er spontan: „Bin dabei! Wenn ich heute Nacht bei dir pennen kann!“
Das war besiegelt. Anna zu fragen, ob sie auch mitgehen wolle, war überflüssig. Alfred wusste, dass sie ablehnen würde. Aber sie sprachen sowieso nicht mehr viel miteinander, während Alfred den roten Flitzer zurück nach Neustadt

steuerte. „Lass mich an der BZ raus“, bat Anna noch steif. Der Abschied war kühl. Sie kletterte graziös über einen Schneebord, weil Alfred an einer denkbar ungünstigen Stelle angehalten hatte. Dann wandte sie sich nicht mehr um, als sie die BZ-Geschäftsstelle betrat.
Alfred sah ihr nach. Später würde er bei der Polizei aussagen: „Da habe ich sie zum letzten Mal lebend gesehen!“

HEXENBALL

Der Löffinger Hexenball gehört zu den Traditions- und Kultveranstaltungen der Hochschwarzwälder Fasnet. Das hatte Alfred schon eindringlich von Althexe Roland Müller beim Besuch in dessen Kellerwerkstatt erklärt bekommen, davon hatte ihm in den farbigsten Ausschmückungen auch Zunfthistoriker Hermann Nägele vorgeschwärmt, und das hatte die ganze Zeit auch die Junghexe Clemens gepriesen. Letztere hatte sogar unablässig vom „Höhepunkt“ gesprochen. „Das wird der Höhepunkt“, hatte Clemens ihm immer wieder eingetrichtert. „Da musst du unbedingt hin!“

Nun, jetzt war er also tatsächlich da. Das hatte er nicht so geplant, aber Linus und Cindy, die sich beide aufwändig in Dracula-ähnliche Vampire verwandelt hatten, schleppten ihn einfach mit.

Zuvor hatte Cindy es immerhin geschafft, dass Alfred sich von ihr dunkle Augenringe schminken ließ und ein blauweiß gestreiftes Ringelhemdchen überzog. Anschließend hämmerte Alfred seinen Bericht vom Besuch beim Kräuterhannele in die Tasten und verschickte ihn per Mail an die Badische Zeitung. In ihrer Aufmachung, Alfred als triefäugiger Matrose und Linus mit Cindy als Dracula-Duo, gönnten sie sich zuerst noch eine Pizza. Dann chauffierte Cindy sie im edlen Mercedes von Linus, der aber nur dessen „Winterauto“ war, weil der Porsche vor dem Schnee und Streusalz geschützt werden sollte, nach Löffingen. Dort landeten sie gegen 21 Uhr an der Festhalle, wo der Hexenball stattfand. Die Festhalle, oberhalb des Stadtkerns und des Löffinger Schulzentrums gelegen, ist so etwas wie das architektonische Vermächtnis der Löffinger Nazis. Der großartige Flügelbau aus dem Jahr 1934 imponiert durch hohe

Fensterreihen, einen kühnen Treppenaufgang, Arkadenbögen und große Rundbogeneingänge, durch die man auf ein erstaunlich modernes Innenleben stößt. Es handelt sich um eine Art Konzert- und Veranstaltungshaus. An diesem Abend jedoch verwandelt in ein Tollhaus.
Schon auf dem großen Vorplatz drängten sich die Narren: Vielerlei Zünfte, von denen Alfred sogar manche wiedererkannte: Schwärzenbacher Kolmewiiber, Geißen aus Dittishausen, Teufel aus Rötenbach, Wurzelbrüder aus Friedenweiler, Seeräuber aus Titisee, Galgenvögel aus Grafenhausen, Löffinger Laternenbrüder; dann waren da farbenprächtige, schillernde, glitzernde, großspurig maskierte Guggenmusiken, die gemeinschaftlich einen Lärm veranstalteten, der sicher bis auf die andere Seite der Wutachschlucht zu hören war; dazwischen schepperten die eindimensionalen Blechtöne einer Schalmeiengruppe über die Köpfe hinweg. Gut, dass die B31 bei Löffingen eine Schallschutzwand hat! So blieben wenigstens die vorbeifahrenden Autofahrer verschont. Von allen Seiten strömten sie: Gruppen, Paare, Einzeltäter, freischaffende Narren, die alle einen fröhlichen, ausgelassenen Lärm fabrizierten. Bunte Kostüme, darunter kaum Kaufhausware, stattdessen viel Selbstgemachtes: Alfred bestaunte ein Pärchen, das sich in Senf- und Mayonnaisetuben verwandelt hatte. Prinzessinnen, Holzfäller, Ritter und Schlümpfe rauchten einträchtig miteinander ihre Zigaretten und ließen eine Wodkaflasche kreisen. Hexen aller Art waren zugegen, aber auch Zauberer mit spitzen Hüten und kilometerlangen Bärten, Wahrsagerinnen mit Augenklappen, Zigeunerinnen, Piraten der Karibik, eine Horde vom Planeten der Affen, Vamps, Dirndl, Zwerge, Köche, Pippi Langstrümpfe und viele junge Mädchen, geschminkt wie Barbarella, die einfach nur schön aussahen. Nichts fehlte. Alfred sah lauter fröhliche, ausge-

lassene, zu närrischen Untaten bereite Menschen. Noch war die Nacht jung und der allgemeine Alkoholpegel niedrig. Das würde schon noch anders werden. Alfred selbst fühlte sich in seinem läppischen Ringelhemdchen eindeutig underdressed. Aber niemand achtete auf ihn. Das Foyer, durch das man hindurchgeschleust wurde, um den Eintritt zu bezahlen, war vollgestopft wie eine Seilbahngondel in Ischgl. In einer Ecke hatten die Landfrauen Seppenhofen einen Verkaufsstand aufgebaut und boten Fasnetküchle feil. Mitten unter den geschäftigen Damen erkannte Alfred den begnadeten Fasnethistoriker Hermann Nägele, der immer noch seinen Zylinderhut trug und mit aufgekrempelten Ärmeln aus einer Spritztube Teig auf ein Backblech fabrizierte. „Meine Ringli sind die schönsten", behauptete er, als Cindy stehen blieb und abwog, ob sie eine Portion erstehen sollte. „Für einen guten Zweck", ermunterte Nägele. „Wer het de greescht Hunger?"
Über zwei breite Treppenaufgänge ging es dann hinauf in die dampfende Festhalle hinein. Es herrschte trotz des Gedränges auch hier eine heitere, ausgelassene Stimmung. Mitten in der Festhalle hatten die Löffinger Hexen eine runde Bar aufgebaut, um die herum sich das Volk sammelte. Unter der Decke der Halle schwebten an Drahtseilen, wie die Figuren eines übergroßen Mobiles, diverse ausgestopfte Hexenkostüme mit Besen, teilweise kopfüber. Kreuz und quer waren über den Köpfen Wäscheleinen voller Stofffetzen gespannt. Über Treppenaufgänge ging es hinauf auf eine schon gut gefüllte Galerie, von der aus man der Menge von oben zuschauen konnte. Dort war auch das Cockpit des Discjockeys, der tollkühn alte Schlager, Heavy-Metall, Pop, Hip-Hop und Schunkellieder durcheinander mixte und dazu aus Lichtorgeln grellfarbige Blitze über die Köpfe der Menge zucken ließ. Von dieser Galerie aus führte außer-

dem mit Steilwandkurve eine glänzend polierte, gewundene hölzerne Rutschbahn in die Festhalle hinunter. Die vielgerühmte Hexenrutsche!
„Wow!“, staunte Alfred. „Da rutschen die Hexen runter?“
„Nicht nur die Hexen, alle rutschen da runter“, klärte Cindy auf, indem sie mit ihrem Kinderstimmchen gegen den Lärmpegel anquietschte. Bis auf diesen Makel war sie jedoch eine patente Frau, oder, um in Alfreds Kategorien zu sprechen: Ein Sahneschnittchen!
Sie wühlten sich durch die Leiber, um an der Bar ihre Bestellungen aufzugeben. Alfred traf sogar bekannte Gesichter. Da stand Pinky, der Wirt vom Dennenbergstüble, im ausgewaschenen blauen Gewand der Schwärzenbacher Kolmewiiber. Die hölzerne Maske trug er auf dem Rücken. Sie stellte ein rotbäckiges älteres Frauchen mit Knubbelnase dar. Alfred erinnerte das Maskengesicht an das Kräuterhannele.
„Ihr seid aber freundliche Hexen“, begrüßte Alfred den Meister des Wurstsalats und des Speckvespers.
Pinky, oder Klaus, wie er eigentlich hieß, belehrte Alfred erst einmal, dass es sich bei der Fasnetfigur der Schwärzenbacher Kolmewiiber keineswegs um eine Hexenmaske handele, sondern um die Adaption einer alten heimischen Sage. Während Linus und Cindy bereits seitlich im Mahlstrom der Menge von Alfred wegdrifteten, hielt Alfred sich an der Theke bei Pinky fest. „Welche Sage?“ brüllte er, weil gerade die allgemeine Lautstärke im Saal vom uralten CCR-Titel „Hey Tonight“ bestimmt wurde.
„Soll ich wirklich erzählen?“, fragte Pinky skeptisch und fing bereits zu überlegen an, indem er sich im Bart kraulte.
„Bis ich ein Getränk habe“, erwiderte Alfred, während er vergebens nach einer der Löffinger Junghexen winkte, die hinter der Bartheke den Ausschank besorgten.

Das Kolmewiible habe einst auf dem Berg Kolmen im Wald von Schwärzenbach gehaust und dort Wanderer in die Irre geführt, insbesondere solche, die herablassend oder hochnäsig mit ihm umgingen. Pinky erzählte mit vielen Ausschmückungen, und obwohl Alfred wegen des Lärms höchstens die Hälfte verstand, blieb zumindest so viel bei ihm hängen: Die fremden Wanderer waren im Prinzip schon immer ungeliebte Eindringlinge gewesen, und sie haben sich auch heute noch geschnitten, wenn sie glauben, uralteingesessenen Schwärzenbachern wie dem Kolmewiible könnten sie auf der Nase herumtanzen.
„Das gilt noch heute im ganzen Hochschwarzwald!", stellte Alfred grimmig fest.
„Was?"
„Na, dass Zugereiste, so wie ich einer bin, nicht wirklich ernst genommen werden. Ich krieg ja nicht einmal ein Getränk hier, während du schon das zweite Bier hast, seit wir hier stehen."
Das stimmte. Alfreds ganzes Winken und Rufen hatte nichts genützt, während Pinky gar nichts machen musste, das Bier schwebte ihm sozusagen von selbst entgegen.
„Halt mal!", sagte Pinky zu seinem Nachbarn, einem älteren Schnauzbartträger, den er zuvor als „mein Steuerberater" vorgestellt hatte, und drückte diesem seine Bierflasche in die Hand. Dann machte er eine Geste zur Bartheke hin, die Alfred keineswegs als Bestellung übersetzt hätte. Aber siehe da, schon stand eine Junghexe da und drückte Pinky ein frisches Bier in die Hand. Der reichte es weiter an Alfred, und bezahlte es auch, mit dem Hinweis „lass stecken", als Alfred seinen Geldbeutel zücken wollte.
„Hexerei!", meinte Alfred anerkennend.
„Ist ja auch Hexenball!", bestätigte Pinky und holte sich von seinem Steuerberater sein Bier wieder zurück. Inzwischen

lief „Kreuzberger Nächte sind lang“, und Alfred lernte, dass man einen Platz an der Bar mit Ellbogen und Knien verteidigen musste. Zwei hübsche weibliche Marienkäferchen, das eine mit roten Punkten auf weißem T-Shirt, das andere mit schwarzen Punkten, bestäubten ihn mit einem flauschigen Wedel, den sie ihm unter die Nase rieben. Das rotgepunktete Käferchen säuselte: „Na, du gestreifter Käfer, hast du etwas zu trinken für zwei durstige Insekten?“

Alfred erhaschte im Gedränge einen Blick auf durchaus achtbare Marienkäferbeine, die in hohen Stiefeln und schwarzen Netzstrumpfhosen steckten, und entschied, dass er einen ausgeben konnte, auch wenn der Return of Invest in weiter Ferne lag. Er drehte Pinky und dessen Steuerberater den Rücken zu und widmete sich den beiden Käfermädchen. Kaum hatten sie aber ihren Asbach gedopt in Empfang genommen, waren sie auch schon wieder in der Menge untergetaucht. Auch Pinky war inzwischen verschwunden, seinen Platz hatte ein im Gesicht vollkommen grün geschminkter Kerl mit weißem Hütchen eingenommen. Auf dem Hütchen zappelte an einem langen Spiraldraht eine Spongebob-Figur. Alfred hielt Ausschau nach Linus und Cindy. Auch diese beiden waren untergetaucht. Inzwischen dröhnte „Nutbush City Limits“ und alle Leiber wippten im Rhythmus, alle Füße stampften, alle Lippenableser hatten Hochkonjunktur, denn man verstand nicht einmal mehr sein eigenes Wort.

Alfred fühlte sich mit einem Mal beobachtet, er spürte, ahnte, zauberfühlte einen Blick in seinem Rücken. Schnell wandte er sich um. Vor ihm stand der Harlekin, von dem er sich bereits am Schmutzigen Dunschdig verfolgt gefühlt hatte.

„Du schon wieder!“

Der Harlekin hielt den Zeigefinger an die Lippen. Er trug wieder weiße Handschuhe.

„Redest immer noch nicht mit mir, wie?"
Der Harlekin schüttelte den Kopf. Er trug über dem weiß geschminkten Gesicht die gleiche violette Halbmaske und das gleiche blauweiße Clownskostüm wie vor drei Tagen in Neustadt. Fröhliche Augen blinzelten hinter den Maskenschlitzen hervor, und Alfred überlegte fieberhaft, woher er diese Augen kannte.

Er spendierte einen „Hexenpunsch", was nichts anderes war als eine giftgrüne Bowle. Mit übermütigen Griffen unternahm er den Versuch, den schlanken Leib des Harlekin abzutasten. Das wehrte dieser aber spielerisch ab. Das Spiel ging eine Weile hin und her, aber mehr als ein bisschen knochige Hüfte, schmale Taille und flache Brust sprang bei Alfreds Recherche nicht heraus.

Der Harlekin, eindeutig eine superschlanke Frau mit herzlich wenig im Dekolleté, kokettierte mit Alfred, umgarnte ihn mit ihren weißen Handschuhfingern, warf ihm Luftküsschen zu und strubbelte ihm das Haar. Zwischendurch schmetterten zehn Minuten lang die Trompeten einer schaurig kostümierten Guggenmusik Kampfgeräusche von der Galerie herunter. In dieser Zeit verstand man nicht nur nichts, auch wurde die Festhalle vollkommen verdunkelt und nur geisterhaftes Licht waberte unter der Decke. Den Leuten gefiel es. Schaurige Stimmung. Der Harlekin wich nicht von Alfreds Seite.

Als endlich die Trompeten von Jericho ihr Zerstörungswerk beendet hatten, hörte sich das nachfolgende „Paranoid" von Black Sabbath, mit dem der Discjockey wieder das Kommando übernahm, fast wie ein Schmusesong an. Alfred erkannte langsam ein Muster in der Songauswahl des Musikmixers. Die Bezüge zur Hexennacht traten jedenfalls von Song zu Song deutlicher zutage. Das Wesen im Harlekinkostüm forderte Alfred zum Tanz auf, wobei es in der Festhalle

keine klar definierte Tanzfläche gab. Man bewegte sich zur Musik, da wo man gerade stand.
Also zappelte Alfred herum. Ein begnadeter Tänzer war er nicht gerade, er beherrschte eigentlich nur den Stehblues. Ein solcher war aber im Musikprogramm des Hexenballs eher nicht zu erwarten.
Um der Falle zu entkommen, deutete Alfred auf die Hexenrutsche. „Das muss ich jetzt mal ausprobieren. Machst du mit?“ Der Harlekin nickte. So boxten sie sich den Weg frei und erstiegen die Galerie. Der Harlekin signalisierte durch Zeichensprache, dass Alfred vorneweg rutschen sollte. Sie mussten warten, bis ein zur Kugel ausgestopfter Schneemann endlich umständlich die Rutschbahn geentert hatte. Dann setzte Alfred sich auf die blankgescheuerten Holzbohlen, den Harlekin direkt im Rücken. Mit den beiden behandschuhten Händen des Harlekins auf seiner Schulter und den ausgestreckten Beinen des Harlekins seitlich neben sich nahm Alfred die Rutschpartie in Angriff. Er fasste die Beine des Harlekins an den Knöcheln. Los ging's. Schon sausten sie durch die Kurve. Unten am Ende der Hexenrutsche stand ein Fotograf, der jeden aufs Korn nahm, der ihm entgegenkam. Alfred kannte ihn sogar. Es war der Löffinger Allesfotografierer Gerold Bächle, freier Mitarbeiter beim Hochschwarzwaldkurier. Alfred fuhr der Kamera mit einem Victory-Zeichen entgegen. Als er die Hand wieder an den Fußknöchel des Harlekins legen wollte, fiel ihm der Turnschuh ins Auge. Diese Turnschuhe kannte er doch! Und schlagartig traf ihn der Blitz der Erkenntnis: Vanessa!
„Vanessa!“, brüllte er, während er unten aus der Rutsche purzelte und dabei fotografiert wurde. Er war nicht der Erste, der auf dem Hosenboden landete. Der Harlekin fiel über ihn hinweg und landete ebenfalls auf dem Hintern. „Na

endlich!“, brüllte Vanessas Stimme unter der Maske hervor. „Du hast aber auch echt eine lange Leitung!“
Alfred brüllte zurück: „Du siehst so vollkommen verändert aus, wenn unter der Maske nur dein Mund herausschaut.“
„Da hättest du mich halt mal richtig küssen müssen, dann kannst du dir auch meinen Mund merken“, sagte Vanessas Mund und drückte sich auf Alfreds Mund. Das ging so schnell, dass Alfred gar nicht groß überlegen konnte, wie er darauf reagieren sollte. Der Kuss wurde jäh unterbrochen, weil von hinten zwei Hexen aus der Rutsche schossen und Alfred ins Kreuz donnerten. Er brüllte vor Schmerz. Beim Versuch, sich aus der Gefahrenzone zu wälzen, stach ihm erneut ein scharfer Schmerz in den Rücken. Für Alfred fühlte es sich an wie ein großer Fleischerhaken, mit dem jemand versuchte, einzelne Bandscheiben aus seinem Rückgrat heraus zu pulen. Hexenschuss! Diesmal wortwörtlich. Er stöhnte. Vanessa half ihm besorgt auf die Beine. Die Harlekinmaske hatte sie nun nach hinten über den Kopf gestreift. Alfred hing an ihr wie ein zusammengeschlagener Boxer. Gerold Bächle fotografierte emsig. Vanessa schleppte Alfred vorsichtig durch die Menge nach draußen ins Foyer. Dort konnte man sich dann auch halbwegs zivilisiert unterhalten, wenngleich der Lärm in Wellen aus der Festhalle herausschwappte.
„Was ist denn los?“
„Hexen...schu...ss!“ stöhnte Alfred aus zusammengepressten Zähnen. Mit einer Hand hielt er sich am Treppengeländer fest, mit der anderen an Vanessa. Er musste sich leicht nach vorne beugen und dabei nach Luft pumpen. Eine falsche Bewegung, und der Fleischerhaken begann an der Wirbelsäule zu schaben. Da fiel ihm etwas ein: „Vanessa, schau mal in meiner Hosentasche nach. Da ist eine Salbe drin ...“

„Ich soll dir in die Hosentasche fassen?“
„Stell dich nicht so an!“
Sie grinste, zog den weißen Handschuh aus und fingerte in Alfreds Hosentasche herum. Es war die falsche Seite, aber sie kraulte ihn durch den Stoff auf ziemlich anstößige Art, bis Alfred gequält brummte: „Ein andermal bitte! Ich kann das jetzt nicht ... Andere Seite!“ In der Hosentasche auf der anderen Seite fand Vanessa das verknotete kleine Leinenstoffbündel, das Alfred vom Kräuterhannele bekommen hatte.
„Mach mal auf, da ist so eine Salbe drin!“
„Wo hast du das denn her?“, staunte Vanessa, als sie die Hexensalbe sah. Alfred erklärte gepresst, wie er an die Salbe gekommen war. „Das ist Schmer, so hat die Kräuterhexe gesagt. Schmer, das heißt soviel wie ...“
„Ich weiß, was Schmer heißt“, unterbrach ihn Vanessa. „Hast du vergessen, dass ich gerade an den Hexenprozessen von Löffingen arbeite? Das ist mein Seminarthema. Schmer ist die Zaubersalbe der Hexen. Sie haben sich damit eingeschmiert, wenn sie auf ihren Besen durch die Lüfte flogen.“
„So ein Unsinn ...“, brachte Alfred heraus. Gleichzeitig nestelte er sein Ringelhemd empor: „Reibe mich damit ein. Die Kräuterhexe hat gesagt, es hilft sofort.“ Er beugte sich am Treppengeländer nach vorne und hielt Vanessa seinen Rücken hin. Ohne viel Federlesens rieb Vanessa ihm das Schmer auf die heikle Stelle im Bereich der Lendenwirbel. Die Salbe brannte sich sofort feurig wie extra scharfgemachte Brennnesseln unter Alfreds Haut. Blitzartig wurde ihm heiß. Das Blut pochte und die Wirbelsäule schien zu glühen. „Boah, was ist denn das für ein Zeug?“, fragte er, während er sich vorsichtig wieder aufrichtete. Es brannte ihm zwar unter dem Pelz, als hätte jemand seine Bandscheiben in der Mikrowelle gegart, aber er spürte sofort die Erleichterung.

Der verhängnisvolle Fleischerhaken löste sich wie von Zauberhand auf.
Vanessa knotete unterdessen das Leinentüchlein wieder zusammen. „Ein oder zwei Portionen sind noch drin“, sagte sie. „Man sollte das eigentlich mal in einem Labor untersuchen. Würde mich selbst interessieren, was alles in dieser Salbe enthalten ist.“
Als Alfred sich nach wenigen Minuten bereits wieder besser fühlte, problemlos Treppen steigen und gehen konnte, einigten sie sich darauf, nach draußen zu gehen, um zu rauchen.
„Das ist kein Zufall, dass du hier aufgetaucht bist, stimmt's?“, stellte Alfred fest.
„Ich habe mit Linus telefoniert“, gab Vanessa zu. Sie war fröhlich wie ein Geburtstagskind vor der Bescherung. „Ich darf bei Linus übernachten“, meinte sie mit einem triumphierenden Unterton. „Freust du dich?“ Ohne Umschweife gab sie zu, dass sie ein bisschen hinter Alfred her spioniert habe, weil sie keine Lust gehabt habe, die Fasnettage alleine in Freiburg zu verbringen. „Mit dir zusammen finde ich es lustiger. Am Schmutzigen Dunschdig, das war doch auch lustig. Das fand ich super!“
Siedend heiß fiel Alfred ein, was alles am Schmutzigen Dunschdig passiert war. Vanessa fand das also lustig. Anna hatte es peinlich gefunden. Er zog einmal tief die Luft ein. Draußen im Freien war es frostig kalt. Ein sternenklarer Himmel strahlte über der Festhalle. Auf dem Vorplatz der Festhalle standen in Grüppchen die Raucher. An der Mauerbrüstung zum Treppenausgang kotzte sich ein blutjunger Maskenträger die Innereien aus dem Leib. Seine Gruselmaske lag neben ihm im Schnee und bekam die Hauptladung ab. Vanessa zog Alfred am Ärmel: „Weg hier. Das ist ja superekelig. Lass uns ein paar Schritte gehen, das tut auch deinem Kreuz gut.“

Sein Kreuz? Alfred stellte verblüfft fest, dass ihm nur noch die Haut brannte, als habe man sie mit Hagebuttenkernen eingerieben. Von den Schmerzen im Lendenwirbel war nichts mehr übrig. Hexerei? Er vollführte zwei kleine Bocksprünge und jubelte in den Nachthimmel: „Geheilt! Geheilt! Ich bin geheilt! Das Wunder von Lourdes."
Vanessa hüpfte hinter ihm her und hakte sich bei ihm ein: „Ich friere. Komm, drück mich, damit es wärmer wird."
Alfred tat ihr den Gefallen und legte den Arm um sie. So umrundeten sie rauchend einmal den gesamten Festhallenkomplex. Immer wieder blieben sie stehen, um den Sternenhimmel zu bewundern und ihre eigenen Rauchwölkchen, die zusammen mit den Atemwolken wie fliegende Pilze in die Nacht entschwebten. Auf der rückwärtigen Seite der Festhalle führte ein schmaler Wirtschaftsweg direkt unter einem kleinen Wäldchen vorbei. Dort nutzte Vanessa einen unaufmerksamen Moment Alfreds und küsste ihn ganz spontan und wild. Ihre Zunge fuhr ihm mit größter Frechheit bis in den Schlund, und sie klammerte sich so fest an ihn, dass er durch sein Ringelhemdchen hindurch ihre harten, spitzen Nippelchen spürte.
„Ach Alfred", seufzte sie, nachdem er sich ganz behutsam wieder gelöst hatte. „Können wir nicht ein Paar werden? Du weißt, dass ich furchtbar in dich verknallt bin."
Alfred versuchte den unverblümten Antrag wegzulachen. Jedenfalls gab er keine vernünftige Antwort. Aus dem Wäldchen über ihnen klangen unheimliche Tiergeräusche bis zu ihnen herunter. „Eine Eule?", spekulierte Alfred, aber Vanessa widersprach: „Für mich klang es eher wie der Esel vom Mundenhof. Der kräht genauso."
„Aber klar", spottete Alfred. „Ein wilder Esel! Davon soll's in Löffingen ziemlich viele geben."

Sie einigten sich lachend auf „etwas zwischen Eule und Esel“ und gingen untergehakt wieder weiter. Alfred musste erzählen, wie er an die Schmersalbe geraten war. Er schilderte den Besuch beim Kräuterhannele in allen Einzelheiten. Dabei beschrieb er auch den seltsamen Kranitzer, Kräuterhanneles schräg geratenen Sohn. Ebenso den Enkel, die Junghexe Clemens. Während er erzählte und der Besuch noch einmal vor seinem geistigen Auge ablief, blieb er an einer Ungereimtheit hängen, die ihm erst jetzt auffiel. Er sprach sie laut aus: „Da war sowieso vieles seltsam bei unserem Besuch. In der Nähe von Kräuterhanneles Haus schlich so ein Förster durch den Wald. Und als ich bei der Kräuterfrau die Sprache auf die vermisste Frau brachte, diese Maria aus Löffingen, die nun schon seit sieben Tagen verschwunden ist, da flippte der Clemens plötzlich aus und brüllte: Der Röhle war's, der Röhle war's. Und wenig später zog uns so ein Bauer mit seinem Traktor aus dem Schnee, und von dem haben wir erfahren, dass besagter Förster Röhle heißt. Dass mir das nicht gleich aufgefallen ist …“
Vanessa stutzte und blieb stehen. Sie schnippte ihre Zigarettenkippe in den Schnee: „Hat er wirklich Röhle gesagt? Und weiter nichts …“
Alfred wusste nicht, auf was sie hinaus wollte. Er dachte nach. Dann fiel ihm ein: „Er hat ihn noch anders genannt. Jetzt, wo du danach fragst, stimmt, jetzt fällt es mir wieder ein. Er hat gesagt, der Röhle war's, der Fidlewisch!“
Vanessa klatschte in die Hände: „Der Teufel!“, sagte sie.
„Übertreib mal nicht“, beschwichtigte Alfred. „Der Clemens ist zwar ein komischer Kerl, aber einen Teufel würde ich ihn jetzt nicht nennen.“ Er schickte seine Kippe jener von Vanessa hinterher und versenkte seine Hände in den Hosentaschen. Es war beißend kalt.

„Ich meine doch nicht den Clemens. Ich meine den Teufel. Der Röhle, das ist der Teufel."
„Hä?" Alfred konnte Vanessa nicht ganz folgen. Sie half ihm: „Im Mittelalter waren in unserer Gegend viele Namen für den Teufel im Umlauf. Röhle war einer davon. Fidlewisch auch. Und Laible, Federle oder Komutzig, so wurde er auch genannt. In den Hexenprozessen tauchen all diese Namen auf, weil die angeklagten Frauen immer gestehen mussten, dass sie Buhl mit dem Teufel gehabt haben. Und unter welchem Namen er sich ihnen genähert habe."
„Buhl ...?" Alfred verstand nicht.
„Buhl", wiederholte Vanessa. „Das heißt so viel wie, er hat sie beschlafen. Besprungen! Der Teufel hat es mit der Hexe getrieben."
„Der Förster heißt Röhle ...", griff Alfred seinen Gedanken wieder auf. Vanessa ergänzte: „... und dein Clemens hält ihn für den Teufel, für den Fidlewisch."
„Und für den Schuldigen am Verschwinden der vermissten Maria!"
„Bemerkenswert!", kommentierte Vanessa. Inzwischen hatten sie die Festhalle einmal umrundet und standen wieder auf dem großen Vorplatz. Der Kotzer war verschwunden, mitsamt seiner Maske. Stattdessen prügelten sich jetzt zwei besoffene Hästräger über die Schneeborde.
Schnell verdrückten sich Alfred und Vanessa wieder in der Festhalle. Das Foyer war immer noch voll. Die Landfrauen Seppenhofen meldeten mit ihren Fasnetküchle „ausverkauft", und räumten zusammen. Hermann Nägele war verschwunden, höchstwahrscheinlich in der feiernden Menge untergetaucht. Die Traube um die Bar in der Festhalle war weiter gewachsen. Alfred hielt Ausschau nach Linus und entdeckte ihn zusammen mit Cindy an der Hexenrutsche. Er lotste Vanessa mit sich in Richtung von Linus, aber als sie

endlich durch das Gedränge bis zur Hexenrutsche durchgekommen waren, war Linus verschwunden. „Vielleicht ist er wieder hinauf auf die Galerie und steht an, um nochmal herunterzurutschen“, vermutete Vanessa. „Wir könnten ja hier unten warten, bis er heruntergerutscht kommt.“
Das war ein kurzweiliger Vorschlag. Die Leute kamen in allen möglichen und unmöglichen Lagen die Rutsche herunter, manche rückwärts, manche auf dem Bauch, manche mit dem Kopf zuerst. Manche stapelten sich auch zu zweit oder zu dritt übereinander und purzelten dann unten aus der Rutsche heraus wie die Zuckerrüben vom Fließband. Noch immer fotografierte der Löffinger Stadtreporter Gerold Bächle jede halbwegs gelungene Darbietung. Auch Alfred zückte sein Handy: „Wenn Linus kommt, nehme ich ihn auf's Korn“, kündigte er an.
Es kam aber nicht Linus. Stattdessen schoss plötzlich, eingewickelt in ein Leintuch, ein nackter Frauenkörper die Rutsche herunter und donnerte dem Fotografen Bächle und Alfred unmittelbar vor die Füße. Das Leintuch löste sich. Die Frau war nackt und tot. Ihr Leib war übel zugerichtet. Blutige Striemen zogen sich über ihren Rücken und ihre Schultern. Das Haar war an vielen Stellen ausgerissen und blutverkrustet. Die Augen waren starr, glasig und weit aufgerissen.
Menschen schrien durcheinander. Panik brach aus. Jemand brüllte „Licht, Licht!“ Neugierige drängten von hinten. Andere wandten sich entsetzt ab. Die Tote lag verrenkt auf dem Hallenboden. Um ihren Hals hing ein großes Plakat aus Wellpappe.
Die Musik setzte aus. Das Licht ging an.
Gerold Bächle vergaß für einen Moment das Fotografieren. „Mein Gott, die Maria!“, entfuhr es ihm. „Die Maria, die Maria.“ Der Ruf pflanzte sich fort, der Name machte die

Runde wie ein Lauffeuer, und schon wusste die ganze Halle: Die Tote war die vermisste Maria, nach der seit sieben Tagen gesucht worden war.
Wie aus dem Nichts tauchten mehrere Kleiderschränke in Leuchtjacken auf, die die Aufschrift „Security“ auf dem Rücken trugen. Professionell sperrten sie die Stelle ab, an der die Leiche lag und drängten alle Schaulustigen zurück.
Alfred konnte immerhin noch lesen, was auf der Wellpappe stand. Jemand hatte mit schwarzem Filzstift fein säuberlich und in großen Buchstaben untereinander geschrieben:
„1. Denunziation
2. Konfrontation
3. Tortur
4. Urgicht
5. Besiebnung
6. Kondemnation
7. Execution“
Alfred machte Fotos. Vanessa neben ihm stöhnte entsetzt: „Ein Hexenprozess!“
„Was sagst du da?“, fragte er.
„Nichts anfassen. Nichts berühren“, brüllte eine befehlsgewohnte Stimme. „Die Polizei kommt gleich. Macht Platz, macht Platz!“
„Ein Hexenprozess“, wiederholte Vanessa. „Jemand hat ihr einen Hexenprozess gemacht!“

LÖFFINGER HEXENPROZESSE 1635/36

Sie saßen am nächsten Morgen bei Linus zuhause zum Frühstück rund um den Designertisch und der Schock über die Ereignisse beim Hexenball stand ihnen immer noch in die Gesichter geschrieben. Cindy bediente wortlos den Designertoaster und schob die Designerkaffeekanne hin und her; Linus brütete über einem Sortiment von Edelkonfitüre und konnte sich nicht für eine Sorte entscheiden. Vanessa nagte an einem Toastbrot und scrollte nebenbei am Smartphone durch sämtliche Internetportale und Apps der Region, um die Flut immer neu hereinschießender Meldungen über die Ereignisse beim Hexenball einzufangen. „Die Fasnet in Löffingen und allen Ortsteilen ist abgesagt", teilte sie mit. „Hier, die Laternenzunft hat gepostet: Alle Veranstaltungen werden gestrichen, der Umzug, die Walpurgisnacht, die Hexentaufe. Zwei Morde sind zuviel! Es herrscht Staatstrauer."
Als niemand reagierte, fuhr sie fort: „Sogar Spiegel online berichtet schon: Hexenjagd auf dem Hexenball, so heißt es dort. Die Bild-Zeitung schreibt: Mittelalter im Hochschwarzwald."
Alfred registrierte die Mitteilung. Er wusste, dass nicht nur alle Journalisten der Region, sondern Medien aus ganz Deutschland sich jetzt nach Löffingen aufmachen würden, um dort jeden Vorgarten umzugraben und keinen Stein auf dem anderen zu lassen. Das war eine echte Sensationsstory geworden. Er strich nachdenklich und behutsam mit dem Designermesser die Butter auf sein Toastbrot. Er überlegte dabei, was Cindy wohl bewogen haben mochte, ein Glas mit eingelegten Rollmöpsen auf den Tisch zu stellen.
„Was sollen eigentlich die Rollmöpse?"

„Ich habe die gekauft, weil ich halt geglaubt habe, wir sitzen hier heute Morgen zum Katerfrühstück", piepste Cindy wie ein durch die Mangel gedrehter Rollmops. „Konnte ja nicht ahnen, dass das so abrupt endet …"
In der Tat war der Abend in der Löffinger Festhalle schlagartig zu Ende gegangen. Aus allen Himmelsrichtungen war Polizei herbeigeströmt. Auch Feuerwehr, Notarzt, der Bürgermeister, der Altbürgermeister, der Pfarrer, Kreisrat Rudolf Gwinner – alle waren erschienen. Letzterer hatte vor Ort die ersten Radiointerviews gegeben, nicht, weil er mehr wusste als die anderen, sondern weil er mehr Übung darin hatte, den Medien auch dann etwas zu sagen, wenn er nichts zu sagen hatte. Von allen Hexenballbesuchern nahm die Polizei noch in der Nacht die Personalien auf, erst dann durften sie die Festhalle verlassen und wurden nach Hause geschickt.
Jetzt diskutierten Alfred, Vanessa, Linus und Cindy am Frühstückstisch die Ereignisse. Alfred kramte sein Handy hervor und rief die Fotos auf, die er unmittelbar am Fuß der Hexenrutsche gemacht hatte. Er zoomte die Wellpappe mit der Aufschrift heran und wiederholte: „Denunziation, Konfrontation, Tortur, Urgicht, Besiebnung, Kondemnation, Execution! Was will der Täter damit sagen? Was ist die Botschaft?"
„Das sind die sieben typischen Stationen eines Hexenprozesses", erklärte Vanessa. „Das habe ich doch gestern schon gesagt. Es gibt über die Löffinger Hexenprozesse von 1635 und 1636 eine umfassende Darstellung in Emil Ketterers Stadtchronik. Und dort sind diese sieben Stationen ausführlich beschrieben."
Linus hatte sich inzwischen für Himbeerkonfitüre entschieden und warf, während er sein Toastbrot bestrich, die Bemerkung dazwischen: „Das ist bestimmt kein Zufall, dass

ein solcher Mord in Löffingen ausgerechnet auf die Löffinger Hexenprozesse von anno dunnemals Bezug nimmt."
„Anno 1635 und 1636", präzisierte Vanessa. „Das war mitten im Dreißigjährigen Krieg."
„Ihr meint also, der Mörder spielt gezielt auf diese alten Hexenprozesse an?", fragte Alfred in die Runde, obwohl er selbst die Antwort wusste. Als die Anderen zustimmend nickten, benannte er den Haken an seiner Theorie: „Wie passt es dann dazu, dass in Friedenweiler ein Mann unter einer Hexenmaske erschossen wird? Das hat doch nun überhaupt nichts mit den alten Hexenprozessen zu tun."
„Es geht auf jeden Fall um Hexen!", stellte Cindy mit ihrer Piepsstimme fest. Sie räumte sich eine Haarsträhne aus dem Gesicht und sah dabei höchst anmutig aus. Wie eine blonde Fee, jedenfalls nicht wie eine Hexe. Diesem Bild kam die völlig ungekämmte und ungeschminkte Vanessa deutlich näher. Ihr sah man die Übernachtung im Schlafsack auf Linus' ledernen Wohnzimmercouch immer noch an. Sie gähnte, als sie Cindy beipflichtete: „Das Geschehen dreht sich irgendwie um Hexen. Das scheint mir klar. Ich muss auf jeden Fall diese ganzen Hexenprozesse nochmal nachlesen, sobald ich zu Hause bin. Vielleicht entdecke ich ein Detail, das uns weiterhilft. Irgendeine Botschaft will der Täter auf jeden Fall in die Welt setzen."
„Ein Psychopath!", entschied Linus, dem die Himbeerkonfitüre vom Toast über die Finger lief. Er schleckte sie ab und wiederholte: „Ein Verrückter!"
Alfred blieb stumm. Er dachte nach. Wie immer, wenn er unverhofft mitten in solche Fälle hineingeriet, erwachte sein journalistischer Jagdinstinkt. Diese zwei Hexenmorde, soviel stand für ihn fest, hingen irgendwie zusammen. Aber wie? „Kannst du das mal erklären", fragte er Vanessa. „Diese sieben Stationen Denunziation, Urgericht und so weiter …"

„Urgicht", verbesserte Vanessa.
„Meine ich doch! Also, erklär uns mal diese sieben Stationen."
Vanessa zählte auf: „Jeder Hexenprozess begann damals mit der sogenannten Denunziation. Das hieß, dass irgendwer eine Frau der Hexerei bezichtigte und dafür mindestens zwei Zeugen benannte. Dann wurde nicht lange gefackelt, und die denunzierte Person wurde sofort festgenommen und in ein Gefängnis gebracht."
„Aber das geht doch nicht", empörte sich Cindy. „Da kann ja jeder jeden ins Gefängnis bringen."
„Genauso ist es auch geschehen", bestätigte Vanessa. „Meist spielten Neid, Eifersucht, persönliche Animositäten, Nachbarschaftsstreit und dergleichen die Hauptrolle. Wenn einer Frau die Nachbarin den Mann ausspannte, dann musste diese Frau nur behaupten, sie habe die Nachbarin bei irgendwelchem Hexenzauber beobachtet, schon ging es dieser Nachbarin an den Kragen."
„Wie ging es dann weiter", wollte Alfred wissen. „Nach der Denunziation?"
„Dann gab es den zweiten Schritt, den nannte man Konfrontation. Die Angeklagte wurde mit den Beschuldigungen konfrontiert und dazu vom Obervogt und dem Scharfrichter samt seinen Helfershelfern befragt. Und zwar in diesem ersten Schritt gütlich."
„Das heißt?"
„Gütlich bedeutet, ohne Folter. Wenn die Angeklagte jetzt gestand, dann blieb ihr die Folter erspart. Wenn sie nicht gestand, dann kam es zum nächsten Schritt, zur sogenannten Tortur."
„Klingt ja so, als hätte man eine superfaire Chance, da heil rauszukommen", lästerte Linus.

Vanessa nickte. „Das hatte System. Es gab keine faire Chance. Man war der Obrigkeit auf Gedeih und Verderb ausgeliefert."
„Tortur heißt vermutlich Folter", spekulierte Alfred.
Das bestätigte Vanessa und stellte, während sie in einem Müsli rührte, ein paar der üblichen Foltermethoden vor: „Den Frauen hat man die Hände auf dem Rücken zusammengebunden, und das Seil dann über eine Winde an der Decke laufen lassen. Dann wurden die Frauen aufgezogen, bis ihre Füße den Boden nicht mehr berührten. Ihr könnt euch vorstellen, wie schmerzhaft das ist. Wenn nicht gleich ein Geständnis kam, wurden die Aufzüge verlängert, bis zu einer halben Stunde."
„Na sauber!", kommentierte Linus trocken.
„Oft kugelten sich die Opfer dabei die Gelenke aus, oder ihre Sehnen und Bänder rissen. Auf jeden Fall war es sehr schmerzhaft", erklärte Vanessa. „Ganz Verstockten hing man Steine an die Füße oder legte die sogenannten spanischen Stiefel an. Das waren Schuhe aus Metall oder Holz, die man mit Schrauben immer enger ziehen konnte. So lange, bis die Füße bluteten und die Zehen zerquetscht waren."
„Das ist ja schrecklich, hör auf, hör auf!", forderte Cindy. „Ich will es gar nicht so genau wissen. Sie erhob sich, um den Tisch abzuräumen und den Schilderungen zu entkommen.
„Weiter!", forderte Alfred.
„Irgendwann hat unter der Folter noch jede Angeklagte ein Geständnis abgelegt, es sei denn, sie ist vorher gestorben. Das Geständnis hat man dann Urgicht genannt. Das Wort kommt vom altdeutschen gichten, was so viel heißt wie gestehen. Den meisten Gefolterten wurden die Geständnisse geradezu in den Mund gelegt", so dozierte Vanessa weiter. „Deswegen lesen sich in den historischen Protokollen auch

viele Geständnisse gleich. Die angeklagten Frauen gaben zu, sich mit dem Teufel eingelassen zu haben, der viele Namen haben konnte, unter anderem auch Röhle oder Fidlewisch. Und meistens wurden die armen Frauen nach Mitwissern gefragt und gaben in ihrer Not dann noch weitere Namen von völlig Unschuldigen preis, nur damit die Folter aufhörte. So kamen dann meist noch weitere Prozesse ins Rollen. Mit der Länge der Folter stieg die Anzahl der weiteren Anzeigen."

„Woher weißt du das alles?", fragte Linus, der keinerlei Anstalten machte, Cindy beim Abräumen des Tisches zu helfen.

„Ich studiere Geschichte. Hast du das vergessen? Außerdem schreibe ich gerade eine Seminararbeit über die Hexenprozesse des Mittelalters. Ich muss es also wissen."

„Ich studiere auch Geschichte", warf Alfred ein. „Aber von all dem hatte ich bisher keinen Schimmer."

„Ich erklär es dir gerne, Schatz", sagte Vanessa liebevoll und strich Alfred über den Kopf. Er ließ es sich gefallen. Vanessa fuhr fort: „Nach der Urgicht, dem Geständnis, folgte die Besiebnung. Das heißt, die Henker, Richter und Ankläger, meistens sieben Leute, unterschrieben das Geständnis und damit konnte es nicht mehr widerrufen werden."

„Die haben es sich einfach gemacht." Linus nahm einen Schluck Kaffee auf diese Feststellung.

„Aufgrund des nun besiegelten Geständnisses fällten die zuständigen Richter anschließend das Urteil, die Kondemnation. Es war bei den Löffinger Hexenprozessen immer ein Todesurteil. Der Richter war auch der Stabhalter. Er zerbrach dreimal seinen Stab. Das war das Zeichen für das Todesurteil. Daher kommt übrigens auch der Spruch, über jemanden den Stab brechen."

„Ich muss gleich brechen", kommentierte Linus sarkastisch. „Schöner Rechtsstaat war das damals."
Alfred war längst schon wieder bei dem aktuellen Löffinger Mordfall, beim grausig zugerichteten Opfer. „Diese Maria", so sprach er seine Gedanken aus, „die hatte blutige Striemen am ganzen Leib. Und die Haare waren ihr ausgerissen. Was glaubt ihr, wie der Mörder sie umgebracht hat?"
Vanessa ahnte, worauf Alfred hinaus wollte: „Wenn der Täter dem Muster der Hexenprozesse gefolgt wäre, dann hätte er sie enthaupten müssen. Das war immer der letzte Schritt, die Execution. Die Löffinger Hexen wurden alle mit dem Richtschwert enthauptet."
„Also hat der Mörder diese Hexenprozesse nicht bis in jedes Detail authentisch nachgespielt, sondern eher nur dem groben Rahmen nach."
„Vielleicht hatte er kein Schwert zur Enthauptung", schlug Linus vor und fuchtelte mit einem Buttermesser demonstrativ durch die Luft.
„Vielleicht! Vielleicht ist die Frau aber auch schon bei der Folter gestorben", sagte Alfred. „Man sieht doch, dass sie gefoltert wurde. Soll ich euch das Bild nochmal zeigen?"
„Nein, Danke", wehrte Vanessa ab. Sie verließ den Frühstückstisch, um ihre längst überfällige Morgentoilette zu erledigen.
Alfred nutzte die Zeit, um am Laptop einen Korrespondentenbericht vom Abend beim Hexenball zu verfassen und ihn mitsamt seinen Aufnahmen an die BZ-Lokalredaktion zu verschicken. Er wusste, dass dort jetzt Anna sitzen musste, denn sie hatte den Sonntagsdienst. Ganz gewiss würde sie dankbar Alfreds Bericht mit den authentischen Zeugenzitaten übernehmen, da brauchte er nicht extra nachzufragen. Er wartete auch gar nicht erst eine Rückmeldung ab.
Als er fertig war, trat er mit Vanessa die Rückfahrt nach Freiburg an. „Muss mich da mal wieder blicken lassen", er-

klärte er während der Fahrt. „Mein WG-Mitbewohner, der Tim, der gibt kein Lebenszeichen von sich. Seit drei Tagen versuche ich vergebens, ihn zu erreichen. Per Mail, per Telefon, per WhatsApp. Er reagiert einfach nicht. Wie abgeschaltet.“

„Vielleicht ist er krank“, schlug Vanessa vor. Sie drehte zwei Zigaretten mit Alfreds Tabak und steckte ihm dann eine davon angezündet in den Mund. Zwischen zwei Zügen wechselte Alfred das Thema: „Mir geht einfach nicht in den Kopf, wie ich diese erschossene Fasnethexe von Friedenweiler mit der ermordeten Maria zusammenbringen kann. Da gibt es irgendeinen Missing Link. Dass die beiden Fälle irgendwie zusammengehören, liegt sowas von auf der Hand.“

„Wieso?“, wollte Vanessa wissen, während sie das Soundsystem in Alfreds teurem, neuem roten Flitzer nach genehmen Titeln durchsuchte und dabei Alfreds gesamtes Ordnungssystem zerschoss.

„Das fragst du? Zwei Mordfälle in so kurzer Zeit hintereinander. Beide betreffen auf ihre Art Hexen. In dem einen Fall eine Hexe im Häs, in dem anderen Fall eine Frau, die Hexenkurse besucht. Beide Opfer stammen aus Löffingen. Der Hinweis auf die Hexenprozesse. Der Bekennerbrief, der ebenfalls eindeutig Hexen thematisiert. Ich glaube, das sind Zusammenhänge genug.“

Vanessa paffte und dachte nach. Alfred überholte fleißig auf der zweispurigen B31 bis kurz vor der Verengung am Hirschsprung. Dort herrschten längst die durchgezogene Linie und das Tempo-80-Schild, als er mit etwa 120 Stundenkilometern aus einem Waldweg heraus geblitzt wurde.

„Diese Arschlöcher!“, entfuhr es ihm. Er stieg auf die Bremse, doch das rettete natürlich nichts mehr.

„Hast du einen Verdacht?“, wollte Vanessa wissen.

Alfred nickte: „Ich spür so etwas. Ich hab das im Blut. Mit dem Kräuterhannele und ihrem debilen Sohn, da stimmt was nicht. Ich hab erlebt, wie sie ihren Enkel behandelt hat, den Clemens. Und ich hab diesen ungehobelten Kranitzer Karl erlebt. Das ist ein furchterregender Waldschrat, der nicht ganz richtig im Kopf ist. Glaub mir, dort muss die Polizei mit ihrer Suche beginnen."

„Glaubst du, das Kräuterhannele könnte ihren Sohn zu den Taten angestiftet haben?"

Alfred entsorgte die Zigarettenkippe zum Fenster hinaus. „Möglich! Aber warum? Da fehlt mir noch das Motiv."

„Ich ruf dich an, wenn ich über die Löffinger Hexenprozesse mehr herausgefunden habe", versprach Vanessa, als er sie vor ihrer Wohnung im Freiburger Stadtteil Stühlinger absetzte. „Ich lese alles noch mal durch. Vielleicht finde ich ja irgendeinen Hinweis." Sie drückte Alfred zum Abschied einen aufmunternden Kuss auf die Wange. „Ich liebe dich", hauchte sie hinterher und verschwand aus dem Wagen, noch ehe er dazu etwas sagen konnte.

Also fuhr er nach Hause.

Er fand die Wohnungstür versiegelt vor. Ein dickes blaues Klebeband mit der Aufschrift „Polizei Freiburg" klebte über dem Schloss und bis zum Türrahmen auf der Tür. Alfred las konsterniert das Kleingedruckte: „Wer dieses Siegel beschädigt, ablöst oder unkenntlich macht oder den dadurch erwirkten Verschluss unwirksam werden lässt, macht sich strafbar nach Paragraf 136 StGB."

Daneben hing am Türgriff ein handbeschriebener Zettel: „Hi Alfred. Ruf mich an. Bisschen Ärger. Jochen."

HUGOS RÜCKKEHR

Der Anruf bei Jochen Schiller, der irgendwo komfortabel in seinem studentischen Penthouse in der Innenstadt saß, war kurz und ernüchternd. Schiller informierte: „Die Kripo war da. Sie haben Tim festgenommen. Angeblich ist er in eine ganz große Sache verwickelt. Cyberkriminalität, du weißt schon. Niemand darf in die Wohnung. Sie ist komplett beschlagnahmt."

Alfred war sprachlos. Jochen Schiller fuhr fort: „Du kannst aber unten im Erdgeschoss in die Wohnung meines Vaters. Ich habe den Schlüssel dort unter der Fußmatte deponiert. Dort stehen nur alte Möbel herum. Ich habe ein Bett aufgeschlagen und dir einen Schlafsack reingelegt. Sorry, aber ich kann auch nichts dafür."

Alfred fragte nach. Was und wie und warum? Aber Jochen Schiller wusste nichts. „Da ist so ein kurzatmiger Kriminalkommissar, der leitet die Ermittlungen", sagte er. „Der wird vorbeikommen und dich vernehmen. Du sollst dich melden, wenn du da bist. Ich habe mit ihm gesprochen. Willst du seine Telefonnummer?"

„Ja…aa...", sagte Alfred kleinlaut und vollkommen zerschmettert.

„Er sagt, er kennt dich. Er heißt Junkel!"

Alfred stöhnte. Auch das noch. Siegfried Junkel. Der abgesiffte alte Kommissar, der schon vormittags den ersten Cognac trank und immer nach Schweißfüßen und Nikotin stank. Ausgerechnet der. Aber andererseits: Junkel hatte Alfred schon ein paar Mal den Arsch gerettet. Eigentlich waren sie Brüder im Geiste. Vielleicht war es ja gar nicht so schlecht, dass Junkel die Ermittlungen leitete.

Jedenfalls schwante Alfred sofort, dass Tims Festnahme, die Nachrichten über einen großen Fall von Cyberkriminalität in Freiburg und die rätselhaften Signale aus jenen Versicherungen, die Alfred mit Tims Hilfe ausgetrixt hatte, irgendwie miteinander zusammenhingen. Das verhieß nichts Gutes. Und mit seinen Ahnungen sollte Alfred Recht behalten. Zunächst aber fand er den versprochenen Schlüssel unter der Fußmatte und damit den Zugang zu Schillers Erdgeschosswohnung, die unbewohnt war und nur als Lager für Antiquitäten und antike Möbel diente. Welch ein Vertrauensbeweis! Alfred stieg im Flur der Wohnung über Kanapees und Chaiselongues hinweg, die für sich schon eine Eigentumswohnung wert waren. Dann nahm er die Wohnung in Augenschein. In einer Küche stapelten sich Tische und Stühle aller Epochen. Sie standen aufeinander wie die Bremer Stadtmusikanten, bis dicht unter die dreieinhalb Meter hohe Decke. Ein schmaler Gang war zwischen diesen Stapeln freigehalten. Er führte zu einer Küchenzeile mit Spüle, Herd und Kühlschrank. Letzterer war abgetaut und leer. Alfred fand auch ein Klo. Das war der einzige Raum, der nicht als Lager und Abstellkammer diente. Ein Zimmer war vollgestellt mit monströsen Eichenschränken, die schwer am Gewicht ziselierter Schnitzereien trugen. Ein anderes Zimmer barg nur uralte Kommoden und Anrichten, teilweise mit goldgerahmten Spiegeln, in denen sich schon Marie Antoinette bewundert haben könnte. Überall auf den Anrichten und Regalen stand hochwertiger Nippes: Porzellan, Messingregulatoren, Zinn, Besteck, goldene und silberne Figürchen. Bücher. Ein Vermögen. Alfred wusste, dass Schillers Vater neben der Rechtsanwaltskanzlei noch einen florierenden Antiquitätenhandel betrieb. Nachdenklich blätterte er einige alte, in Schweinsleder gebundene, Bücher durch, die aussahen, als hätte Martin Luther persönlich mit

ihnen gearbeitet. In einem entdeckte er eine Widmung, die er halbwegs entziffern konnte: „... so möge es Ihm Erleuchtung seyn und dem edlen Bestreben ...“ – dann endete die Inschrift in Hieroglyphen. Nur der Namenszug war klar und rein: „Karl von Rotteck, Juni 1830“ Das war sogar ein Name, mit dem Alfred etwas anfangen konnte: „Der Erfinder des Rotteckrings“, murmelte er vor sich hin, ehe er das Buch wieder zuklappen ließ. Staub wirbelte auf.
Im nächsten Zimmer parkten nebeneinander wie Postkutschen drei hochbeinige antike Himmelbetten mit Baldachinen aus Samt und Seide. Goldene Troddeln und Zierkordeln hingen seitlich herab. Auf einem dieser Fürstenbetten lag säuberlich ausgebreitet der von Jochen Schiller versprochene Schlafsack. Hier also sollte Alfred nächtigen. Auch in diesem Zimmer waren, wie in allen anderen, die Fenster mit schweren, schwarzen Vorhängen verhängt. Alfred arbeitete sich auf Knien über die drei Himmelbetten hinweg bis zu einem der raumhohen Bogenfenster und zog den Vorhang auf. Trübes Winterlicht fiel in das fürstliche Schlafzimmer. Im Tageslicht bemerkte Alfred auch die drei Lagen Perserteppiche, die den kompletten Parkettboden bedeckten. An den Wänden stritten Bilder, Spiegel und Wandteppiche um den raren Platz. Ein Lüster hing von der Decke wie eine gläserne Hydra und verbreitete blasierten Glanz.
Alfred warf sich auf das Bett mit dem Schlafsack. Seine Gedanken jagten sich. Es gab so viele Menschen, die er anrufen musste. Er wusste gar nicht, wo er beginnen sollte: Anna, wegen des Artikels, den er vom Hexenball geschrieben hatte, auch wegen der Frage, wie sie gemeinsam weiter hinter den beiden Hexen-Mordfällen her recherchieren sollten; die Kripo, Kommissar Junkel, wegen dieser blöden Geschichte mit Tim. Cyberkriminalität? Was hatte Tim ausgefressen? Wieso war die Polizei ihm auf die Schliche gekommen? Er

hatte doch immer so souverän und unbesiegbar gewirkt? Die Versicherung, wegen, wegen … wegen was eigentlich? Die sollten sich selber melden. Vanessa, wegen der Hexenprozesse. Vielleicht fand sie etwas heraus. Vielleicht war es eine gute Idee, die Junghexe Clemens anzurufen und ein bisschen auszufragen. Würde er etwas über seinen komischen Onkel preisgeben? Oder wusste er mehr über diesen Förster Röhle? Irgendetwas musste er doch wissen, sonst hätte er den Namen nicht genannt. Wusste vielleicht dieser Pfarrhiesler Egon noch mehr? Den hätte man mehr ausfragen müssen. Ob es Sinn machte, ihn anzurufen?
Es gab so viele Anrufe, die Alfred eigentlich machen wollte. Aber kein einziger fand statt, denn unversehens war Alfred eingeschlafen. Das Smartphone fiel ihm aus der Hand. Er war noch vollkommen angezogen, nur die Schuhe hatte er abgestreift. Draußen ging der letzte Februartag zu Ende. Alfred schnarchte. Die Strapazen der vergangenen Tage forderten ihren Tribut.
Als er wieder aufwachte, brauchte Alfred einen Moment, bis er überhaupt wusste, wo er war. Das Zimmer lag im Dunkeln. Lediglich das schwache Licht eines müden Mondes verbreitete ein wenig fadenscheinigen Schimmer, der sich in den Wandspiegeln reflektierte. Irgendetwas hatte Alfred aufgeweckt. Er war sich sicher, dass er ein Geräusch gehört hatte. Ein Kratzen und Schaben, draußen an der Hauswand. Gab es auf dieser Seite des Hauses einen Baum, der mit seinen Zweigen vielleicht im Wind gegen die Hauswand schlug? Nein! Aber da war es schon wieder: Ein Schaben, als ob jemand dabei war, die Außenwand neu zu verspachteln. Alfred richtete sich auf seinem Lager auf. Jetzt war er hellwach. Er schwang sich von der hohen Bettkante und schlicht auf Socken Richtung Fenster. Da draußen machte sich jemand zu schaffen.

Versteckt hinter dem großen Vorhang erhaschte Alfred einen Blick hinaus in den Garten. Dort bewegte sich ein Schatten. Jetzt fiel ein Gegenstand ins Gras. Jemand scharrte mit einem Schuh. Dann verdunkelte ein großes Gestell plötzlich das Fenster. Eine Leiter. Eine ausziehbare Aluminiumleiter. Der Unbekannte, der da draußen unterwegs war, hatte sie direkt vor Alfreds Fenster an die Wand gestellt. Das konnte nur bedeuten, dass jemand ins Haus einsteigen wollte. Und zwar durch ein Fenster, das entweder im nächsten oder im übernächsten Geschoss lag. Im Geiste rief sich Alfred das ganze Haus in Erinnerung. Die famose Jugendstilvilla barg im Erdgeschoss die Antiquitätenwohnung von Schillers Vater. Hier konnte man zu Fuße ebenerdig durch die Fenster einsteigen, hier brauchte man keine Leiter. Im ersten Stockwerk hauste eine Großfamilie vom Balkan, die in der Zahl ihrer Angehörigen stark fluktuierte. Manche Frauen, Männer und Kinder sah Alfred nur ein einziges Mal, dann waren sie wieder verschwunden und neue Onkel, Brüder, Tanten, Neffen und Nichten erschienen auf der Bildfläche. Aber der Anstellwinkel der Leiter draußen an der Hauswand war zu steil für das erste Obergeschoss. Ganz oben, im Dachgeschoss, da wohnte der arbeitslose Geiger Zupf. Aber die Leiter war ans zweite Obergeschoss angestellt, an die große Wohnung, die Jochen Schiller zur WG umfunktioniert hatte, und in der sich Alfreds Zimmer befand. Nur befand sich Alfreds Zimmer in der WG auf der anderen Hausseite. Auf dieser Seite, wo jetzt die Leiter stand, da befanden sich die Küche und … das Zimmer des Wohnungsmitbewohners Hugo. Jener Hugo, den Alfred nur vom Namen her kannte, den er noch nie gesehen hatte, weil er sich angeblich auf Weltreise befand. Aber hatte nicht Tim kürzlich erzählt, Hugo komme zurück? Oder war es Jochen Schiller gewesen, der das erzählt hatte? Alfred wusste es nicht mehr so genau.

Nur war er sich jetzt sicher, dass sich zwei Stockwerke über ihm Hugos Zimmer befand, und dass die Leiter genau dorthin angelegt war.
Schon stieg ein schwarzer Schatten empor. Ein Mann mit einem mächtigen Rucksack auf dem Rücken. Ein Einbrecher? Alfred warf einen Blick auf die Uhr: Fünf vor Zwei! Mitten in der Nacht. Aus dem Schutz des dunklen Zimmers heraus verrenkte sich Alfred schier den Hals, um den unbekannten Einbrecher beim Aufstieg mit den Blicken zu verfolgen. Jetzt sah er nur noch die Beine und Schuhe auf den oberen Leitersprossen, dann vernahm er ein knarzendes Geräusch, und schon war der Unbekannte oben verschwunden. Es muss ihm gelungen sein, kurz und schmerzlos das Fenster zu Hugos Zimmer zu öffnen und einzusteigen.
Na warte! Alfred überlegte nicht lange. In solchen Situationen ging mit ihm stets der Actionheld durch. Und obwohl es meistens mit Lehrgeld und mindestens einem blauen Auge für Alfred endete, brachte er es immer wieder fertig, unter Ausschaltung des Verstandes freiwillig mitten in die überflüssigsten Kalamitäten hineinzuplatzen. Also kletterte er nun seinerseits aus seinem Zimmerfenster und erklomm die untersten Sprossen der immer noch angestellten Leiter. Dann besann er sich. Vielleicht war es klüger, einfach nur die Leiter weg zu ziehen. Er wollte das gerade versuchen, da tauchte oben im Fenster von Hugos Zimmer ein Kopf auf und eine schnarrende Stimme drohte: „Hey! Was machst du da? Lass die Leiter stehen! Willst du Prügel?“
Alfred registrierte zweierlei: Lautstärke und Tonlage dieser Warnung sprachen dafür, dass der Besitzer der Stimme keine Notwendigkeit sah, sich zu verstecken oder Lärm zu vermeiden; Grammatik und Aussprache hingegen gaben deutliche Hinweise auf einen Migrationshintergrund beim Fassadenkletterer. Alfred entschied sich für Gegenangriff:

„Komm runter oder ich rufe die Polizei! Was hast du hier zu suchen?“
„Ich wohne hier!“, lautete die Antwort.
Alfred stutzte kurz. „Hugo?“, fragte er vorsichtig. „Bist du Hugo?“
„Bin ich. Und du? Sag deinen Namen!“
Alfred konnte kein Gesicht erkennen, lediglich einen dunklen Schatten im noch dunkleren Fenster.
„Ich komme hoch“, entschied er laut und machte sich an den Aufstieg auf der Leiter. Oben zeigte ein diffuses Grunzen eine Mischung aus Zögern und Ablehnung an. Alfred kam bis zum Balkan, dann bewegte sich die Leiter plötzlich zur Seite.
„Hey, was soll das?“
Die Hugo-Stimme über ihm forderte: „Sag deinen Namen und was du willst?“ Die Leiter wackelte bedenklich. Hugo besaß große Kraft und schien durchaus in der Lage, die Leiter mitsamt Alfred seitlich wegzudrücken.
„Mach keinen Scheiß!“, warnte Alfred laut. Oben im Dachstock schlug klirrend ein Fenster auf: „Könnt ihr etwas leiser sein. Es reicht jetzt bald“, bat höflichst eine sanfte Stimme. Alfred kannte sie. Das war Zupf, der Geiger.
„Ist schon gut, Herr Zupf!“, rief Alfred nach oben. Dann krallte er sich wieder fest, denn die Leiter bewegte sich jetzt in die andere Richtung. „Mach bloß keinen Scheiß“, wiederholte Alfred seine Warnung, die inzwischen eher eine flehentliche Bitte war. „Ich bin Alfred! Ich wohne da oben. In Schillers WG.“
Die Leiter kam zur Ruhe. Alfred nahm zwei weitere Sprossen. Inzwischen war er auf eine Armeslänge bis zu dem Fenster gelangt, aus dem heraus Hugos starke Arme die Leiter fest umfassten und jederzeit wieder in Bewegung setzen konnten.

Hugos knarrende Stimme stellte fest: „Alfred, Student! Richtig?“
„Richtig!“, bestätigte Alfred. Offenbar hatte Schiller dem Heimkehrer Hugo rechtzeitig von Alfred berichtet und davon, dass dieser seit geraumer Zeit das vierte Zimmer in der WG bewohnte. Die Leiter blieb weiterhin in Ruhe. Hilfsbereit streckte sich Alfred eine kräftige Hand entgegen, und ehe er sich recht versah, hatte Hugo ihn am Unterarm gepackt und mit einem Ruck zu sich herauf und durch das Fenster ins Zimmer hinein gezogen.
Das Kennenlernen von Alfred und Hugo erfolgte im Dunkeln. Aber es konnte schon nach wenigen ersten Sätzen kein Zweifel daran bestehen, dass sich hier zwei Typen gefunden hatten. Hugo war noch jung. Wahrscheinlich jünger als Alfred. Er überragte Alfred um einen halben Kopf in der Länge und um zwei Brustkästen in der Breite. Zuerst rauchten sie zusammen im Dunkeln. Anfangs gab Alfred Tabak aus, dann zog Hugo ein mörderisches Kraut aus seinem Parka, das vermutlich von illegalen Plantagen aus den Hochanden stammte. Das war zu einem Zeitpunkt, als Alfred bereits erfahren hatte, dass Hugo zwar einen argentinischen Pass besaß, sich aber als „Weltbürger“ verstand. Dann knipste Hugo das Licht an, und Alfred sah zum ersten Mal, seit er WG-Bewohner in diesem Haus im Stadtteil Wiehre war, Hugos Zimmer von innen. Es war spartanisch eingerichtet, fast wie eine Gefängniszelle. Ein Schrank, ein Tisch, ein Bett aus Metallrahmen, nur mit Drahtgitterrost, aber ohne Matratze und ohne Bettzeug. Eine Wand bestand vollkommen aus einem mit Büchern vollgestellten Regal. Alfred entdeckte beim ersten Scan kein einziges deutsches Buch. Die Titel waren in Spanisch, Portugiesisch, Italienisch, Französisch, einige sogar Russisch.
„Sag bloß, du sprichst Russisch?“, fragte Alfred.

„Ya govoryu na vsekh yazykakh – spreche alles!“, behauptete Hugo und ließ beim Grinsen eine Frontladerschaufel voller gelber Zähne sehen. Irgendwie sah Hugo aus wie ein aztekischer Krieger, aber wie einer, der ins Wrestling-Fach umgestiegen war. Sein rötlichbraunes Gesicht war kantig, sein Mund groß und breit, die Nase grob, mit Nasenflügeln, so weit, dass locker in beiden Nasenlöchern eine Überdosis gerollter Kokablätter hätte Platz finden können. Er hatte glattes, pechschwarzes Haar, das aussah wie selbst geschnitten – und zwar ohne Spiegel.
Später förderte Hugo aus den Tiefen seines monströsen Expeditionsrucksacks, in dem er offensichtlich seine gesamten Habseligkeiten mit sich herumtrug, eine bauchige Korbflasche zutage. Sie tranken in feierlichem Ernst den scharfen Schnaps und verbrüderten sich dabei. Im Zimmer stand bereits eine süßliche Qualmwolke. Alfred erzählte von den jüngsten Ereignissen in der WG und von seinem Schlafsacklager in der Antiquitätenwohnung im Erdgeschoss. Hugo berichtete von fremden Ländern, die er bereist hatte. An jedem dieser Länder gab es mächtig viel auszusetzen: Unterdrückung, Ausbeutung, Ungleichheit, klaffende Unterschiede zwischen Reich und Arm, Korruption, Cliquenwirtschaft, und unterm Strich immer das gleiche Fazit: „Da müsste man eine Revolution machen. Das kann so nicht weitergehen. Geht nur mit Gewalt, eh!“
Alfred pflichtet bei und spürte, wie ihm der Schnaps bei lebendigem Leibe das Hirn verbrannte und den Magen verätzte. Aber schön! Sie sangen gemeinsam die Internationale: „Völker, hört die Signale …“, und Alfred gab zum Besten, dass er die Sozis für stehengebliebene Idioten hielt, für Salonsozialisten, eine Einschätzung, für die ihn Hugo küsste und ihm die Blutsbruderschaft anbot.

So kifften und soffen sie sich ins Morgengrauen hinein, bis Alfred urplötzlich vom Stuhl kippte und an Ort und Stelle auf dem Fußboden in Hugos Zimmer einschlief.
Hugo war noch munter wie vor vier Stunden. Er ließ Alfred liegen, stieg selbst aus dem Fenster, enterte durch das noch immer offene Fenster das Erdgeschoss, versorgte sich dort mit dem schweinsledergebundenen Buch des Karl von Rotteck und mit einigen Porzellanfiguren aus dem 18. Jahrhundert und hatte diese Fundstücke bereits bei einer zwielichtigen Hehleradresse zu Geld gemacht, als Alfred gegen Mittag gerade erst aus seinem Dämmerschlaf erwachte.

CYBERKRIMINALITÄT

Alfred rief Kommissar Junkel an und verabredete sich mit ihm in der Innenstadt. Er musste dringend frische Luft tanken. Der Spaziergang würde ihm gut tun.
Um das Haus zu verlassen, musste Alfred die Leiter benutzen, denn sowohl Hugos Zimmertür war verschlossen, als auch die ganze Wohnung, die ja vom Treppenhaus her immer noch versiegelt war.
„Das ist so ein deutscher Gesetz-Paragraf", dozierte Hugo. „Du darfst das Siegel nicht kaputt machen. Aber es ist nicht verboten, das Fenster aufzumachen und einzusteigen."
Da war sich Alfred zwar nicht so sicher, aber sein Schädel dröhnte immer noch so stark, dass er sich auf eine Diskussion mit Hugo nicht einlassen wollte. Beim Aufwachen war der Kopf noch das kleinere Übel gewesen. Schlimmer setzte ihn ein neuerlicher Hexenschuss außer Gefecht. Aber der um Hilfe gerufene Hugo schmierte Alfred nach dessen Anweisungen mit der Schmersalbe ein und schon nach wenigen Minuten kehrte brennend heiß Alfreds Bewegungsfähigkeit zurück. Jetzt brummte also nur noch der Schädel. Alfred fragte Hugo nach einem Aspirin. Der bleckte die gelben Zähne und präsentierte ein volles Glas mit eingemachten Oliven. „Iss das! Das ist gut für den Kopf! Nix Tablette!"
Die Oliven rochen intensiv nach Moder und sahen aus wie in Spiritus eingelegte Kaulquappen. Alfred aß zwei, ehe er sich zum Fenster hinaus erbrach. Er kletterte im Erdgeschoss durch das noch offene Fenster in die Antiquitätenwohnung, nahm dort eine Katzenwäsche vor und fragte sich, wie lange er es noch ohne frische Unterwäsche aushalten würde. Für den heutigen Fasnetmändig, andernorts Rosenmontag genannt, musste es noch mal reichen. Nach der notdürftigen

Toilette löste sich wie von Geisterhand das Gewölk in seinem Kopf auf. Hugo führte es auf die Oliven zurück.
„Ist ein Hexergeheimnis“, rief ihm Hugo nach. Das erinnerte Alfred an den ganzen Ärger im Hochschwarzwald. Die Social Media-Plattformen auf dem Smartphone waren voll von neuen, sich überschlagenden Nachrichten. Offenbar waren nicht nur Journalisten aus der ganzen Republik, sondern auch ein Großaufgebot von Polizei im Raum Löffingen unterwegs, Suchhundestaffeln, Hubschrauberunterstützung, Sondereinsatzkommandos.
„Das ist doch Dampfwalzenermittlung“, belehrte Alfred den Polizeikommissar Junkel, als sie sich im Uni-Café in der Innenstadt gegenübersaßen. „Da verkriecht sich doch der Täter, bis er unsichtbar wird. Muss die Kavallerie immer mit einem solchen Getöse anrücken?“
Siegfried Junkel schniefte und besah sich Alfred aus geröteten Augen: „Seit unserer letzten Begegnung hast du dich äußerlich nicht verbessert“, lästerte der Kommissar. „Du siehst immer noch aus wie ein Junkie. Lebenswandel, heh?“
Das sagte der Richtige. Junkel überbrückte seine letzten Jahre bis zur Pensionierung mit Fatalismus und Alkohol. Und so sah er auch aus. Das faltige Knittergesicht war ebenso unrasiert wie Alfreds, die Augen klein, entzündet und tief in den Höhlen, die Mundwinkel im Keller. Junkel trug Zivil, wie immer. Diesmal einen fleckigen und viel zu weiten Mantel aus dem vorigen Jahrhundert. Schon stand ein Kognak vor ihm auf dem Tisch. Seine Hände zitterten, wenn er das Glas nahm, ebenso, wie sie zitterten, wenn er die Zigarette zum Mund führte. Junkel war ein Wrack. Aber eines mit ausgesprochen scharfer Zunge und scharfem Verstand. Er fixierte Alfred blinzelnd, während er den Kognak hinunterschüttete wie ein Müllschlucker.

„Wir sitzen hier nicht wegen deiner Hexengeschichten", sagte er gedehnt. „Wir sollten über Tim Joy reden."
„Wen?"
„Stell dich nicht doof, sonst lasse ich dich in die Psychiatrie einweisen. Tim Joy! Den kennst du. Das ist der fette Nerd aus deiner Wohngemeinschaft. Der Computerfreak."
„Ach d...e...e...r", so spielte Alfred auf Zeit. Er wusste, dass er Junkel nichts vormachen konnte. Dazu kannten sie beide sich schon zu lange. Junkel war in mehreren Kriminalfällen, in die Alfred auf die eine oder andere Art verwickelt gewesen war, Leiter der Ermittlungen gewesen. Dabei hatte Alfred Junkel viel geholfen. Umgekehrt hatte aber auch Junkel Alfred aus manch heikler Situation gerettet. Sie standen sich nahe, aber sie standen nicht wirklich auf der gleichen Seite des Gesetzes. Alfred konnte sich manchmal nicht entscheiden.
„Noch ist das keine Vernehmung. Ich recherchiere bloß ein bisschen", drohte Junkel. „Aber mach dir keine Illusionen. Ruck zuck bist du in Untersuchungshaft!"
„In U ... untersuchungshaft?" Alfreds Empörung war echt. „Was soll das denn? Was hab ich mit der Sache zu tun?"
„Du steckst mitten drin", behauptet Junkel und schob seine beiden auf den Tisch gelegten Unterarme weiter gegen Alfred vor. Mit sanftem Nachdruck formulierte er: „Der Nerd und du, ihr habt Social Bots in Umlauf gebracht. Schadsoftware. Ihr habt damit Auftraggeber gelinkt. Zum Beispiel Versicherungen. Und Banken!"
„Was sind Social Bots?", fragte Alfred und kam sich zu Recht blöd vor. Wie war es möglich, dass dieser tränige alte Kommissar sich in der digitalen Welt besser auskannte als er, der junge Student?
„Verarsch mich nicht! Social Bots sind digitale Roboter, die im Netz auf eigene Faust Texte und Statements in Social

Media-Kanäle einspielen. Sie reagieren auf Schlüsselwörter. Und dann legen sie los: Auf Facebook, auf Xing, auf Kununu, auf Twitter. Wo immer der Programmierer sie loslässt."
Alfred ging ein Licht auf: „Du meinst, automatisierte Einträge in Blogs und auf Foren …?" Diese Rückfrage klang wie ein Geständnis und so wertete Junkel sie auch: „Na also. Du gibst es also zu. Immerhin etwas. Wie hat er das gemacht, dein Kumpel?"
Alfred lehnte sich zurück und nippte an seinem Espresso. Hier fühlte er sich gänzlich unschuldig: „Ehrlich, ich hab keine Ahnung." Er machte eine entschuldigende Geste mit den Armen.
Junkel fischte die nächste Zigarette aus seiner knittrigen Packung und wollte sie schon anstecken, ehe ihm aufging, dass er im Rauchverbot saß. Er behielt die Kippe trotzdem im Mundwinkel: „Ist ein feines Früchtchen, dein Kumpel. Großer Fisch!"
„Ich hab keine Ahnung um was es geht", wiederholte Alfred.
„Die Bots hat er doch für dich gemacht. Oder streitest du das ab?"
Alfred zuckte mit den Schultern. „Er hat mir das aufgeschwätzt. Den Versicherungen und Banken war es doch egal, was in ihrem Namen in den einschlägigen Foren geschrieben wurde. Hauptsache, die Shitstorms brachen zusammen oder kamen erst gar nicht zustande." Einen Moment zögerte Alfred, dann entschied er, auf die Karte des ahnungslos Naiven zu setzen und bediente dieses Blatt durch rückhaltlose Offenheit: „Übrigens hab ich das auch für einen Waffenhersteller und für einen Energiekonzern so gemacht. Ist das verboten?"
„Es ist Betrug, wenn du dafür Geld kassiert hast."
„Hab ich. Aber es hat doch im Sinne der Auftraggeber funktioniert."

Junkel spuckte ein durchnässtes Stück Zigarette aus, behielt den Stummel aber weiterhin im Mund. Er sagte trocken: „Wenn es rauskommt, wird der Imageschaden für deine Versicherungen und Banken und sonstigen Kunden immens sein. Und es wird rauskommen, denn deinem Kumpel droht ein mächtiger Prozess."
„Wegen diesem Scheiß?" Alfred klang ungläubig.
„Nein, nicht wegen diesem Scheiß. Das sind Peanuts, die du für dich ausbaden musst. Dein Kumpel hat ganz andere Dinge gedreht." Junkel kippte mit zittrigen Händen den Rest seines Kognaks hinunter.
„Ganz andere Dinge?", fragte Alfred zaghaft. Er war sich unschlüssig, ob er wirklich die ganze Geschichte wissen wollte. Aber Junkel tischte sie auf. Er hatte immer noch Arme und Ellbogen auf den Tisch gelegt und den Oberkörper über die Tischplatte gebeugt, und es fehlte nur noch, dass auch sein Kopf nach vorne sank. Er quetschte zwischen Zähnen und Kippe hervor: „Der hat Banken geknackt. Behörden! Unternehmen! Die Frankfurter Börse. Er hat Konten geplündert und Überweisungen umgeleitet. Weißt du, von was für einem Schaden wir reden? Da geht es um Millionen. Zweistellig!"
In Zeitlupe schüttelte Alfred den Kopf: „Nein! Tim hatte nie Geld. Er hat spartanisch gelebt. Er ... er ... er ist nie ausgegangen."
Junkel ließ ein herzhaftes Lachen erklingen. „Super Tarnung. Was wir auf Konten und Depots gefunden haben, reicht schon, um einen Formel-1-Rennstall zu finanzieren. Und ich möchte nicht wissen, was noch irgendwo auf den Cayman Inseln oder in anderen Schlupflöchern versteckt ist."
Dazu schwieg Alfred. Die Welt drehte sich. Der Schädel dröhnte, aber jetzt nicht mehr vom Kater nach durchzechter

Nacht, sondern von der Verwirrung, die Junkels Darstellung auslöste. Tim? Der sanfte, dicke Tim? Dieser Buddha mit den Wurstfingern? Wie hatte er Alfred so täuschen können? Er hatte doch immer nur in seinem Zimmer gesessen und wie ein Junkie Computerspiele hoch- und runtergespielt. „Level 20 – High Score!“, so klangen Alfred noch immer Tims nächtliche Triumphrufe im Ohr, ausgestoßen um zwei Uhr morgens, wenn alle anderen schliefen. Das bläuliche Licht, das ständig unter Tims Zimmertür herausgeleuchtet hatte! Die vielen Monitore, die bei ihm eine ganze Zimmerwand bedeckten! War das alles nur Tarnung gewesen? Nach und nach fielen Alfred auch einige Bemerkungen Tims ein, die er jetzt im Nachgang erst verstand. Da hatte es immer wieder mal Andeutungen gegeben. Tim hatte auch mal von seinem gut gefüllten Konto gesprochen. Oder von irgendwelchen Hackerclubs, mit denen er sich austauschte. Von Idioten in den Datensicherheitsabteilungen der Behörden, von den Amateuren bei Banken, von den Pennern beim Flughafen Stuttgart. Jetzt erst erkannte Alfred Sinn und Zusammenhänge. Tim – ein krimineller Hacker!
„Man sagt Cyberkriminalität dazu“, klärte Junkel auf, als hätte er Alfreds Gedanken mitgelesen. „Wir haben all seine Rechner, Sticks und Festplatten konfisziert. Es wird einige Zeit in Anspruch nehmen, bis wir alles ausgewertet haben. Aber ich denke, wir haben ihn am Schlafittchen.“
„Wo ist er jetzt?“, fragte Alfred. Irgendwie tat ihm der Kumpel leid. Vor allem aber machte er sich Sorgen um seine eigene kleine Rolle in dieser Inszenierung. Was würde man ihm anhängen? Was hatte es mit diesen Bots auf sich? Würde man Alfred daraus einen Strick drehen? Er sollte es bald erfahren.

„Untersuchungshaft!“, beantwortete Junkel Alfreds Frage. „Vorerst kommt niemand an ihn ran. Nur sein Anwalt, der Dr. Schiller.“
Bei dem Namen merkte Alfred auf. „Schiller und Partner?“, wollte er wissen. Junkel nickte und richtet jetzt seinen Oberkörper wieder auf. „Der alte Fuchs. Der ist immer da, wenn es was zu verdienen gibt. Ich wette, der hat sein Honorar schon auf der Seite.“
Bester Stimmung bestellte Junkel einen weiteren Kognak. Alfred lehnte die Einladung ab und entschied sich für ein Mineralwasser. Hugos Schnaps wirkte nach. Was war das bloß für ein Gesöff gewesen?
Junkel ermunterte Alfred eindringlich, in seinem Gedächtnis zu kramen, ob er sich an verwertbare Aussagen oder Begebenheiten erinnere, die als Belastungsmaterial gegen Tim in Frage kamen. Außerdem vermuteten die Ermittler noch Verstecke in der Wohngemeinschaft, in denen Tim vielleicht externe Festplatten, USB-Sticks oder Speicherkarten deponiert haben könnte. „Deshalb haben wir die Wohnung versiegelt. Wir werden sie demnächst mal auf den Kopf stellen.“
„Wo soll ich schlafen?“, fragte Alfred empört.
„Bei einem von deinen Weibern“, antwortete Junkel ungerührt.
Alfred jammerte, dass es derzeit keine derartigen Weiber gebe, obwohl er sicher wusste, dass Vanessa ihn sofort und mit Handkuss bei sich aufgenommen hätte. So kamen sie in einen unverbindlichen Smalltalk. Junkel zog ein bisschen über seine Chefin her, die leitende Kriminaldirektorin Dr. Gerda Leber-Semmlich, die ihm nun schon seit Monaten das Leben schwer mache und ihn in den vorgezogenen Ruhestand zu mobben trachte. „Aber nicht mit mir“, sagte der Kommissar kämpferisch. „Eher tragen sie mich mit den Füßen voraus aus dem Polizeipräsidium. Von so einer lass ich

mich auf jeden Fall nicht ...." Er besann sich und flüsterte den Rest in sich hinein: „Die blöde Fotze!"

Dann kam die Sprache wieder auf die jüngsten Ereignisse im Hochschwarzwald. „Wie immer mittendrin", kommentierte Junkel.

„Na ja, wie man's nimmt", relativierte Alfred. „Bisher eher so aus Zufall dazu geduselt. Aber was ist mit Ihnen? Warum ermitteln Sie nicht da oben?"

Junkel zog eine Augenbraue hoch und markierte ein gespieltes „Ha, ha, ha!" Er spottete: „Das ist eine Sache für die Lieblingskommissare der Frau Polizeidirektorin. Da hat so ein alter Versager wie ich ihrer Meinung nach nichts zu suchen. Meine Chefin hat eine halbe Hundertschaft in den Hochschwarzwald abgezogen. Alle hoffnungsvollen, aufstrebenden Arschkriecher, die im Präsidium unterwegs sind. Sonderkommission hier, Sonderkommission da. Und der unbrauchbare, altmodische, aus der Zeit gefallene Junkel, den man zu nichts gebrauchen kann und der von modernen Ermittlungsmethoden so viel Ahnung hat wie eine Kuh vom Schlittschuhfahren, der lässt hier so ganz nebenbei den größten Internetgangster Südbadens hochgehen. Nicht schlecht, oder?" Er klang verbittert. Ein alter Mann, der mit seiner Lage haderte. Aber sogleich hatte er sich wieder im Griff. „Erzähl mal ein bisschen. Was weißt du von den Hexenmorden? Du hast die Nase doch sicher wieder mittendrin?"

Da war er wieder, der alte Schnüffler Junkel. Er war halt doch ein Instinktpolizist. Immer noch neugierig. Einer, der aus dem Bauch heraus ermittelte, der auf Intuition und Inspiration setzte. Nicht auf Excel-Tabellen und Controller-Scorecards.

Dass man Junkels kriminalistisches Gespür nicht unterschätzen durfte, seinen wachen Verstand schon gar nicht,

das hatte Alfred in der Vergangenheit bereits mehrfach erleben können. Alfred breitete seine Theorien aus: „Ich glaube, dass dieses Kräuterhannele eine heiße Spur ist. Sie hängt da irgendwie mit drin, das spüre ich. Auch ihr Sohn, der depperte Kranitzer, und nicht zu vergessen, dieser Förster Röhle. Und der Clemens, ihr Enkel, der hat auch irgendwie einen Hau weg."
„Einen .... was?"
„Einen Hau! Er hat einen Hau weg. So sagt man bei uns, wenn einer nicht alle Tassen im Schrank hat", erklärte Alfred.
„Halt mich auf dem Laufenden, wenn dir dazu noch was einfällt", bat Junkel. „Vielleicht kann ich ja per Ferndiagnose an der Aufklärung mitwirken. Und halte dich zur Verfügung, wenn wir dich in der Sache Tim Joy zur Vernehmung einladen. Das wird kommen. Ich wollte dich nur vorbereiten. Kannst dir ja schon mal überlegen, was du dann alles sagen willst."
Alfred nickte dankbar, als Junkel sich erhob und das Uni-Café verließ. Alfred selbst blieb noch eine Weile nachdenklich sitzen. Dann wankte er benommen in die Stadt. Es war Rosenmontag und in Freiburg wogten närrische Fasnetrufer und andere Hästräger durch die Kaiser-Joseph-Straße. Alfred ließ sich treiben bis zum Sparkassen-Hauptgebäude. Er brauchte frisches Kleingeld. Gewohnheitsmäßig holte er sich, bevor er zum Geldautomaten schritt, seine Kontoauszüge aus dem Drucker.
Und da war der schwarze Montag perfekt! Es war kein Geld gekommen. Nicht von den Versicherungen, nicht von den Banken, nicht von den Energiekonzernen. Keine frischen sechstausend Euro, so wie das die letzten Monate immer zuverlässig der Fall gewesen war. Lediglich eine Überweisung: 39,80 Euro Bafög! Konsterniert stierte Alfred auf seinen

Auszug. „Neuer Kontostand: „- 874,20 Euro“. Entscheidend war das Minuszeichen vor der Zahl.
Am Automaten neben Alfred stand ein Narr im buntgescheckten Flecklehäs der Freiburger Fasnetrufer und zog soeben ein Bündel frischer Geldscheine aus dem Ausgabeschlitz des Automaten. Irgendwie wurde er auf Alfred aufmerksam und sah Alfreds bestürzten Gesichtsausdruck.
„Pleite, was?“, fragte der Fasnetrufer leutselig. Es sollte wohl närrisch fröhlich klingen, aber für Alfred war es tödlicher Ernst.
Die Verzweiflung stand Alfred ins Gesicht geschrieben. Der Fasnetrufer, der sich schon zum Gehen gewandt hatte, um wieder in den närrischen Trubel der Innenstadt einzutauchen, hielt noch mal inne. Einem Impuls folgend zog er einen Zehner aus dem Bündel: „Hier, sei lustig! S'isch Fasnet!“
Alfred nahm wie unter Trance den Zehner entgegen.
„Aber ... wer ... was?“, stammelte er.
Der Fasnetrufer lüpfte sein neckische Käppi, deutete eine Verbeugung an und verkündete im Abgang: „An Fasnet losst de Weber Markus keinen hänge!“ Weg war er!

ANNA VERSCHWUNDEN

Alfred kehrte zur Villa in der Wiehre zurück. Mit Hilfe von Hugo platzierte er die Aluminiumleiter auf der rückwärtigen Hausseite unter dem Fenster zu seinem eigenen WG-Zimmer.

„Wie macht man so ein Fenster von außen auf?“, wollte er von Hugo wissen. Hugo demonstrierte es, indem er die Leiter erklomm, kurz mit einem Drahthaken und einem Schraubenzieher operierte. Schon schwang der große Fensterflügel unbeschädigt nach innen auf. Alfred konnte sein Zimmer betreten. Ungefragt stieg Hugo mit ein und musterte neugierig die Innenausstattung. Alfreds WG-Zimmer machte traditionell nicht viel her. Es gab einen Schreibtisch, einen Stapel von vollgestopften Umzugskartons an der einen Seitenwand, ein Spind, in dem Alfred seine überschaubare Garderobe deponiert hatte, eine Stereoanlage auf dem Fußboden, ein Matratzenlager an der anderen Zimmerwand. Bücher lagen herum, deren Leihfrist bei der Unibibliothek längst abgelaufen war. Ein Kasten mit leeren Bierflaschen stand in einer Ecke. Überschaubare Unordnung. Um ein richtiges Chaos herzustellen, fehlten Alfred schlicht die Besitztümer. Aber auch so genügte der allgemeine Eindruck von Unordnung Hugos Ansprüchen. Der Wohngenosse nickte anerkennend: „Revolution beginnt im Wohnzimmer!“, dozierte er vieldeutig. „Du darfst niemals Gefangener bürgerlicher Ordnungsprinzipien werden.“

Alfreds Handy klingelte. Das Display zeigte an: BZ-Lokalredaktion in Neustadt. In der Erwartung, Annas Stimme am anderen Ende zu hören, nahm Alfred den Anruf an. Am Telefon war Peter Sterzer, der Fotograf. Er kam ohne Umschweife zur Sache, und seine Stimme klang besorgt: „Hallo

Alfred, ich bin es, der Peter. Ist Anna bei dir? Weißt du, wo sie ist?"
„A … anna?", Alfred stand auf der Leitung. Wie kam Peter Sterzer zu der Annahme, sie könnte bei ihm sein?
„Keine Ahnung", sagte er wahrheitsgemäß. „Ist sie nicht in der Redaktion? Ich hab sie seit Samstag nicht mehr gesehen."
Sterzer seufzte: „Sie ist heute nicht zur Arbeit erschienen. Sie meldet sich nicht am Telefon. In ihrer Wohnung ist sie auch nicht. Ich habe Sturm geklingelt. Keine Reaktion. Und auch ihr Auto ist verschwunden"
„Aber ….", Alfred klang hilflos, er fühlte sich auch so. Was sollte er sagen? „Sie hat doch gestern noch den Sonntagsdienst gemacht, oder?"
„Ja, das stimmt", bestätigte Sterzer. „Da habe ich noch mit ihr geredet. Wir haben zusammen das Blatt fertig gemacht. Ich bin dann am Nachmittag nochmal raus gefahren zum Umzug nach Titisee, zum Fotografieren. Und seither habe ich keinen Kontakt mehr zu ihr. Und heute Morgen ist sie einfach nicht aufgetaucht. Ich mache mir Sorgen."
„Mach mal halblang", beschwichtigte Alfred. „Vielleicht ist sie krank und zu ihren Eltern gefahren." Alfred wusste, dass Annas Eltern irgendwo bei Villingen lebten. Das war ja nicht weit. Er wollte beschwichtigend klingen, aber schon nagte auch an ihm der Keim der Sorge, den Sterzer mit seinem Anruf gelegt hatte.
„Das ist sie nicht", wehrte Sterzer ab. „Ich habe bei Ella angerufen. Dort ist sie auch nicht."
„Ella …?" Alfred stand auf dem Schlauch.
„Ella, ja! Das ist ihre Mutter. Sie weiß auch nicht, wo Anna steckt."
Alfred gefroren die Gesichtszüge. Peter Sterzer kannte Annas Mutter! Telefonierte mit ihr! Nannte sie Ella! Duzte

sie womöglich! Wie war das möglich? Er selbst, Alfred, hatte nicht einmal den Namen gekannt und noch nie direkten Kontakt mit Annas Eltern gehabt. Das hatte Anna stets zu vermeiden gewusst. Sofort stieg der Aufzug der Eifersucht aus den dunklen Gründen des Magens auf, bis hinauf in Alfred Herzgegend.

Peter Sterzer interpretierte Alfreds Schweigen falsch: „Ist dir was eingefallen?"

„Nein! Keine Ahnung", sagte Alfred spröde. Gelähmt beendete er das Gespräch. Sofort versuchte er anschließend, Anna zu erreichen. Aber sie reagierte nicht auf seine Anrufe. Er schoss Mails und WhatsApp-Nachrichten ab. Er besprach Annas Anrufbeantworter. Überall funkte er ins Nichts. Es gab keinerlei Reaktionen.

Was war da los? Das war überhaupt nicht Annas Art.

Alfred tigerte in seinem Zimmer auf und ab und wälzte Gedanken. Hugo, der auf dem blaugestrichenen Küchenstuhl Platz genommen hatte, der die einzige Sitzgelegenheit in Alfreds Bude darstellte, bastelte akribisch eine dicke Zigarette aus braunem Kraut und verfolgte mit verschleiertem Blick und aus tiefschwarzen Augen Alfreds Bewegungen. Bald stieß er aus beiden Nasenlöchern schwere, gelbe Rauchwolken aus und verpestete die Luft mit deren süßlichem Gestank.

„Frauen sind die Fallgruben der Revolution", bemerkte Hugo nach einer Weile. Er ließ den Satz ohne weitere Erläuterung stehen.

In seiner Unruhe kontrollierte Alfred alle 30 Sekunden das Smartphone. Aber da tat sich nichts. Schließlich klappte er sein Laptop auf. Vielleicht fanden sich dort ja irgendwelche Meldungen oder Spuren von Anna.

Kaum hatte er den Rechner hochgefahren, erschien in einem Fenster, das sich wie von Zauberhand über die Desk-

top-Ansicht legte, eine stark blinkende Schrift auf dem Bildschirm: „Hallo Alfred! Klick hier!"
Was war das denn? Das „Klick hier" blinkte einladend. Ein Link! Aber wohin? Und wie kam dieser Mist überhaupt auf den Bildschirm.
Alfred dachte sofort an Pishing, an kriminelle Internet-Dialer, an irgendein Virenprogramm, das da jemand auf seinen Rechner einzuschleusen versuchte. Aber die direkte Anrede? Hallo Alfred? Das machte ihn stutzig. Er konnte der Versuchung nicht widerstehen und klickte auf den Link! Sofort öffnete sich ein neues Fenster und das stark verpixelte, aufgeschwollene Antlitz von Tim Joy erschien auf dem Bildschirm. Alfred wollte es nicht glauben. Tim Joys flattriges Konterfei sprach: „Hallo Alfred. Danke, dass du geklickt hast. Ich sitze im Kn…rrr…rr… ast." Die Tonspur flatterte ebenso wie das Bild. Die ganze Botschaft war technisch höchst fragil. Tims Stimme sprach weiter: „Du musst m …..rrr helfen. Unter der Türschwelle zu meinem Z….mmmm….rrr …. SIM-Card. Brauche ich. Gib sie Anwalt Dr. Schiller in verschlossenem Briefumschlag."
Alfred sah kurz auf, um zu prüfen, ob Hugo mitgehört hatte. Aber Hugo saß mit geschlossenen Augen auf dem alten Küchenstuhl und paffte gegen die Decke.
Tim Joys Stimme gab weitere Anweisungen: „Besorge mir außerdem ein Smappee-Solar-Monitor und eine Tado-App. Das brauche ich, um mir was zu basteln. Das gibt's alles bei Badenova, das sind die Energie-Fuzzis hier in Freiburg. Die haben einen Shop im Media Markt, dort kriegst du das alles. Smappee-Solar-Monitor und Tado-App, verstanden? Kostet nicht viel, zwei- bis dreihundert Euro! Gib das dann auch dem Rechtsanwalt." Tim Joys wolkiges Teiggesicht verflüssigte sich und verschwand. Stattdessen erschien wieder das Fenster mit der blinkenden Schrift. „Noch Fragen? Hier

eingeben!“ Wieder ein Link. Aber klar hatte Alfred noch Fragen. Vor allem eine. Er tippte ein: „Bin pleite. Wo soll ich dreihundert Euro her nehmen?“ Und als nächstes tippte er: „Wie hast du das gemacht?“

Es dauerte keine zwei Minuten, während derer Alfred fasziniert seinen Laptop-Bildschirm anstarrte, da blendete sich auch schon eine Schrift ein, und Alfred konnte live mitlesen, wie Tim von irgendwo her eingab: „Geld – kein – Problem – überweise – sofort.“ Es folgten drei Ausrufezeichen. Dann tippte der fremde Geist weiter: „Geht – alles – über – Smartphone.“

Alfred war geplättet. Für ihn war das alles Geisterzauber. Aber offenbar hatte es Tim Joy geschafft, sich mit Hilfe seines Smartphones und welcher Hackertricks auch immer auf Alfreds Laptop einzuloggen, dort die Videobotschaft zu hinterlassen und sogar in Echtzeit mit ihm Unterhaltungen zu führen. Alfred wusste, dass in der digitalen Welt vieles möglich war. Und er wusste auch, dass Tim Joy ein Virtuose in dieser Welt war. Aber dies? Das war doch illegal und kriminell! Das widersprach allen Datenschutzgesetzen! Das war ein Einbruch in Alfreds Privatsphäre! Zu Ende gedacht bedeutete dies doch, dass Tim Joy selbst noch aus dem Gefängnis heraus in Alfreds Laptop nach Belieben herumwühlen und manipulieren konnte. Als könne er damit die Geister einsperren, klappte Alfred energisch sein Laptop zu. Er schielte zu Hugo. Der dröhnte sich soeben weg. Der Junge hatte wirklich ein Gemüt. Alfred schlich auf Socken aus seinem Zimmer hinaus in den Flur der WG. Alles war dunkel und stumm. Er warf einen Blick in die Küche. Die dreckigen Geschirrstapel auf der Spüle sagten ihm, dass hier die Polizei noch nichts durchsucht hatte. Schillers WG-Zimmer war abgeschlossen, ebenso das Zimmer von Hugo. Vor dem Schloss an der Zimmertür zu Tims Zimmer klebte der gleiche Siegelstreifen wie draußen an der Wohnungstür. Alfred ging in die Hocke und tastete die hölzerne Türschwelle ab. Sie war gegenüber dem Flurboden leicht erhaben. Mit den Fingern erspürte Alfred eine zarte Nut. Er drückte dagegen. Ein flaches Holzscheibchen, nicht größer als ein Streichholzbriefchen, lies sich herausziehen. Das war es. Das war Tims SIM-Karte. Dieser Fuchs. Das musste Tim schon vor längerer Zeit in diesem Versteck deponiert haben. Genau für einen solchen Fall. Was auch immer der Speicher dieser SIM-Card barg, für Tim war es wohl so etwas wie die Rückversicherung. Alfred drehte das briefmarkengroße Stück Plastik mit Siliziumeinlage zwischen den Fingern, als könne es seine Geheimnisse preisgeben. Nachdenklich steckte er das Blättchen ein und kehrte in sein Zimmer zurück. Hugo wirkte wie eingeschlafen. Der ganze Raum dampfte wie ein türkisches Bad in den Schwaden von Hugos Betäubungszigarre. Der süßliche Geruch drohte auch Alfred zu benebeln. Er riss das Fenster auf und setzte sich über die Leiter ab. Hugo würde schon alleine zurechtkommen.

Nachdenklich schlenderte Alfred durch den Nieselregen die Prinz-Eugen-Straße entlang Richtung Günterstalstraße, wo er den nächsten Geldautomaten wusste. Diese Gegend schien narrenbefreit. Der Fasnetlärm war fern. Irgendwo in der Innenstadt herrschte jetzt möglicherweise ausgelassenes Remmidemmi. Alfred fiel kurz der Fasnetrufer ein, der ihm den Zehner zugesteckt hatte. Was für ein Narr! Aber jetzt musste Alfred die Sachen für Tim besorgen. Keinen Augenblick dachte er daran, die Wünsche und Bitten des Kumpels nicht zu erfüllen. Trotz seiner eigenen prekären finanziellen Lage gab es an dieser Stelle kein Zaudern. Doch während er schleppend seines Weges ging, wurde das Nachdenken über Tim und dessen Sorgen überlagert von den quälenden Fragen zu Anna. Wo war sie? Warum meldete sie sich nicht?

Was war geschehen? Wieso mischte sich Peter Sterzer ein? Was lief zwischen Sterzer und Anna?

Was auch immer Alfred an möglichen Antworten erwog, es war keine dabei, die ihm gefiel. Diese Ungewissheit begann zu nagen. An jeder Kreuzung blieb Alfred stehen, kontrollierte das Smartphone. Nichts! Kein Lebenszeichen von Anna. Das gab es doch nicht. So kannte er sie gar nicht. Sie meldete sich immer, wenn man sie anfunkte.

Am Geldautomaten nahm Alfred verblüfft zur Kenntnis, dass Tim schon Wort gehalten hatte. Da war ein Zahlungseingang von exakt 875 Euro vermerkt. Der Absender verbarg sich hinter einer kryptischen Buchstaben-Zahlen-Kombination und einer Länderzuordnung, die Alfred zunächst nicht glauben mochte: Kolumbien. Was war denn das schon wieder? Er musste sich eingestehen, dass er von Tim Joys Welt und seinem Treiben nicht mehr als eine kleine Spitze kannte. Der wahre Eisberg verbarg sich in den Tiefen des weltweiten Netzes und schien monströse Ausmaße zu besitzen. Der Geldsegen wie aus heiterem Himmel war Alfreds Rettung aus dem gröbsten Schlamassel. Jedenfalls fürs Erste.

Alfred besorgte auftragsgemäß all die Dinge, die Tim ihm aufgetragen hatte, und lieferte sie noch am gleichen Nachmittag in der Anwaltskanzlei Dr. Schiller und Partner bei Dr. Schiller persönlich ab. Er kannte den Freiburger Staranwalt bereits über dessen Sohn Jochen und musste deshalb keine großen Erklärungen liefern. Dr. Schiller, ein großgewachsener, imponierender Heldentyp mit Klaus-Kleber-Lächeln, nickte nur und nahm den Briefumschlag mit der SIM-Card sowie das noch werksverpackte Smappee mit Tado-App, die Alfred im Shop des Energiedienstleisters Badenova im Media Markt erstanden hatte, ohne weiteren Kommentar entgegen. Alfred hatte sich beim Einkauf über die Produk-

te kundig gemacht. Seine Hoffnung, dadurch herauszufinden, was Tim beabsichtigte, zerschlug sich aber schnell. Der „Smappee Solar Energiemonitor“ konnte angeblich – mit Solarstrom autark betrieben – Daten aus Stromzählern auslesen, zum Beispiel den minutengenauen Verbrauch oder die Zuordnung des Verbrauchs auf einzelne Haushaltsgeräte, vom Föhn bis zum Kühlschrank. Aber was wollte Tim damit? Bei der Tado-App handelte es sich um ein Zubehör, das man sich auf sein Smartphone laden konnte, um dann Heizungen, Jalousien, Garagentore und andere digital gesteuerte Anwendungen im Haus aus der Ferne zu bedienen. Eine Fernsteuerung für die Haustechnik sozusagen. Auch hier besaß Alfred keinen blassen Schimmer, was jemand im Gefängnis mit dieser App anfangen wollte. Alfred wunderte sich bei dieser Gelegenheit, mit welchen Themen sich ein Energieunternehmen beschäftigte. Für ihn war das bisher nur der Lieferant von Strom und Gas gewesen. Nun lernte er, dass es dort auch Handyverträge, Smartphones, Apps, Rauchmelder, Sky-Abos und Tablets gab, wahlweise mit oder ohne Stromvertrag, mit oder ohne Erdgasvertrag. Er nahm sich vor, mal in seinen Unterlagen nachzuschauen, bei welchem Versorger er eigentlich Kunde war. Das hatte ihn bislang noch nie interessiert.
Als alles erledigt war und Alfred im roten Flitzer aus Herdern, wo die Schillerkanzlei residierte, wieder zurück Richtung Wiehre unterwegs war und bis dahin immer noch keine Rückmeldung von Anna gekommen war, hielt er es nicht mehr aus. Er musste mit jemandem über Annas Verschwinden reden. Da fiel ihm nur Vanessa ein.
Es war, als hätte Vanessa auf Alfreds Besuch gewartet. Sie brühte Tee auf und zog die zu harten Brocken mutierten Reste einer weihnachtlichen Linzertorte hervor. Vanessa hauste in einer winzigen Dachwohnung in einem Altbau an

der Eschholzstraße im Stühlinger. Die Wohnung war einst ein Speicher gewesen. Jetzt bestand sie aus vier tapezierten Rigipswänden, zwischen denen ein Bett, eine Schreibplatte, ein flacher Schrank und eine Kücheneinheit, bestehend aus Spüle, zwei Kochplatten und Minikühlschrank, Platz fanden. Ein Oberlicht, durch das bei starkem Regen das Wasser herein lief, spendete bescheidenes Tageslicht. Wenn man aufs Klo wollte, musste man die Miniwohnung verlassen, auf einem schmalen Flur an fünf weiteren Speicherwohnungen vorbei bis zum Treppenhaus, und dort befand sich für insgesamt sechs solcher Wohnungen eine einzige Toilette, nicht größer als ein Dixi-Klo.

„Kein Problem, ich geh immer in der Uni", redete Vanessa das Dilemma klein. Auf die Idee, dem Hausbesitzer Dampf zu machen, war sie noch nie gekommen. Ebenso wie die Bewohner der übrigen Dachwohnungen war sie heilfroh, überhaupt mitten in der Stadt eine solche Wohnnische gefunden zu haben.

„Anna ist verschwunden." Alfred platzte damit heraus, noch ehe er auf Vanessas Bett Platz genommen hatte. Das war die einzige Sitzgelegenheit in dieser Wohnung. Er schilderte kurz sein Telefonat mit Peter Sterzer und seine nun schon Stunden währenden, vergeblichen Bemühungen, Kontakt mit Anna aufzunehmen. Vanessa hörte geduldig zu, während sie Alfred den Rücken zudrehte und das Teewasser beobachtete, als könne es nicht von alleine auf der Kochplatte heiß werden. Sie musste sich erst sammeln. Alfreds verzweifelter Kummer über Anna war nicht das, was sie hören wollte. Aber sie verbarg ihre Eifersucht. Stattdessen versuchte sie Trost zu spenden. Sie reichte Alfred seine dampfende Teetasse und meinte: „Sie wird sich schon wieder melden. Manchmal sind wir Frauen so. Da wollen wir nur in Ruhe gelassen werden."

„Meinst du?“
Vanessa setzte sich neben Alfred. Ihre dürren Knie berührten die seinen. Sie streichelte ihm sanft über den Kopf: „Du kannst jetzt eh nicht viel machen. Warte ab. Morgen taucht sie wieder auf als wäre nichts gewesen.“
Alfred führte mit beiden Händen die Teetasse zum Mund und nahm vorsichtig kleine Schlucke. „Ein bisschen Rum da drin könnte nichts schaden“, meinte er nörglerisch. Vanessa wühlte in dem Stauraum unter der Küchenspüle und förderte ein Probenfläschchen Himbeergeist zutage. Inhalt: 0,2 cl. „Willst du?“
Alfred wollte. Er goss sich den Schnaps in seinen Tee. „Was hast du über die Löffinger Hexenprozesse herausgefunden?“
„Da muss ich weiter ausholen“, erklärte Vanessa und setzte sich auf. „Wir befinden uns im 17. Jahrhundert zu Zeiten der Habsburgischen Herrschaft. Der Habsburger Kaiser hat für sein ganzes Reich eine Gerichtsordnung erlassen, welche die regionalen Gerichtsherren verpflichtete, Hexentreiben aller Art mit dem Tod zu ahnden. In Löffingen waren die Fürsten zu Fürstenberg die lokalen Gerichtsherren. Sie nahmen den Auftrag sehr ernst und wüteten mit Hexenprozessen in Blumberg, in Bräunlingen, in Hüfingen und in Löffingen. In Löffingen ging es im Oktober 1635 los. Da wurden zwei Frauen denunziert. Die Anklage lautete auf Schadenszauber und auf Unkeuschheit wider die Natur. Letzteres meinte Unzucht mit dem Teufel.“
„Das ist doch gesponnen. An sowas haben die Menschen damals wirklich geglaubt?“, fragte Alfred zweifelnd.
Vanessa erklärte: „Du musst dir die Zeit damals vorstellen. Seit 1618 tobte der Dreißigjährige Krieg. Pestepidemien plagten das ganze Land. Hunger, Seuchen, Krankheiten. Dann gab es auch Viehseuchen und Missernten. Die Menschen suchten nach Schuldigen. Sie lebten in dumpfer

Angst. Der Ruf nach Sündenböcken wurde laut. Da kamen Hexen gerade recht, oder solche, die man als Hexen in Verdacht hatte."

„Was war genau der Vorwurf in Löffingen?"

„Ich erzähl es dir. Du wirst gleich sehen, wie chancenlos die Opfer waren. Eine gewisse Christine Schneider trat den ganzen Ärger los. Sie war eifersüchtig, weil ihr Ehemann offenbar kein Kostverächter war. Er hatte Affären mit verschiedenen Frauen aus Löffingen. Bei zwei dieser Frauen hatte Christine Schneider offensichtlich Gewissheit, denn diese beiden schwärzte sie an. Sie behauptete, diese beiden hätten an Tänzen teilgenommen, bei denen auch der Leibhaftige zugegen gewesen sei. Das könne sie selbst bezeugen, und eine Cousine von ihr habe es auch gesehen."

„So ein Scheiß …!", kommentierte Alfred.

„Nichts da. Das war tödlicher Ernst. Denn sofort trat die Obrigkeit in Aktion. Die beiden angeschwärzten Frauen wurden sofort festgenommen und mit den Vorwürfen konfrontiert. Die stritten natürlich alles ab. Daraufhin ließ man sie nicht etwa frei, sondern brachte sie auf einem Wagen ins Gefängnis nach Blumberg. Dort blieben sie mehrere Wochen eingesperrt. In dieser Zeit brachte die eifersüchtige Christine Schneider auch noch ihre Schwester Bläsle dazu, die Anschuldigungen zu bezeugen."

„Aber das ist doch lächerlich", intervenierte Alfred. „Hat denn niemand den beiden verhafteten Frauen beigestanden?"

„Nein. Sie gehörten zur untersten sozialen Schicht im Städtle. Da kümmerte sich niemand um Einzelschicksale. Und Schutz oder Hilfe gab es schon gar nicht. Als sie bei einer gütlichen Befragung nicht gestehen wollten, schritten der Obervogt und seine Beisitzer in Blumberg zur Folter. Das nannte man eine „peinliche Befragung". Du willst nicht wissen, was da genau passierte."

„Doch!“
„Den Frauen wurden die Hände hinter dem Rücken zusammengebunden. Dann hat der Henker sie aufgezogen, also an den gefesselten Händen an die Decke gehängt. Da blieben sie eine halbe Stunde hängen. Am nächsten Tag wurde die Prozedur wiederholt. Am übernächsten Tag wieder. Und so weiter. Man hängte ihnen dann Steine an die Füße. Als sie immer noch kein Geständnis ablegen wollten, hat man ihnen die Füße mit einem hölzernen Schraubstock gequetscht. Schließlich haben sie doch gestanden, und das war ihr Todesurteil.“
„Was haben sie gestanden?“
Vanessa deutete auf einen dicken Wälzer, der auf ihrem Kopfkissen lag. „Das ist die Chronik der Stadt Löffingen, geschrieben von Emil Ketterer. Der hat das minutiös nachgezeichnet. Er hat alle Gerichtsprotokolle ausgewertet. Die liegen heute immer noch im fürstlich fürstenbergischen Archiv in Donaueschingen.“ Sie nahm einen Schluck Tee. Dann sprach sie weiter: „Die beiden ledigen Frauen gaben zu, dass sie einen Mann mit nach Hause genommen haben, der vorgegeben habe, ein Bauernknecht zu sein. Doch in Wahrheit sei es der Teufel gewesen und er habe Röhle geheißen. Er habe sie“, jetzt schlug Vanessa das dicke Ketterer-Buch auf und zitierte eine Stelle auf Seite 136 wörtlich: „in der Cammer auf ein Stund lang beschlafen, und von da an jede Woche zweimal, gewähnlich am Montag und Zinstag. Der Teufel habe den Frauen dann auch gesagt, sie würden bald von ihm schwanger werden. Das sei aber nicht eingetreten.“ Vanessa machte eine kurze Pause. Als sie sah, dass Alfred ihr immer noch gespannt lauschte, fuhr sie fort: „Dann habe dieser Röhle sie nach Rötenbach zum Tanz mitgenommen und auch auf den Brunnenwasen vor dem Ort, wo ein Fest stattgefunden habe. Bei diesem Fest

habe sie der Bläsius Schneider fortgenommen und hinter dem Zelt beschlafen, und dies auch später noch einmal, bei einem anderen Anlass."
„Das war wohl der Ehemann der eifersüchtigen Anklägerin", spekulierte Alfred.
„Genauso ist es", bestätigte Vanessa. „Und das ging dann so weiter. Das Geständnis gibt Auskunft, dass dieser Bläsius Schneider noch bei weiteren Festen mit den beiden Frauen geschlafen hat. Und häufig hatten sie diesen angeblichen Bauernknecht Röhle dabei, der in Wirklichkeit der Teufel gewesen sein soll. In ihrer Not haben die Frauen sogar gestanden, dass sie mit diesem Röhle auf einem Hexenbesen vom Alenberg aus durch die Lüfte gesegelt seien."
„Der Alenberg gilt in Löffingen als heidnische Kultstätte", wusste Alfred. Vanessa nickte. „Es geht noch weiter", sagte sie. „Die Frauen gaben zum Beispiel auch zu, sie hätten beim Gottesdienst in der Kirche die Hostie fallen lassen und nicht wieder von den Holzdielen aufgehoben. Das galt als Zauberfluch gegen die Kirche. Und einmal, so gestanden sie, hätten sie auf einem Acker vor der Stadt einen Kübel mit Wasser ausgeschüttet. Deswegen habe es danach stark geregnet, gehagelt und die Ernte verdorben. Der Röhle habe ihnen Saatgut zum Ausstreuen gegeben, und daraus seien Mäuse geworden, die das ganze Korn aufgefressen hätten."
„Es ist nicht zu fassen", schüttelte Alfred den Kopf.
„Ja. Und weißt du, was das Schlimmste ist?", fragte Vanessa. Ohne Alfreds Kopfschütteln abzuwarten, sagte sie es ihm: „Sieben ehrbare Männer nahmen diese Geständnisse für bare Münze. Ein Obervogt, ein Richter, ein Henker, die Gerichtsschreiber, der Schultheiß, der Amtsvorsteher. Keiner von diesen Kerlen hatte genug Arsch in der Hose, um dem Spuk ein Ende zu machen. Stattdessen bezeugten sie das

Geständnis und verurteilten die beiden harmlosen Frauen zum Tode durch das Schwert."
„Männer halt! Vollidioten!", so kommentierte Alfred resigniert.
„26 Tage nach der ersten Anschwärzung sind die beiden Frauen dann in Blumberg hingerichtet worden. Keine Chance für sie. Und sie waren nur die beiden ersten, die in Löffingen Opfer von Hexenprozessen wurden. Alleine bis Ende des Jahres 1635 zählt Emil Ketterer in seiner Chronik vierundzwanzig weitere Fälle auf."
Alfred sprang entschlossen auf: „Ich muss noch mal nach Göschweiler zum Kräuterhannele", sagte er. „Die ist eine echte Hexe. Die weiß etwas, das spüre ich. Es muss mit diesem Förster Röhle zusammenhängen. Das kann kein Zufall sein, dass ausgerechnet sein Name fiel, als wir nach der vermissten Maria aus Löffingen gefragt haben."
„Ich gehe mit", kündigte Vanessa an. „Das interessiert mich. Nimm mich mit. Gleich morgen früh!"
Alfred nickt. Dann ließ er sich auf Vanessas Bett zurücksinken. „Kann ich heute Nacht bei dir bleiben? Bei mir ist es zurzeit ein bisschen ungemütlich."
Vanessa warf sich auf ihn: „Nur, wenn du mich küsst!"

HAB DAS GEWEHR

Immer noch nichts von Anna. Weder in der Nacht noch jetzt am Dienstagmorgen hatte sie sich gemeldet. Noch beim spartanischen Frühstück bei Vanessa, das aus Knäckebrot und Tee bestanden hatte, hatte Alfred Peter Sterzer angerufen. Aber auch der wusste nichts. „Ich war bei der Polizei", verkündete er. „Ich habe Anna als vermisst gemeldet. Mit dem Einverständnis ihrer Eltern. Die sind schon ganz verzweifelt. Auch sie haben nichts gehört." Peter Sterzer hörte sich unsagbar gebeugt an, wie ein Vater, der sein todkrankes Kind zur Operation abgeliefert hat. „Was macht die Polizei?", wollte Alfred wissen.

„Die nehmen das nicht richtig ernst, habe ich das Gefühl." Jetzt klang der BZ-Fotograf hörbar empört. „Erst wollten sie, dass ich die Vermisstenmeldung im Internet auf der Polizeihomepage aufgebe. Das geht tatsächlich. So was ist doch unmöglich, oder?"

Alfred gab ihm Recht.

„Ich habe mich aber nicht abwimmeln lassen. Ich bin dann so lange auf dem Polizeirevier in Neustadt geblieben, bis sich endlich einer der Beamten um mich gekümmert hat."

„Und was hast du ihnen gesagt?"

Sterzer seufzte: „Ich habe alles erzählt, was ich wusste. Wann ich Anna zum letzten Mal gesehen habe. Was sie getragen hat. Wie ich den ganzen Tag vergeblich versucht habe, sie zu erreichen. Und weißt du, was die mir geantwortet haben?" Alfred wusste es natürlich nicht, aber so wie Sterzer es ankündigte, konnte es nichts Ermutigendes gewesen sein.

„Sie haben gesagt, ich solle mich wieder beruhigen. Es sei Rosenmontag und Fasnacht. Da komme es eben mal vor,

dass eine junge Frau ein oder zwei Tage nicht auffindbar sei. Sie könnten nicht nach jeder Frau suchen, die am Rosenmontag plötzlich verschwunden ist."
„Spinnen die?", entfuhr es Alfred. „Anna ... und .... Sie ist doch niemals ... so eine ist sie doch nicht."
„Das sagst du! Und das weiß ich. Aber erklär das mal der Polizei. Die haben mich gestern glatt wieder weggeschickt. Sie haben gesagt, ich soll heute oder am Aschermittwoch nochmal kommen. Wenn Anna dann immer noch verschwunden sei, dann wollten sie eine Fahndung aufnehmen. Kannst du dir das vorstellen?"
Alfred schimpfte durch das Telefon. Wo Sterzer Recht hatte, da hatte er Recht. „Geh auf jeden Fall gleich heute Morgen nochmal hin", forderte er den BZ-Fotografen auf. „Und wenn die Polizei dann immer noch nichts unternimmt, dann ruf mich an. Ich kenne da einen Kommissar in Freiburg, der kann vielleicht Dampf machen."
Alfred rechnete zwar nicht damit, dass Kommissar Junkel wirklich Einfluss genug hatte, um in diesem Falle weiterzuhelfen, aber er musste sich selbst aufmuntern. Die Sorge um Anna vereinte ihn mit Peter Sterzer. „Ich fahre jetzt gleich in den Hochschwarzwald rauf", kündigte er an. „Ich bin noch in dieser Hexensache unterwegs, draußen in Löffingen. Danach komme ich zu euch in die BZ-Redaktion. Dann können wir vielleicht gemeinsam überlegen, was zu tun ist."
Das Freiburger Regenwetter hatte sich in den letzten zwei Tagen bis auf die Höhen von Hinterzarten und Titisee geschlichen. Auch dort nieselte es unaufhörlich. Das war jene Sorte von Regen, die den Schnee fraß. Schon waren die Tannenwipfel grün und die Straßen frei. Bald würde die Langlaufloipe zwischen Hinterzarten und Titisee unter Wasser stehen und dann ganz weggespült werden. An dieser Loipe konnte man, wenn man auf der benachbarten

B31 vorbei fuhr, immer ziemlich treffsicher den Zustand des Winters ablesen.

Nach Löffingen hin zeigte die Landschaft noch stärker die Spuren des Tauwetters. Die Wiesen und Äcker präsentierten sich bis auf letzte schmutzgraue Fladen bereits nahezu schneefrei. Alfred und Vanessa kehrten auf ihrem Weg nach Göschweiler kurz bei Cindys Laden „Nails and more“ an, um „Grüß Gott“ zu sagen. Sie verschwanden aber schnell wieder, als sie sahen, dass Cindy gerade dabei war, einer betuchten Kundin erfolgreich die Mitesser und das Portemonnaie auszupressen.

Sie fuhren durch Göschweiler hindurch und landeten wieder auf jenem Wanderparkplatz, auf dem Alfred bereits bei seinem ersten Besuch beim Kräuterhannele geparkt hatte. Diesmal war der Parkplatz schneefrei. Zu Alfreds Überraschung stand der weiße Kastenwagen, der ihm bereits beim ersten Besuch aufgefallen war, immer noch an Ort und Stelle. Die getönten Front- und Seitenscheiben dieses Wagens erlaubten keinen Blick ins Innere des Führerhauses. Der wohnmobilartige Hinteraufbau besaß nur ein kleines Rückfenster. Für einen kurzen Augenblick vermeinte Alfred, dort eine Bewegung wahrgenommen zu haben. Bildete er sich das nur ein? Er stieß Vanessa an, die mit ihm ausgestiegen war und dabei entsetzt ihre Freiburger Straßenschläppchen im Schlamm des Parkplatzes versinken sah. „Schau dich nicht gleich um“, sagte Alfred. „Da hinten steht dieses weiße Wohnmobil. Mir war, als hätte ich hinter dem Fenster eine Bewegung gesehen. Da ist jemand. Ich spüre es.“ Er flüsterte Vanessa zu, indem er sich mit dem Rücken zum Kastenwagen drehte: „Ich gehe jetzt einmal um die Kiste herum. Behalte du das kleine Fenster an der Rückseite im Auge.“

Vanessa nickte. Alfred umrundete langsamen Schrittes den weißen Kastenwagen. Dabei studierte er den Schlamm. Das

Fahrzeug war auf jeden Fall in den letzten Tagen nicht bewegt worden. Das hätte man an den Reifenspuren sonst erkennen müssen. Aber neben der Beifahrertür entdeckte er wiederum frische Schuhabdrücke. Sie führten an den nahen Waldrand und dort zu exakt jener Stelle, die Alfred schon beim ersten Besuch als gelber Pinkelfleck im Schnee aufgefallen war. Diese Schuhspuren waren eindeutig. Irgendjemand hauste in diesem weißen Wohnmobil und verließ es hin und wieder, um im nahen Wald seine Notdurft zu verrichten. Ohne sein gemütliches Tempo zu ändern, beendete Alfred die Runde um das Fahrzeug.
„Und?“, fragte er, als er wieder zu Vanessa zurückgekehrt war.
„Da ist jemand drin!“, bestätigte Vanessa. „Ich habe einen Schatten hinter dem Fenster gesehen, als du vorbei gegangen bist. Was sollen wir tun?“
„Wir tun so, als hätten wir nichts gemerkt“, flüsterte Alfred. „Lass uns zum Kräuterhannele gehen. Mal sehen, was wir dort herausfinden. Und diesen Wagen da, den melden wir der Polizei, sobald wir hier wieder weg sind. Die sollen sich das Ding mal vorknöpfen.“
„Ich wundere mich bloß, warum die Polizei noch nicht hier war?“, meinte Vanessa, während sie durch den tiefen Matsch den Weg zum Hexenhaus von Kräuterhannele zurücklegten. „Das muss doch den Bullen auch schon aufgefallen sein, dass hier seit Tagen so ein verdächtiges Fahrzeug herumsteht. Hat dein Kommissarkumpel nicht behauptet, hier oben wäre eine fünfzigköpfige Sonderkommission unterwegs?“
„Mein Kommissarkumpel ist nicht mein Kumpel“, widersprach Alfred spitz. „Das ist Junkel. Der hat keine Kumpels, der hat nur Frust. Und außerdem hält er seine Kollegen für Flaschen.“ Trotz dieses harschen Urteils entschied Alfred,

dass Junkel der Richtige war, um die Polizei auf den Kastenwagen aufmerksam zu machen. Das war immerhin der einzige Polizist, zu dem Alfred so etwas wie Vertrauen hegte.
Als sie wenig später vor dem geduckten Schindelhäuschen vom Kräuterhannele standen, blieben sie unentschlossen vor der Tür stehen. Der Brunnen plätscherte. „Einfach klopfen?“, fragte Vanessa. „Es gibt ja keine Klingel hier.“
Die Entscheidung wurde ihnen abgenommen. Der Esel in seinem Gatter wieherte laut und schräg wie ein kranker Elefant. Und als wäre das irgendwie ein Warn- oder Alarmruf gewesen, erschien Sekunden später der hochrote Kopf des jungen Clemens in der Tür.
„Hi Clemens!“, sagte Alfred so belanglos wie möglich. „Können wir noch mal mit deiner Oma reden? Wir haben noch ein paar Fragen?“
„A ...a... aber, ... sie ...ich ... ich ... weiß ... nicht.“ Er stotterte wie ein ertappter Exhibitionist. „Sie hat Besuch ... eigentlich .... nicht so gerne.“
Hatte dieser Clemens eigentlich keine Arbeit? Wieso war er am Vormittag zu Hause? Alfred schob sich neben ihn auf die Türschwelle. „Musst du nicht arbeiten?“
Clemens ließ sich leicht beiseite drücken. Er war ein schmächtiges Bürschchen und vor lauter Pickeln und Minderwertigkeitskomplexen kein ernstzunehmendes Hindernis für Alfred.
„Ich ... es ... ist ... Ich hab eigentlich ... frei. Wegen Fasnet! Ist jetzt aber leider in ganz Löffingen abgesagt“, erklärte Clemens stockend. „Da hab ich umsonst frei!“
Alfred empfand fast Mitleid: „Dann ist es ja auch mit deiner Hexentaufe nichts geworden, oder? Die Zeremonie hat ja dann am Montag auch nicht stattgefunden. Oder?“
„Ja stimmt! Kacke ist das!“ Clemens klang eher gekränkt als gefrustet. Ehe er weiterjammern konnte, unterbrach eine

Stimme aus dem Hausinneren: „Was ist denn da los? Wer ist da draußen?“ Die keifende Stimme vom Kräuterhannele. Clemens zuckte zusammen. Alfred erinnerte sich, wie sehr der Junge unter der Fuchtel der Alten stand und wie eingeschüchtert er in ihrer Gegenwart gewirkt hatte.

„Lass uns reingehen“, bestimmte Alfred und betrat den Hausflur.

Das Kräuterhannele saß wieder in ihrer Küche an dem schwarzen Holztisch, an dem sie schon bei Alfreds erstem Besuch gesessen hatte. Mitnichten hatte sie Besuch. Da hatte Clemens glatt gelogen. Sie saß ganz alleine am Tisch. Wieder war sie mit ihrem Strickzeug beschäftigt. Auf dem Tisch brannte ein Windlicht in einem tönernen Gefäß, das wie eine Eule modelliert war. In diesem flackernden Licht erschien das Kräuterhannele Alfred noch mehr wie eine leibhaftige Hexe. Sie trug ihr graues Indianerhaar immer noch offen über die Schultern, und verbarg sich unter mehreren Schichten von Woll- und Strickjacken. Erneut steckte sie in der Flatterhose der New York Giants. Die Hose zierte auf einem Bein ein Kaffeefleck, groß wie ein Salatblatt. Das war neu.

Diesmal roch es in der Küche stark nach Zwiebeln. Außerdem nach abgestandenem Spülwasser. Alfred verschlug es schier den Atem.

„Hast ja schon ein neues Frauchen dabei“, sagte das Kräuterhannele vieldeutig und zeigte mit ihrem knotigen Zeigefinger auf Vanessa. Ihre kleinen Knopfaugen fixierten Vanessa als wollten sie Alfreds Begleitung festnageln. Vanessa hielt sich mit beiden Händen an Alfreds Arm fest. Er spürte, dass ihr die ganze Atmosphäre in diesem Haus nicht geheuer war. Aber Alfred war fest entschlossen, seine Fragen loszuwerden.

Das Kräuterhannele machte keine Anstalten, ihnen einen Sitzplatz anzubieten. Also blieben Alfred und Vanessa einfach vor dem Tisch stehen. Clemens verbarg sich irgendwo im Halbdunkel des Küchenhintergrundes.
„Warum kommst du nochmal? Hast du was vergessen?"
Alfred fielen bei dieser Frage die Handschuhe ein. Anna hatte doch ihre Handschuhe vergessen. Das war ein guter Aufhänger: „Die Handschuhe!", sagte er. „Die Handschuhe haben wir vergessen. Meine Freundin Anna. Bei unserem ersten Besuch."
Kräuterhannele musterte Alfred mitleidig, Vanessa abweisend. „Weiß nichts von Handschuhen. Hier sind keine", sagte sie. Mit kurzem Blick zu Clemens: „Hast du ein paar Handschuhe gefunden?"
„N … n … ein. Nein!" Clemens klang wie ein ertappter Sünder.
Alfreds Augen hatten sich inzwischen an das Dämmerlicht im Raum gewöhnt. Er ließ den Blick durch die Küche schweifen. Irgendetwas war anders als letztes Mal. Irritiert versuchte er sich zu erinnern.
„Was wollt ihr noch", blaffte das Kräuterhannele.
Alfred beschloss, den Stier bei den Hörnern zu packen. Er fragte: „Die Hexenmorde! Sie haben doch sicher davon gehört. Oder?"
„Was ist damit", fuhr das Kräuterhannele Alfred über den Mund. „Ich habe damit nichts zu schaffen. Bist du gekommen, um mich auszuschnüffeln? Das haben die Bullen schon versucht."
„Aber diese Maria, die Frau, die ermordet wurde", setzte Alfred unbeirrt nach. „Die war vor ihrem Verschwinden hier in der Gegend. Ihr Auto wurde hier in der Nähe gefunden. Und man weiß, dass sie bei Ihren Kräuterseminaren war."

„Und? Ich weiß trotzdem nichts. Hab ich alles schon gesagt. Auch der Polizei! Die haben das gleiche Zeug gefragt."
Während das Kräuterhannele giftige Antworten spuckte und mit ihrem Tonfall unzweifelhaft klar machte, dass sie Alfred demnächst aus ihrer Küche jagen würde, ließ Alfred den Blick nochmals durch die Küche schweifen. Da fiel ihm der Kasten auf. Das war anders. In einer Ecke stand der hölzerne Kasten, die Krätze, die der Krantizer Karl mit sich herumgetragen hatte. Wo war er überhaupt, der debile Kerl? Die vordere Lade der Krätze war geöffnet. Alfred erkannte mehrere Schubfächer in diesem Ding, in dem der Kranitzer angeblich seine Hauswaren und seine Harzerzeugnisse transportierte. „Ist ne schlimme Sache mit der Frau", sagte Kräuterhannele jetzt in etwas milderem Ton. „Aber ich habe damit nichts zu schaffen." Dann, nach kurzem Zögern, begleitet von einem zweideutigen Kichern: „Bin ja schließlich selber eine Hexe, oder? Sagen die Leute doch so über mich." Alfred konnte nicht so recht entscheiden, ob das verbittert klang, oder eher spöttisch. Vanessa drückte seinen Arm, so als wollte sie Zeichen geben, dass er nun endlich Schluss machen sollte. Sie lenkte Alfred ab. Gerade war ihm, als hätte er in Kranitzers Krätze etwas entdeckt, was seine Aufmerksamkeit verdiente. Die Alte kicherte jetzt so gehässig, dass Alfred beschloss, seinen Trumpf auszuspielen. Er hatte sich die entscheidende Frage noch aufgespart: „Da wäre dann noch der Röhle!", sagte er. „Heißt so nicht der Teufel?"
Kurz wurde es stumm im Raum. Das Kichern der Alten erstarb. Clemens, der immer noch im Hintergrund stand, machte ein Geräusch wie ein erschöpfter Hund. Jetzt hatte die Alte die Sprache wiedergefunden: „Hä? Was soll die Frage?"
„Hier ist der Name gefallen, als ich das letzte Mal hier war", sagte Alfred mit fester Stimme, so entschlossen, wie

es ihm möglich war. „Der Röhle! So heißt auch der Förster, stimmt's?"
„Ich weiß nicht, worauf du hinaus willst, Kerl? Aber so impertinent lasse ich mich nicht ausfragen", empörte sich das Kräuterhannele, während Alfred wieder zu der Krätze hinüber schielte. Da glänzte etwas im untersten Schubfach. Er verengte die Augen zu Schlitzen. War das wirklich das, wonach es aussah?
„Sprich aus, was du denkst, oder verschwinde!", blaffte das Kräuterhannele. Der Druck von Vanessas Fingern auf Alfreds Arm wurde fordernder. Alfred drehte sich zu Clemens: „Du, Clemens! Hast du nicht gesagt, der Röhle war's? Das hast du gesagt, oder?" Durch die Drehung bekam Alfred einen besseren Blick auf die Krätze. Dort erkannte er jetzt, was im untersten Schubfach lag. Es war halb herausgezogen, und es konnte keinen Zweifel geben … Kräuterhanneles keifende Stimme lenkte Alfred nochmal ab: „Rede Clemens! Was hast du über den Röhle gesagt!" Während sie scharf wie ein Messer drohte, erhob sie sich vom Tisch und schob sich ganz beiläufig an Alfred und Vanessa vorbei.
Clemens war so eingeschüchtert von seiner Oma, dass er befehlsgemäß antwortete: „Ich weiß es. Der Röhle war's. Der hatte was mit der Maria. Die hatten was miteinander."
„Was redest du?", fragte die Oma unwirsch, während sie sich nunmehr Richtung Krätze bewegte. Alfred war sich inzwischen sicher, was er dort gesehen hatte, wagte es aber nicht, nochmal hinzuschauen. Das wäre zu offensichtlich gewesen.
„Der Förster Röhle und die Maria, die haben's miteinander getrieben", offenbarte Clemens jetzt. „Drunten im Wald. Ich hab's doch beobachtet."
Das passte zu Clemens. Ein Spanner. Alfred konnte ihn sich gerade vorstellen, wie er hinter einem Baum auf der Lauer lag und Liebespärchen beobachtet.

„Der Röhle ist verheiratet, drüben in Bonndorf", kommentierte das Kräuterhannele diese Auskunft. Jetzt stand sie direkt vor der Krätze. Mit dem Fuß schob sie das unterste Schubfach zu und mit einer schnellen Handbewegung schloss sie die hölzerne Lade. Es sollte wohl zufällig und beiläufig wirken. Kräuterhannele kehrte zum Tisch zurück und blieb dort stehen. Jetzt konnte man nicht mehr sehen, was in der Krätze war. Aber Alfred wusste Bescheid. Er hatte genug gesehen.

Zum ersten Mal stelle Vanessa eine Frage: „Heißt das, dieser verheiratete Förster Röhle hatte eine Affäre mit der ermordeten Maria? Und seine Frau wusste von nichts?"

Clemens nickte eifrig und kicherte dazu wie ein Geisteskranker. Das ganze Thema schien ihm zu gefallen. Er wollte gerade zu einer weiteren Erläuterung ausholen, da fuhr ihm seine Oma schroff über den Mund: „Jetzt halt mal dein loses Maul! Was gehen dich anderer Leute Affären an. Los, verzieh dich! Hau ab in dein Muckenloch!"

Alfred hätte sich einen solchen Ton von seiner Oma verbeten. Aber Clemens kuschte wie ein eingeschüchterter Hund. Sofort nahm er eine devote Haltung an, bekam seinen Jammerlappengesichtsausdruck und schob sich rückwärts aus der Küche.

„Haben Sie das der Polizei gemeldet?", fragte Alfred. „Das mit dem Röhle und seinem Verhältnis zu Maria?"

„Warum sollte ich? Wolltest du etwa, dass die Polizei von deinen Liebschaften erfährt?"

„Aber das könnte doch .... Das ist doch für den Fall relevant. Maria wurde doch ermordet."

Das Kräuterhannele ließ sich wieder auf ihren Stuhl plumpsen. Sie sah nicht auf, als sie murmelte: „Was weißt du schon? Die Maria hat mir schon lange mal diese Geschichte

gebeichtet. Und sie hat nicht dazu gesagt, dass ich das der Polizei erzählen soll …"
„Verstehe!", sagte Alfred, ohne dass er wirklich verstand. Hatte das Kräuterhannele vielleicht doch mehr als nur eine oberflächliche Bekanntschaft zu der ermordeten Maria gehabt? Er hätte gerne noch weiter gefragt, aber Vanessa drängte ihn unmissverständlich zum Gehen. Im Hinausgehen wagte Alfred noch eine letzte Frage: „Und Ihr Sohn? Der Karl, den ich das letzte Mal hier getroffen habe?"
„Was soll mit ihm sein?" Ein warnender Unterton in Kräuterhanneles Stimme sagte Alfred, dass er jetzt nicht mehr weit bohren durfte.
„Hat er das auch gewusst, mit der Maria? Wo war er, als sie ermordet wurde? Überhaupt, wo ist er jetzt?"
Das Kräuterhannele sagte erst nichts, sondern erhob sich nur. Dann näherte sie sich schlurfend Alfred und Vanessa, die beide zurückwichen. In der ganzen Gestalt und in ihrer Bewegung lag etwas höchst Bedrohliches. Sie zischte: „Mein Karl ist oben und schläft." Sie betonte jedes Wort: „Er – ist – müde! Müde! Er – war – die – ganze – Nacht – unterwegs." Jetzt stand sie direkt vor Alfred und schielte ihn von schräg unten angriffslustig an: „Und noch eine einzige Frage, und ich wecke ihn auf und lass ihn auf euch los. Verstanden?"
Sie wartete Alfreds „Ja, ja, klar. Verstanden!" gar nicht ab, sondern fügte hinzu: „Und dann werdet ihr es bereuen, jemals hier aufgekreuzt zu sein. Raus jetzt! Verschwindet!"
Das ließen sich Alfred und Vanessa nicht zweimal sagen. Eiligst stürmten sie aus dem Haus. Von Clemens war keine Spur mehr, auch nicht vor dem Haus. Selbst der Esel hatte sich versteckt. Er stand nicht mehr in seinem Gatter.
Alfred und Vanessa zogen tief die frische Luft ein. Dann trabten sie beinahe auf dem Weg zurück, der hinauf zum Wanderparkplatz führte. Erst als sie nach knapp hundert

Metern beide keuchend stehen blieben, wurde Alfred endlich los, was er schon die ganze Zeit nur mühsam für sich behalten hatte: „Hast du die Krätze in der Ecke gesehen?"
Vanessa nickte schnaufend. „Ich brauch ne Zigarette", sagte sie völlig außer Atem. Sofort begann sie damit, sich eine Kippe zu drehen.
„Unten drin in der Krätze lag ein Gewehr!", sagte Alfred. „Ein zerlegtes Gewehr. Schaft und Kolben hab ich gesehen."
„Ein Gewehr?", wiederholte Vanessa etwas ratlos. Ihr schien die Bedeutung dieser Information nicht aufzugehen.
„Ein Gewehr!" bestätigte Alfred. Dann wartete er bis Vanessa – immer noch schwer atmend – den ersten Zug aus ihrer selbstgedrehten Zigarette nahm. „Der Kranitzer entspricht genau der Beschreibung, die uns der Junge im Supermankostüm gegeben hat", fuhr Alfred fort. „Ein großer Mann im Lodenmantel und mit Jägerhut. Das war gar keine Fasnetverkleidung. Das war der Kranitzer, so wie er immer herumläuft. Und dann diese komische Art zu sprechen. Auch das war den Jungen aufgefallen, die den Brief in die BZ-Redaktion gebracht haben: Dass der Mann komisch gesprochen hat, aber nicht wie ein Ausländer. Das ist das gebrochene, abgehackte Sprechen vom Kranitzer. Der hat schließlich eine Delle im Verstand." Alfred packte Vanessa am Arm: „Und das Wichtigste: Was stand in dem Bekennerschreiben? Hab das Gewehr stand da. Hab das Gewehr!" Alfred schnaufte: „Und nächsten Umzug schieße ich noch einen! Das stand im Bekennerbrief!"
„Hab das Gewehr", wiederholte Vanessa etwas konsterniert.
„Das ist er! Wir haben ihn!", war sich Alfred sicher. „Schnell ins Auto! Ich ruf gleich Junkel an."

HEXENSCHUSS AUFGEKLÄRT

Diesmal kam Alfred mühelos vom Parkplatz weg. Der rote Flitzer bog in die Teerstraße ein, die hinauf nach Göschweiler führt. Kurze Kontrolle des Smartphones, während Alfred mit einer Hand lenkte. „Immer noch nichts von Anna", teilte Alfred mit, den Blick mehr auf dem Display als auf der Straße. „Sterzer sitzt auf Kohlen. Er schreibt, die Polizei habe ihn schon wieder nach Hause geschickt. Er soll morgen nochmal kommen."

„Schau auf die Straße", befahl Vanessa etwas lauter und strenger, als es ihre Art war. Deshalb schreckte Alfred kurz auf. Im letzten Augenblick sah er den hölzernen Schneezieler am Straßenrand, den er um ein Haar umgefahren hätte. Mit zwei Rädern befand er sich schon auf dem unbefestigten Bankett. Er riss das Steuer herum und kehrte auf die Straße zurück. Vanessa atmete tief durch, dann griff sie Alfreds Thema auf: „Man muss auch Verständnis für die Bullen haben. Die glauben bestimmt, dass Anna sich eine lustige Fasnet macht. Objektiv gesehen sind es ja erst zwei Tage, die sie jetzt verschwunden ist. Morgen ist Aschermittwoch. Da kann ich verstehen, dass sie bis dahin noch warten wollen."

Es sollte eigentlich beruhigend und rational klingen, aber Alfred fuhr aus der Haut: „Anna! Du kennst doch Anna! Glaubst du, dass sie einfach so verschwindet? Ohne mir Bescheid zu sagen?" Er schnaubte. Hilflos trommelte er auf sein Lenkrad ein. „Da ist was faul! Da ist was faul!", wiederholte er.

Er bekam keine Gelegenheit, diese Feststellung näher zu erläutern, denn ein Streifenwagen der Polizei verstellte plötzlich den Weg. Er kam langsam wie ein schleichendes Raubtier aus dem Schatten eines Trafo-Umspanntürmchens herausgerollt und blockierte die kleine Teerstraße auf der ganzen Straßenbreite. Alfred hätte schon nach Art amerikanischer Gangstermovies über die Wiese beschleunigen müssen, wenn er diese Straßensperre hätte umfahren wollen. Aber die Polizei kam ihm gerade recht. Schließlich wollte er sowieso Meldung über das Gewehr beim Kranitzer machen.

Zwei Streifenbeamten näherten sich. Der eine blieb in sicherem Abstand stehen, der andere öffnete demonstrativ das Holster seiner Dienstwaffe, ehe er ans Fenster auf der Fahrerseite klopfte.

„Sind wir Verbrecher?“, fragte Alfred halblaut an Vanessas Adresse, ehe er das Fenster herunter ließ.

„Guten Tag. Personenkontrolle. Steigen Sie bitte aus.“

„Warum?“

„Und zwar so, dass ich Ihre Hände sehen kann. Bitte! Und Ihre Beifahrerin bitte auch.“

„Warum?“

Der Polizist machte keine Anstalten, irgendetwas zu erklären. Da Alfred gelernt hatte, dass er gegenüber Polizisten am kürzeren Hebel saß, außerdem wusste, dass man ihm beim geringsten Vergehen den Führerschein wieder abnehmen konnte, folgte er den Anweisungen.

Mit ironischem Unterton konnte er sich aber nicht verkneifen zu spotten: „Was hab ich ausgefressen?“

Der Polizist ließ sich nicht beirren. Er ließ sich Führerschein und Personalausweis aushändigen. Alfred konnte beides liefern. Vanessa besaß keinen Führerschein und ihren Personalausweis hatte sie nicht dabei. „Vergessen!“

Es vergingen einige Minuten, während deren der zweite Polizist mit den Papieren im Streifenwagen verschwand und über sein Funkgerät Recherchen anstellte. Alfred versuchte unterdessen, mit dem anderen Polizisten ins Gespräch zu

kommen: „Was ist eigentlich los? Warum werden wir kontrolliert?"
Erst als der zweite Beamte wieder zurückgekehrt war und offenbar so etwas wie Entwarnung signalisiert hatte, wurde der Polizist gesprächiger: „Wir kontrollieren jedes Fahrzeug, das sich hier bewegt. Vor zwei Tagen wurde in Löffingen eine Frau ermordet, die zuletzt nicht weit von hier gesehen wurde."
„Ich weiß, ich war dabei!"
„Wie bitte?" Der Polizist fasste an seine Pistolentasche. Aber Alfred entschärfte die Situation: „Ich war beim Hexenball. Ich war dabei, als die tote Maria die Hexenrutsche herunter kam." Jetzt fühlte er sich sicherer: „Ich bin Journalist. Eure Kollegen haben meine Personalien aufgenommen."
Der erste Polizist forderte seinen Kollegen auf: „Prüfe das mal nach." Zu Alfred gewandt: „Dann schnüffeln Sie also auch hier herum? Das ist ja eine Seuche."
Alfred machte ein unschuldiges Gesicht. Der Polizist schimpfte weiter. „Wir haben heute schon zwei Reporter vom Stern und einen Fotografen von der Bild-Zeitung kontrolliert. Und in Göschweiler hat sich sogar ein Kamerateam von RTL einquartiert. Ihr macht uns die Arbeit nicht gerade leichter."
„Sorry!", sagte Alfred ehrlich. „Aber ich hab vielleicht etwas für Sie. Ich weiß, wer in Friedenweiler auf die Hexen geschossen hat. Und der hat auch was mit der ermordeten Maria zu tun!"
Jetzt wurden die Polizisten hellhörig. Alfred erzählte nun alles, was er vom Kräuterhannele und ihrem Sohn Karl wusste und von dem Gewehr, das er im Haus vom Kräuterhannele in der Krätze entdeckt hatte. „Das ist der Kerl, ich schwör's euch", sagte er eindringlich. „Das ist der Kerl, der den Bekennerbrief bei der BZ abgegeben hat."

Die beiden Polizisten sahen sich an. Sie nickten sich zu. „Verstärkung?“, fragte der eine. „Verstärkung“, stimmte der andere zu. „Wir sollten den Chef informieren.“
Nun ging alles ganz schnell. Alfred und Vanessa mussten den roten Flitzer in den Schutz des Trafohäuschens parken. Binnen weniger Minuten kamen mehrere Polizeifahrzeuge angerauscht, so als hätten sie hinter der nächsten Hügelkuppe nur auf diesen Einsatz gewartet. Plötzlich wimmelte es von Polizisten. Sie steckten in martialisch anmutenden Sicherheitswesten und Helmen. Alle waren schwer bewaffnet. Stimmen schwirrten durcheinander, Befehle flogen hin und her. Einer lautete: „Zugriff!“
Wo kam dieses ganze Aufgebot nur her? Alfred und Vanessa mussten in einem Polizeibus Platz nehmen, wo ein niederer Dienstgrad ihre Aussagen zu Protokoll nahm, während die übrige Staatsgewalt ausschwärmte und das etwa zwei Kilometer entfernte Häuschen vom Kräuterhannele in die Zange nahm. Keine Stunde später kehrten die ersten Fahrzeuge zurück, dann gleich die ganze Kolonne, eines hinter dem anderen, jedes wichtigtuerisch mit seinem Blaulicht protzend. Alfred und Vanessa erfuhren: „Der Kranitzer wurde festgenommen. Er hat erst Widerstand geleistet. Das Gewehr wurde gefunden.“
Alfred nutzte die Wartezeit, um einige Handyfotos, die er von dem ganzen Auflauf gemacht hatte, an Peter Sterzer zur Badischen Zeitung weiterzuleiten, zusammen mit ein paar Stichworten über die Entwicklung. Am Ende schrieb er: „Was von Anna gehört?“
Die Antwort kam sofort: „Nein! Es ist wie verhext.“
Mitten in diesen ganzen Trubel vor den Toren Göschweilers tuckerte wie ein Waldschrat aus einer anderen Welt der Pfarrhiesler mit seinem Traktor herbei. Fröhlich grüßte er Alfred, den er wiedererkannte. Er hatte einen Pritschenwa-

gen angehängt, auf dem doch tatsächlich ein frierendes Kamerateam ausharrte. Die Kamera nahm die Szene ins Visier. Aber von der Polizei gab es keine weiteren Informationen. Der Konvoi von Streifenwagen, Mannschaftsbussen und Sondereinsatzfahrzeugen setzte sich Richtung Göschweiler in Bewegung. Irgendwo in einem dieser Fahrzeuge saß hinter den getönten Scheiben ein Gefangener in Handschellen. Karl der Kranitzer. Auf dem Weg in die Untersuchungshaft nach Freiburg.

Noch am selben Abend sollte er ein Geständnis ablegen.

Alfred erfuhr es von Junkel, mit dem er nach der Rückkehr nach Freiburg am Abend noch telefonierte. Zum Telefonieren legte Alfred sich auf seine Matratze.

„Er hat sofort gestanden, dass er den Bekennerbrief geschrieben hat. Er ist immer noch stolz darauf“, erzählte Junkel. „Aber er streitet ab, der Schütze gewesen zu sein.“

„Ihr habt ja sein Gewehr“, meinte Alfred lakonisch. „Das dürfte wohl nicht so schwer sein, herauszufinden, ob das die Mordwaffe war.“

„Stimmt!“, bestätigte Junkel. „Das wird gerade untersucht. Spätestens morgen wissen wir Bescheid.“

„Und warum hat er dann den Bekennerbrief geschrieben?“

„Er ist nicht ganz richtig im Kopf!“

„Das weiß ich selber. Aber das ist noch lange kein Grund, so einen drohenden Bekennerbrief zu schreiben. Darin hat er immerhin angekündigt, er würde noch auf weitere Hexenmasken schießen.“

Junkel am anderen Ende der Leitung seufzte: “Da hättest du vor einer halben Stunde bei unserer Pressekonferenz dabei sein müssen.“ Er betonte süffisant: „Unsere Erfolgskriminalistin, Frau Kriminaldirektorin Dr. Gerda Leber-Semmlich, hat höchstselbst aufgeklärt.“

„Was hat sie aufgeklärt?", fragte Alfred, während er sich auf der Matratze vom Rücken auf den Bauch wälzte. Er hatte ein Geräusch am Fenster vernommen. Aus den Augenwinkeln beobachtet er, wie sich dort die Aluminiumleiter fortbewegte, die nach wie vor sein Ein- und Ausstieg in die WG war. Er sprang auf. Wenn die Leiter verschwand, wie sollte er dann seine Wohnung verlassen?

„Sie hat der Presse mitgeteilt, dass der Kranitzer einen leichten Dachschaden hat und sich als Bewahrer des wahren Hexenwesens versteht. Er ist der Meinung, Männer hätten nichts unter Hexenmasken zu suchen. Das sei eine Verballhornung der wahren und echten Hexen, so wie seine Mutter eine ist."

Der Kranitzer als Verteidiger des Hexenwesens. Wieso sollte er dann die junge Maria entführt und ihr den Hexenprozess gemacht haben? Dieser Gedanke streifte Alfred nur flüchtig, denn er war abgelenkt. Er eilte zum Fenster. Trotz der Abenddunkelheit im Garten erkannte er, dass es sein Mitbewohner Hugo war, der die Aluminiumleiter soeben von Alfreds Fenster weg trug und um die Hausecke balancierte.

„Dann hat ihm die Alte diesen Floh ins Ohr gesetzt?", nahm Alfred den Gedanken gegenüber Junkel wieder auf.

„Möglich!", bestätigte Junkel, während Alfred laut zum Fenster hinaus brüllte: „Hugo, Hugo, warte! Lass die Leiter hier!"

„Was ist los?", fragte Junkel durchs Telefon.

„Ach nichts", wiegelte Alfred ab. Hugo verschwand.

Junkel fuhr fort: „So wie ich es von den Kollegen gehört habe, die den Kranitzer vernommen haben, glaubt er wirklich, seine Mutter sei eine Hexe. Bei ihm sind Hexen aber die Guten. Und das Kräuterhannele muss wohl oft und intensiv über die vielen Hexengruppen gescholten haben, die

an Fasnacht bei euch da oben im Hochschwarzwald herumspringen."
Alfred hörte nur mit einem Ohr zu. Seine Gedanken waren mehr darauf gerichtet, wie er jetzt sein Zimmer verlassen sollte. Er wollte schließlich das Polizeisiegel an der Wohnungstür nicht aufbrechen. Er hörte Junkel sagen: „Die Alte muss sich wohl mehrfach abfällig über die Hexengruppen geäußert haben. Die gehörten erschossen, so soll sie immer wieder gesagt haben. So hat es der Kranitzer ausgesagt. Da war es für ihn ein Wink des Schicksals, als tatsächlich eine Hexe erschossen wurde."
„Er hat sich darüber gefreut?", fragte Alfred zweifelnd. „Und das Kräuterhannele auch?"
„So könnte man sagen", bestätigte Junkel.
In den Überlegungen steckte aus Alfreds Sicht ein Störfaktor. Das war Kräuterhanneles Enkel Clemens. Wieso sollte dieser dann Junghexe bei den Löffinger Hexen werden wollen, wenn doch im Hause von Kräuterhannele eine solche Abneigung gegen Männer unter Hexenmasken herrschte und generell gegen Hexengruppen an Fasnet? Aber Alfred kam nicht dazu, den Gedanken zu Ende zu denken, denn Junkel erzählte weiter: „Mit dem Bekennerbrief wollte der Kranitzer weitere Angst schüren. Das hat er zugegeben." Junkel legte eine kurze Pause ein, dann fuhr er fort: „Er hätte nie selber geschossen, behauptet er. Und er sei am fraglichen Tag auch gar nicht in Friedenweiler gewesen, sondern irgendwo in Bachheim. Das prüfen wir gerade nach."
„Aber wenn das stimmt, wer hat dann den Hästräger in Friedenweiler von der Hexenpyramide herunter geschossen?" Während Alfred das fragte, hörte er vom Flur ein Geräusch. Eine Tür öffnete sich. Alfred ging ein Licht auf: Hugo hatte die Leiter bei sich ans Fenster gelehnt und war nun seiner-

seits in sein Zimmer eingestiegen. Die Leiter war also noch da, sie stand jetzt nur an einem anderen Fenster.
„Der Kranitzer ist glaubwürdig", sagte Junkel jetzt. „Der ist zu blöd, um so eine Geschichte zu erfinden. Aber warten wir mal die Untersuchung des Gewehrs ab. Vielleicht kommt doch noch was anderes heraus." Alfred schwieg. Er verarbeitete diese neuen Informationen. Junkel ergänzte noch: „Diese Kräuterhexe, diese Hannele, die nehmen wir uns auch noch vor. Die muss doch wissen, wie gemeingefährlich ihr Sohn ist, wenn sie ihm diesen Hexenschmarren nicht austreibt."
Alfred, der Junkel eigentlich wegen Annas Verschwinden angerufen hatte, fläzte sich wieder auf sein Bett und bohrte weiter nach: „Ich glaube trotzdem, dass diese seltsame Kräuterhexe etwas über die verschwundene und ermordete Maria weiß. Es gibt da noch eine Spur. Das ist dieser Förster Röhle."
„Was ist mit ihm?", wollte Junkel wissen.
„Die Kräuterhexe und ihr Enkel behaupten, dieser Röhle habe ein Verhältnis mit der ermordeten Maria gehabt. Obwohl er verheiratet ist."
„Ach?" Jetzt schien Junkel ernsthaft interessiert.
Alfred erzählte weitere Details, die er alle von Egon dem Pfarrhiesler erfahren hatte. Er war nämlich nochmal mit dem Pfarrhiesler ins Gespräch gekommen, während dieser auf das Kamerateam gewartet hatte, das sich über die Wiesen zu Kräuterhanneles Haus geschlichen hatte.
„Dersell hat gesagt, ich soll auf sie warten", hatte der Pfarrhiesler gesagt und hinter der dreiköpfigen Kameramannschaft her gedeutet. Dann hatte er sich neben Alfred und Vanessa gestellt und mit Blick auf Vanessa erfrischend offen bemerkt: „Diesell ist aber nicht diesell, die wo du letztes Mal dabei gehabt hast."

So waren sie ins Gespräch gekommen. Alfred stellte Vanessa vor und erzählte dem Pfarrhiesler, was gerade in Kräuterhanneles Hexenhaus vor sich ging. Der Pfarrhiesler nickte wissend: „Dass es kein gutes Ende nehmen würde mit dem Kranitzer, hat man sich denken können. Dersell ist halt schon arg eigen."
Das war eine milde Umschreibung für plemplem, zu der Alfred nur zustimmend nicken konnte. Er fragte den Pfarrhiesler: „Haben Sie den Förster Röhle mal wieder gesehen?"
„Woher auch?", fragte der Pfarrhiesler. „Dersell bleibt in Bonndorf. Den treibt ja nichts mehr hierher, jetzt wo die Maria tot ist."
So waren sie auf Förster Röhle und sein Verhältnis zur getöteten Maria zu sprechen gekommen. Der Pfarrhiesler bestätigte mehr oder weniger, was Alfred und Vanessa zuvor schon beim Kräuterhannele gehört hatten.
„Die beiden hatten ein Liebesverhältnis und haben sich immer unten im Wald beim Stallegger Hof getroffen. Da hat sie ihr Auto abgestellt und dort drin haben sie … sind sie … haben sie … es …"
„ … miteinander getrieben?", schlug Alfred vor, da sich der Pfarrhiesler erkennbar scheute, das Offensichtliche auszusprechen.
Der Pfarrhiesler nickte: „Dersell ist nämlich verheiratet."
„In Bonndorf", fügte Alfred hinzu.
„So ist es. Und seine Frau darf nichts wissen."
„Und wenn sie ihm gedroht hat, es zu erzählen?"
„Wer? Die Maria? Die soll ihm das gedroht haben?" Der Pfarrhiesler schüttelte ungläubig den Kopf.
„Ich meine ja nur", erklärte Alfred, während er dankbar die Zigarette annahm, die Vanessa inzwischen für ihn gedreht hatte. Er paffte einen gierigen Zug, ehe er weitersprach: „Das wäre doch ein Motiv. Die Maria droht dem Röhle,

dass sie die Sache platzen lässt und seine Frau informiert. Vielleicht setzt sie ihm die Pistole auf die Brust, dass er sich entscheiden soll, zwischen ihr und seiner Frau …"
„Was man ja verstehen kann …" mischte Vanessa sich energisch ein. „Ihr Kerle meint immer, ihr könnt die Frauen so zappeln lassen …"
„Also ist er ausgerastet", setzte Alfred seine Überlegungen fort, „und dann hat er sie eben im Affekt umgebracht."
„Glaub ich nicht. Dersell ist nicht so!", lautete des Pfarrhieslers Urteil. Auch Vanessa widersprach sofort: „Wieso sollte er dann die tote Maria beim Hexenball in Löffingen so spektakulär zur Schau stellen? Und dann auch noch mit diesem Plakat mit den Anspielungen auf die Hexenprozesse?"
Alfred hatte darauf keine Antwort gewusst. Junkel am Telefon sagte dazu jetzt: „Vielleicht, weil dieser Röhle ein ganz besonders Schlauer ist. Ein Ablenkungsmanöver. Vielleicht will er mit diesem ganzen Hexenzeugs einfach nur eine falsche Fährte legen."
Von dieser Seite hatte Alfred es noch nicht betrachtet.
„Ich werde mir diesen Röhle mal vorknöpfen", hörte er Junkel sagen. Und dann, um endlich auf Alfreds eigentliches Anliegen zu sprechen zu kommen: „Und morgen mache ich den Kollegen im Hochschwarzwald mal ein bisschen Dampf wegen deiner Anna. Die sollen auf jeden Fall mal eine Fahndung anstoßen. Sag Bescheid, falls du bis dahin etwas von ihr hörst."
Aber Alfred hörte nichts von Anna. Er mailte sie zwar zum tausendsten Male an, er wählte zum tausendsten Male ihre Handynummer, er fahndete in ihrem Facebook-Account und er versandte WhatsApp-Hilferufe in die ganze Welt, aber das Netz blieb stumm. Nur Peter Sterzer meldete sich, mit der beängstigenden Botschaft: „Immer noch nichts".

„Bist du in Katerstimmung", fragte Hugo, als Alfred seiner Trostlosigkeit zu entfliehen suchte, indem er an die Zimmertür seines Mitbewohners klopfte. Offensichtlich sah Hugo ihm das ganze Elend an, interpretierte es aber völlig falsch: „Morgen ist Aschermittwoch. Da musst du durch!"
„Hab andere Sorgen. Trinkst du ein Bier mit mir?"
Tatsächlich fanden sie im Kühlschrank in der Küche noch ein Dosen-Sixpack mit Henninger Bier, das eigentlich Jochen Schiller gehörte. Aber es traf keinen Armen. Und Schiller würde ohnehin so schnell nicht in seine Bude kommen, jedenfalls nicht, solange die Wohnungstür noch versiegelt war.
Alfred fiel auf, dass Hugo die große, schwere Metallkiste in sein Zimmer gezogen hatte, die zuvor monatelang draußen im Flur im Weg gestanden hatte. Hugo hatte das Vorhängeschloss ausgetauscht. Ein neues Vorhängeschloss, dick wie eine Motorradkette, hing am Verschluss.
„Was hast du eigentlich in dieser Kiste drin?", fragte Alfred durch den Zigarettenqualm hindurch, den sie einvernehmlich verbreiteten. Diesmal rauchten sie Alfreds Tabak.
„Willst du wirklich wissen?", fragte Hugo.
„Na klar doch!"
Hugo legte einen Finger an die Lippen: „Aber nicht weitererzählen. Ist geheim."
„Ja, ja, schon gut. Werde nichts verraten."
Verschwörerisch beugte Hugo sich vor. Seine schwarzen Augen verengten sich zu schmalen Schlitzen: „Ist mein Waffenlager. Für die Revolution, du weißt ja."
„Waffenlager?"
„Klar. Maschinengewehr! Handgranaten! Munition! Panzerfaust!"
„Ha, ha, ha!" Alfred brach in lautes Gelächter aus. „Guter Joke, ha, ha, ha. Dein Waffenlager! Ist ja Wahnsinn. Ha, ha,

ha!“ Er krümmte sich auf Hugos Feldbett vor Lachen. Hugo fiel in das Lachen mit ein. Er klopfte sich auf die Schenkel: „Ja! Nicht wahr? Ha, ha, ha! Ist ein guter Joke.“
Sie lachten gemeinsam über diesen guten Witz.

STRESS ALLER ART

Am nächsten Morgen waren die Zeitungen voll von der groß aufgemachten Festnahme des Kranitzers und seines halben Geständnisses im Mordfall des Hexenschusses von Friedenweiler. Alfred zappte sich durch die diversen Onlineportale, stellte aber fest, dass alle wie immer mehr oder weniger voneinander abgeschrieben hatten. Bei der Beschreibung des Kranitzers stützen sich fast alle Medien auf die Darstellung der Kriminaldirektorin Dr. Gerda Leber-Semmlich, die wohl bei ihrer Pressekonferenz mehrfach von einer „geistig retardierten Person" gesprochen hatte. Also von einem Zurückgebliebenen. Nur die Badische Zeitung berichtete etwas differenzierter, und das verdankte sie Alfreds Augenzeugenbericht, den er am Vortag mitsamt Fotos an Peter Sterzer weitergeleitet hatte.

Schon kurz nach acht Uhr forderte Alfred bei Sterzer den ersten Statusbericht ein, aber dieser war ernüchternd: „Immer noch kein Lebenszeichen von Anna".

Alfred schrieb zurück: „Sofort Polizei einschalten. Jetzt müssen sie eine Fahndung auslösen. Habe Kommissar Junkel um Hilfe gebeten."

Da er nun schon einmal wach war, konnte Alfred den frühen Aschermittwoch auch nutzen, um ein paar Erledigungen zu machen. Er schlich sich durch Hugos Zimmer, ohne den schnarchenden WG-Mitbewohner zu wecken, und stieg durch das dortige Fenster über die Aluleiter in den Garten ab. Beim Supermarkt in der Günterstalstraße erledigte er ein paar Einkäufe, um dann beim Geldautomaten festzustellen, dass die Überweisungen der Versicherungen, Banken, Energiekonzerne und sonstigen Unternehmen, für die er gearbeitet hatte, auch weiterhin ausgeblieben waren.

Nach der Rückkehr leerte er seinen überquellenden Briefkasten. Der miesepetrige Geiger Julius Zupf, in dessen leerem Leben der tägliche Gang zum Briefkasten einen Höhepunkt darstellte, belehrte ihn, wie wichtig es sei, jeden Tag den Briefkasten zu leeren: „Daran erkennen Einbrecher, ob die Bewohner zu Hause sind oder nicht. Ein voller Briefkasten ist wie eine Einladung ...“
„Bei mir gibt es nichts zu holen“, fertigte Alfred den Mitbewohner aus dem Dachgeschoss ab. Er war nicht in der Stimmung, lange Gespräche mit dem Männchen zu führen. Stattdessen sortierte er erschrocken seine Post. Es waren Briefe einer Rechtsanwaltskanzlei Dewaldt & May aus Düsseldorf dabei. Mehrere. Erste Aufforderung, zweite Aufforderung, Mahnung. In diesen Schreiben teilte ihm die Kanzlei mit, dass sie von bestimmten Versicherungen, Banken und Energiekonzernen mit der Wahrung ihrer Interessen beauftragt worden sei. Im Kern gehe es bei all diesen Unternehmen um die Rückforderung von unrechtmäßig an Alfred ergangene Zahlungen in einer Gesamthöhe von 68.535 Euro. Lange und breit wurde die betrügerische Leistungserschleichung durch den Einsatz von Social Bots im Internet dargestellt und minutiös aufgezählt, wann und in welchem Umfang Alfred welche Honorare erhalten habe, die er nun gefälligst sofort und verzinst plus Aufwand- und Bearbeitungsgebühr wieder zurückzuzahlen habe. Das Ganze war versehen mit einem aus 14 Ziffern und Zahlen bestehenden Aktenzeichen. Wenn es Aktenzeichen über einen Vorgang gab, das wusste Alfred, dann war Gefahr in Verzug. Er stand vor seinem Briefkasten, stierte die Schreiben an, die er in Händen hielt, und versuchte zu erfassen, was das bedeutete. 68.535 Euro! Das war die Summe, die er zurückzahlen sollte. Unmöglich! Er hatte das Geld längst ausgegeben. Für den neuen roten Flitzer, für den Lebens-

wandel, für orgastische Abende in der Spritz und im Dennenbergstüble.

„Schlechte Nachrichten?“, wollte Geiger Zupf wissen, der immer noch daneben stand und auf ein Gespräch wartete. Mechanisch drückte Alfred ihn auf die Seite. Jetzt war Alarm! Es musste etwas geschehen. Alfred ging in die Antiquitäten-Wohnung im Erdgeschoss, für die er immer noch Jochen Schillers Schlüssel hatte. Er wusste bereits von seinem letzten Besuch, dass hier antike Raritäten standen, für die möglicherweise Höchstpreise zu erzielen waren. In seiner ersten Panik sichtete er die Preziosen und all jene Gegenstande und Kunstwerke, die ihm leicht transportabel erschienen. Das ledergebundene Buch von Karl von Rotteck war verschwunden. Alfred meinte sich genau zu erinnern, dass er es auf jenes Bücherbord zurückgestellt hatte, auf dem sich noch weitere fleckige Schinken aus den letzten drei Jahrhunderten stapelten. Oder hatte er es irgendwo anders abgestellt? Er durchsuchte eine Anrichte, einen Biedermeier-Sekretär, einen eichenen Wandschrank. Das Rotteck-Buch war verschwunden. Sollte in der Zwischenzeit der alte Rechtsanwalt Schiller mal hier gewesen sein?

Plötzlich schreckte Alfred zusammen. Ein Geräusch in seinem Rücken. Da stand Hugo. Sein dunkles Mondgesicht grinste. Er hielt einen orientalisch anmutenden Säbel in der Hand und strich liebevoll mit den Fingern über die Schneide: „Osmanischer Sultan, 18. Jahrhundert!“, erläuterte er mit Kennerstimme.

„Ist der wertvoll?“

Hugo schwang den Säbel über seinem Kopf: „Vielleicht! Aber unverkäuflich.“

„Wieso unverkäuflich?“

„Siehst du, das ist so“, sprach Hugo, indem er den Säbel in dessen edelsteinverzierte Scheide zurückgleiten ließ: „Sol-

che Sachen haben eine Katalognummer. Jeder Antiquitätenhändler auf der ganzen Welt kann sofort nachschlagen, wem das Stück gehört. Wenn du es verkaufst, steht zwei Tage später die Polizei auf deiner Schwelle."
Alfred staunte: „Woher weißt du das?"
Hugo grunzte: „Weil ich es schon mal versucht habe. Zum Glück hat mich der Händler gleich gewarnt." Er klopfte auf des Futteral des Säbels: „Beziehungen! Vertrauen! Kontakte! Sonst fliegst du auf!"
An Alfreds niedergeschlagenem Blick musste Hugo erkannt haben, dass seine Worte nicht wirklich aufmunternd wirkten. „Was hast du?", fragte er. Alfred winkte ab. War sowieso eine Schnapsidee gewesen, mit Hilfe von Schillers Antiquitäten seine Finanzprobleme lösen zu wollen. Da wäre er einer Falle entkommen, um gleich freiwillig in die nächste hinein zu tappen.
Hugo deutete auf ein gerahmtes Gemälde, das versteckt hinter den Tischbeinen eines Ziertisches an der Wand lehnte. „Das da. Das kann man verkaufen." Er zog den Rahmen unter dem Tisch hervor. Das Bild war etwa so groß wie ein DIN A3 Plakat, und es zeigte in fast ausschließlich blauen Ölfarben eine Seelandschaft mit einer zerklüfteten Küste. Einige windzerzauste, krüppelige Bäume stemmten sich dunkelblau gegen einen imaginären Wind und im Bildvordergrund duckten sich ein Schäfer und seine Frau gegen den heraufziehenden Sturm. Ein Dutzend Schafe drängte sich dicht um die beiden Personen. „Landschaftsmalerei aus Barbizon", erklärte Hugo. Er dozierte, als sei er gelernter Kunsthistoriker: „Barbizon war eine französische Künstlerkolonie im 19. Jahrhundert. Dort haben sich viele Landschaftsmaler aufgehalten. Das hier ist ein Bild von Louis Cabat. Mindestens sechsstellig."
„Was meinst du, mindestens sechsstellig ...?"

„Was du erlösen kannst. Unter 100.000 Euro geht das auf keiner Auktion weg.“
„Mann oh Mann“, kommentierte Alfred. „Und solche Wertsachen lässt der alte Schiller hier einfach so in seiner Wohnung herumliegen. Das ist ja ein starkes Ding.“
Hugo deutete vielsagend an eine Stelle oberhalb der Zimmertür. Dort steckte ein dunkles Pünktchen in der Wand, nicht größer als ein Daumennagel. „Überwachungskamera!“, sagte Hugo. „Alle Räume sind überwacht. Am Eingang zur Wohnung und an allen Fenstern ist eine Alarmanlage angebracht, die sofort bei den Bullen im Polizeirevier Nord einen stillen Alarm auslöst, sobald sich in dieser Wohnung etwas bewegt.“
„Warum steht dann noch keine Polizei auf der Matte?“, fragte Alfred.
„Weil dieser Idiot von Jochen Schiller alles abgeschaltet hat, als er dir die Schlüssel gab. Zurzeit ist diese Wohnung überhaupt nicht geschützt. Du könntest die großen Möbel am helllichten Tage hinaustragen, und kein Mensch würde etwas merken.“
Entschieden schüttelte Alfred den Kopf. „Das ist nicht mein Ding! Das mache ich nicht. Das ist Diebstahl.“
Hugo lachte: „Jahrhundertelang hat die Bourgeoisie die arbeitende Bevölkerung bestohlen. Hier steht die gehortete Beute. Es wäre nur gerecht, wenn man einiges davon wieder sozialisieren würde.“
Hugo packte das Gemälde von Louis Cabet in eine Wolldecke ein und klemmte sich das Paket unter den Arm: „Los! Lass uns ausprobieren, was geht. Du hast doch ein Auto?“
Alfred nickte etwas überrumpelt.
„Dann fahren wir. Kenne da eine gute Adresse.“
„Ich muss tanken“, sagte Alfred, als sie schon im roten Flitzer saßen und Hugo Alfred Richtung Industriegebiet Hoch-

dorf dirigierte. Das in die Wolldecke eingewickelte Bild von Louis Cabet lag auf dem schmalen Rücksitz.
Alfred bog auf Geheiß von Hugo von der Besançonallee auf das Gelände der nächstbesten Aral-Tankstelle ab. „Ich bin pleite“, erklärte Alfred, während er auf die arktisch blau beleuchteten Tanksäulen zurollte. „Es reicht nicht einmal mehr für fünf Liter!“
„Fahr da rechts ran“, befahl Hugo und ließ Alfred neben einer Galerie von Mülleimern anhalten. „Warte auf mich!“
Hugo verschwand im Bistro-Shop, der zur Tankstelle gehörte. Alfred blieb im roten Flitzer zurück und trommelte nervös auf dem Lenkrad. Alle paar Augenblicke warf er einen Blick auf den Rücksitz, wo die Wolldecke mit dem eingewickelten Cabet-Bild lag. Er kam sich vor wie ein Schwerverbrecher auf der Flucht. Jederzeit rechnete er damit, dass ein Streifenwagen mit Blaulicht und Martinshorn auftauchen und mit quietschenden Reifen neben seinem roten Flitzer anhalten würde. Aber nichts dergleichen geschah. Stattdessen erschien nach einigen Minuten Hugo wieder. Er hatte einen Plastik-Benzinkanister dabei und unter dem Arm einen langen Plastikschlauch.
„Was ist das? Was willst du damit?“
„Jetzt fahren wir zum Tanken!“, erklärte Hugo grinsend. „Hab alles Nötige.“
Das Kommando lag weiterhin bei Hugo. Er dirigierte Alfred in den benachbarten Stadtteil Rieselfeld und dort bis zum Park and Ride Parkplatz hinter der Freien Walddorfschule, die für Alfred aussah wie die Häuserzeile im skandinavischen Teil des Europa-Parks.
„Meine Schule. Hier hab ich Abi gemacht!“, verkündete Hugo stolz.

Während sie an dem Gebäude vorbeirollten, lieferte Hugo weitere Erinnerungen: „Praktische Schule ist das. Niemand kann sitzenbleiben. Hat mir sehr geholfen."
Der Park and Ride Platz an der Kreuzung des Geschwister-Scholl-Platzes und der Ingeborg-Drewitz-Allee war voll belegt. Alfred fuhr auf Geheiß von Hugo rückwärts bis zum hintersten Winkel des Parkplatzes. Dort waren sie, versteckt zwischen den parkenden Autos, vor unwillkommenen Blicken geschützt. Sie stiegen aus und nahmen die umstehenden Fahrzeuge in Augenschein. Hugo entschied sich schließlich für einen fetten, weißen VW Tiguan, der gleich zwei der markierten Parkplätze für sich beanspruchte.
„Jetzt pass auf, dass niemand kommt", mahnte er an Alfreds Adresse, ehe er sich hinkniete und kurz am Tankdeckel des Tiguan hantierte. Wie er es fertigbrachte, binnen weniger Sekunden den Tank zu öffnen, blieb für Alfred ein Rätsel, weil dieser weisungsgemäß Schmiere stand. Aber es ging nicht lange, da verkündete Hugo „es läuft", und Alfred durfte sich freuen, denn schon nach wenigen Minuten hatte Hugo den mitgeführten Plastikkanister mit Benzin aus dem Tiguan gefüllt.
Alfred füllte das Benzin nach Anweisungen Hugos in den Tank seines roten Flitzers um. „Wie geht das?", wollte er wissen. Hugo spuckte aus: „Du steckst den Schlauch in den Tank und saugst Benzin heraus. Ganz einfach. Wenn es einmal angesaugt ist, läuft es von alleine. Was ist, noch ein Kanister?"
Alfred schlenkerte prüfend den inzwischen geleerten Benzinkanister durch die Luft. „Ja, noch einer wäre nicht schlecht."
Hugo wiederholte die Prozedur noch zwei Mal. Binnen einer halben Stunde hatten sie dem Tiguan auf diese Weise rund 30 Liter Benzin abgezapft und in Alfreds roten Flit-

zer umgefüllt. Danach verließen sie den Parkplatz wieder und setzten die Fahrt Richtung Industriegebiet Hochdorf fort. Dort dirigierte Hugo Alfred in eine Seitenstraße und von dieser in den Hinterhof einer heruntergekommenen Schlosserei. Alfred musste im roten Flitzer warten. Hugo begab sich alleine, das eingewickelte Cabet-Bild unter dem Arm, durch eine rückwärtige Blechtür in ein Gebäude, das aussah, als habe es zweimal eine Eroberung und Besetzung durch feindliche Truppen überlebt.

„Auf was hab ich mich bloß eingelassen?", fragte sich Alfred nicht zum ersten Mal an diesem Tag. Er war von Hugo fasziniert. Aber gleichzeitig flößte der unberechenbare Mitbewohner ihm auch einen leichten Schrecken ein. Das war auf jeden Fall kein Normaler, dieser Hugo.

Während er also hinter dem Steuer des roten Flitzers auf Hugos Rückkehr wartete, nahm er seinen Laptop in Betrieb. Kaum hatte er den Rechner hochgefahren, blinkte auch schon das bekannte „Klick hier" auf dem Bildschirm. Das war wieder der direkte Link zu Tim Joy im Knast. Wie auch immer es der Nerd anstellte.

Alfred klickte und es erschien das schon bekannte wackelige Bild mit Tims verquollenem Käsekuchengesicht.

„Hi Alfred", schnatterte Tims Stimme los. „Endl ..... iiich!" Das Bild flackerte. „Dachte schon, du gehst überrrrr .... haupt nie mehr online."

„Sorry", motzte Alfred zurück. „Hab noch ein paar andere Sachen am Hals!"

„Ja, ich weiß. Die Hhh....xengeschichte."

„Die Hexengeschichte?"

„Ja", schnatterte Tims Wackelbild.

„Woher weißt du ...?"

„Hat m...rrr der Junkel erzählt. Der Kommissar, der meinen Fall bear ...rrr... beitete." Bei jedem scharfen „r" zuckte das

Bild auf Alfreds Monitor zusammen und machte Anstalten, sich aufzulösen. Doch irgendwie blieb Tims bleiche Visage dann doch sichtbar. „Brauche noch ein bisschen Elektr ...ronik! Alfred! Du musst mir noch ein paar Sachen besorgen."
„Sicher! Gerne! Kein Problem! Was darf's denn sein? Noch mehr Smartphone-Zubehör von Badenova?"
„Nein. Da hab ich alles. Danke! Das Smappee ist super." Tims Konterfei zog eine Grimasse, die wohl als zufriedenes Grinsen gedacht war. Der Kerl sah wirklich hässlich aus, wenn sein Mostkopf auf einem Laptopmonitor flimmerte und dabei aussah wie ein fluoreszierendes Wesen aus der Tiefsee.
„Was jetzt noch?", fragte Alfred.
„Besorg mir einen DAB Plus Radiowecker. DAB Plus! Verstanden?"
„Verstanden. DAB Plus!"
„Und zwar das Fabrikat Renkforce DB-820. Merk dir das!"
„Ich merke es mir", versprach Alfred dem Monster aus der Tiefsee.
„Schreib es dir auf!", verlangte das Monster.
„Renkforce DB 820, DAB Plus Radiowecker", wiederholte Alfred gehorsam und machte sich Notizen.
„Und was willst du damit?"
„Gib das Ganze wieder bei Rechtsanwalt Schiller ab", befahl Tiefsee-Tim, ohne auf Alfreds Frage einzugehen.
Alfred würde Tim helfen, soweit es in seiner Macht stand. Aber ansonsten wollte er nicht noch tiefer in die kriminellen Angelegenheiten seines Mitbewohners hineingezogen werden. Er nutzte den Kontakt, um seinem Ärger Luft zu machen: „Hör mal Tim! Ich hab da eine ganz schöne Schweinerei am Hals. Die Sache mit unseren Social Media-Aufträgen. Die Banken und Versicherungen wollen Honorar von mir zurück. Ein Rechtsanwalt hat geschrieben ...."

Tim knarrte bedrohlich, und sein Antlitz ließ sich um weitere tausend Meter tiefer auf den Meeresgrund sinken: „... nichts bezahlen!“, verstand Alfred. „... bring alle Unterlagen zu Rechtsanwalt Schiller ... Hörrr ....rrrst du? Rechtsanwalt Schiller!“

„Nein, ich höre nichts mehr.“

„Rrrrechts ..... anwalt Schiller, Schiller, Schiller ....“, hallte es aus der Tiefsee.

„Ich verstehe dich nicht mehr! Hallo? Tim?“

„ ...illerillerilleriller“, meldete das Echolot.

Alfred schaltete genervt den Laptop aus.

„Du sollst alle deine Unterlagen zu Rechtsanwalt Schiller bringen und nichts selbst unternehmen“, sagte eine Stimme in Alfreds Rücken. Es war Hugo. Er saß auf dem Rücksitz. Wo kam der jetzt her?

„Wo kommst du denn her? Sitzt du schon lange da?“

„Da staunst du, was? Alte Indianerkunst. Anschleichen und auf Autorücksitz lauern!“ Hugo lachte und seine gelben Baggerzähne sonderten dabei feuchte Spucke ab.

„Und ...? Das Bild?“

„Hab ich nicht mehr. Abwarten, ob Becci einen Käufer findet.“

„Becci?“ Alfred konnte nicht ganz folgen.

„Becci, das ist der Mann, den ich grade besucht habe. Kunsthändler!“ Hugo klang so fröhlich wie ein orientalischer Teppichverkäufer, der soeben seinen afghanischen Ladenhüter völlig überteuert an den Mann gebracht hat. „Der Becci ist weltweit unterwegs. Wenn jemand das Bild verhökern kann, dann er. Vielleicht kriegen wir Zwanzigtausend.“

„Zwanzigtausend? Hä?“, gab sich Alfred empört. „Ich dachte, das Ding ist Hunderttausend wert.“

Hugo grunzte genervt: „Nur wenn's der alte Schiller selbst verkauft. Dann ist es Hundertausend wert. Das ist Business!“

Alfred hatte verstanden. Er chauffierte Hugo zurück zur Villa in der Wiehre, wo Hugo über die Aluleiter in sein Zimmer einstieg. Kurzer Check: Immer noch nichts von Anna. Peter Sterzer hatte gemailt: „Polizei nimmt den Fall jetzt ernst. Fahndung ist ausgelöst." Es zog Alfred in den Hochschwarzwald, ohne dass er hätte sagen können, was er dann dort hätte tun wollen. Wo sollte man die Suche nach Anna beginnen? Alfred hatte keinen Plan. Also erledigte er zunächst seine Besorgungen in Freiburg. Zuerst erwarb er im Media Markt für Tim Joy den DAB Plus Radiowecker. Dann brachte er das Gerät zusammen mit all seinem eigenen Papierkram in Sachen Social Bots zu Rechtsanwalt Schiller, wo er die Dinge weisungsgemäß ablieferte.
Unstet kurvte er im roten Flitzer einmal durch den Nieselregen um die Freiburger Innenstadt, über Schlossbergring, Friedrichring, Bismarckallee und Schreiberstraße wieder zurück zum Schlossberg. Die Stadt präsentierte sich aschermittwochsgrau. Die Menschen huschten mit blassen Gesichtern an den Hausfronten entlang, vermummte Radfahrer ließen sich tapfer von den vorbeirauschenden Lastwagen nass spritzen, ein paar kränkelnde Tauben pickten todesmutig nach Fast-Food-Resten im Straßengraben.
Das Smartphone schlug Alarm. Es produzierte bei jedem Anruf immer noch ein Sylvesterfeuerwerk, Alfred nahm sich vor, den Klingelton endlich zu ändern. Kommissar Siegfried Junkel war dran: „Es gibt Neuigkeiten!"
„Von Anna?" Alfreds Stimme vibrierte vor gespannter Erleichterung. Aber Junkel enttäuschte ihn: „Nein! Nicht von Anna. Vom Kranitzer!"
„Ach?", meinte Alfred enttäuscht. Er fuhr rechts an den Straßenrand, wo er prompt einen Radfahrer zur Vollbremsung nötigte und dafür einen unmissverständlich empor gereckten Stinkefinger erntete.

„Er hat definitiv nicht geschossen. Er ist nicht der Täter von Friedenweiler“, schnarrte Junkel durchs Handy. „Ich dachte, das solltest du wissen.“ Nach kurzer Pause fuhr er fort: „Es gibt einen Schützen. Er hat sich selbst angezeigt.“
Jetzt war Alfred doch einigermaßen verblüfft: „Sie haben einen Schützen?“
„Ja. Aber der macht alles noch komplizierter. Es ist ein Zufallsschütze. Ein passionierter Jäger aus Friedenweiler. Er hat sich selbst der Polizei gestellt. Nachdem er in der Zeitung von der Festnahme des Kranitzers gelesen hatte, konnte er nicht mehr länger schweigen. Er wollte es nicht zulassen, dass ein Unschuldiger für die Tat büßen sollte.“
„Aber wie …? Wie kam das Ganze zustande?“
Junkels Stimme klang geschäftsmäßig, als er erzählte: „Der Mann hat angeblich just an jenem Sonntag beim Umzug in Friedenweiler sein Gewehr gereinigt. An einem offenen Fenster im Dachgeschoss seines Hauses in Friedenweiler. Und plötzlich habe sich versehntlich ein Schuss gelöst, obwohl der Mann der Meinung war, sein Jagdgewehr sei gar nicht geladen gewesen. Unglücklicherweise war der Gewehrlauf auf die gegenüberliegende Straßenseite gerichtet, wo soeben der Umzug stattfand. Und die Kugel traf den armen Marc Kienzler von der Hexengruppe Löffingen. Ein absolut dummer Zufall …“
Alfred schwieg eine Weile und verdaute das Gehörte. Seine Gedanken sprangen hektisch von diesen jüngsten Informationen zu allem anderen, was er über den Hexenschuss von Friedenweiler wusste. „Aber ….“, stotterte er hilflos. „Aber … der Kranitzer?“
„Wie wir bereits vermutet haben. Der Kranitzer ist ein Trittbrettfahrer. Er hat den Bekennerbrief geschrieben, vermutlich von seiner Mutter angestachelt, der alten Hexe. Die findet es nämlich ganz und gar unsäglich, dass junge Männer

sich unter Hexenmasken austoben. Damit wird nach ihrer Meinung das Thema Hexen verunglimpft und der Lächerlichkeit preisgegeben. Sie sieht sich ja selbst als eine Vertreterin dieser Zunft. Der tödliche Schuss von Friedenweiler muss ihr dabei wie ein Zeichen des Himmels erschienen sein. So fand sie es eine gute Gelegenheit, dies sogleich als eine Warnung an alle Hexenzünfte anzusehen. Ihr Sohn, der Kranitzer, hat das dann mit seinem schmalen Verstand sofort als Aufforderung begriffen, diesen kruden Drohbrief zu schreiben, den er bei der Badischen Zeitung abgeliefert hat. Den Rest der Geschichte kennst du ja …"
„Aber …", stammelte Alfred immer noch. „Aber … da ist … da fehlt …"
„Na, sprich es aus!", forderte Junkel ihn auf.
„Da fehlt doch was! Wo ist da der Zusammenhang zum Mord an der jungen Löffingerin Maria? Zum Kranitzer und seiner Alten?"
Junkel schwieg.
„Was hat der Hexenschuss von Friedenweiler mit den Löffinger Hexenprozessen zu tun?"
„Nichts!", sagte Junkel trocken. „Ehrlich gesagt, nichts!" Er hüstelte: „Das ist die bittere Wahrheit. Wir stehen wieder am Anfang."

MARIA UND ANNA

Urgicht oder Geständnis der Anna Gsell und der Maria Welsch, ihrer Base vom 14. Januar 1636:

Der Buhl werde Röhle geheißen. Welsch-Maria habe solchen einmal bei Nacht in das Haus gebracht und gesagt, er sei ein Bauernknecht, welcher aber wie ein Soldat in braunen Kleidern aufgezogen und sie in der Cammer auf eine Stund lang beschlafen. Hernach ihr die Ehe versprochen und darauf etwas Geld gegeben, so aber am Morgen nur Hafenscherben gewesen. Der Röhle habe Leib und Seele von ihr begehrt, so sie auf seine Bedrohung, daß er sie so maßen verreißen und verzerren wolle, ihm versprochen.

Gott und alle Heiligen verleugnet, unsere Liebe Frau aber vorbehalten wollen. Womit er solange nit zufrieden gewesen war, bis sie endlich derselben mit diesen Worten abgesagt: Wann sie Unsere Liebe Frau verleugnen müsse, so sei sie verleugnet. Deswegen er Haar von ihrer Scham genommen.

Seit sie in diesem Laster gesteckt, sei sie wöchentlich zweimal beschlafen worden, und gewöhnlich am Montag und Zinstag. Solches mit Wissen ihrer Base Maria geschehen. Der Beischlaf sei weder lau noch kalt gewesen und ihr weder wohl noch wehe gewesen. Der Röhle habe gesagt, sie werde schwanger werden. Sei aber nichts gewesen und niemalen dergleichen, wodurch sie hätte geschwängert können werden, von ihm gegangen. Sie habe nit gewusst, dass sie von ihrer Base verführt und vom Teufel beschlafen werde. Bis solches geschehen, habe alsdann wohl tun müssen, was ihr Buhl gewollt. Ihrer Base auch solches verwiesen, so aber anders nit, als daß es ihr Buhl so gewollt und sie es tun müssen, geantwortet. Ehe man sie in der Nacht zum 20. Dezember gefangen, sei ihr Buhl bei ihr gewesen nach Betzeit und daß man sie fangen werde, angezeigt, solle aber nit erschrecken.

Auf der Brunnenstube Waßen habe sie das erste Mal dem Tanz beigewohnt neben ihrer Base und Buhlen. Auf des Kobels Roß dahin gefahren und gesprochen außerher in des Teufels Namen, seien leibhaftig miteinander durch die Lüft geritten. Habe von ihrem Buhlen graue Salbe empfangen, so in des Elsässers Haus in einem alten verschlossenen Trog stehe. Wisse aber nit, wer den Schlüssel dazu habe. Als sie zu der Brunnenstuben kommen, habe sie das Pferd heißen in des Teufels Namen stillstehen, hernach mit ihrem Buhlen getanzt und an den drei Tischen mit anderen gegessen und trunken. Schneider Christin, Schmidt Anna und Scherers Maria seien auch dagewesen. Der lang Schüsselin und Schneider Blaselin haben aufgespielet. Wolle daraus sterben, daß sie Theis Glunk, den Stabhalter in gelben Hosen und schwarzem Schopen auf einem grauen Roß kommen sehen und ob dem Schumpp gesetzt worden. Schneider Bläsilein habe sie damalen und sonst noch einmal alles in allem zweimal beschlafen. Habe sie neben sich geführt und gesagt, solle ein wenig mit ihm gehen.
Auf ermelten des Kobels Roß sei sie auch auf die Haslen geritten zu einem Tanz. Schneider Bläsel in damalen mit ihr getanzt. Sie wieder neben Obigem gesessen am ersten Tisch und den Stabhalter mit seinem Buhlen, so hübsch bäurisch gekleidet gewesen, gesehen.
Verschien Ostern sei sie abermals auf des Kobels Roß zum Tanz auf den Alenberg gefahren. Allda mit ihrem Buhlen getanzt und hernach gegessen und trunken. Das Pferd wie zuvor in des Teufels Namen stillgestanden und sie sich im außi- und innireiten mit beiden Händen an dessen Halshaar gehalten. Wann sie wieder hinabfahren und aufsitzen wollen, sei sie auf eine Letztstange gestanden und also wieder auf das Pferd heimkommen.
Alle Vorig angegeben, wo wieder neben dem Stabhalter dagewesen. Er, Stabhalter, auf dem grauen Schimmel kommen und mit seinem Bohlen getanzt. Sie habe nit auf alle Dinge so Oberachtung geben und wisse sonst niemanden als diejenigen, so sie zuvor angegeben. Habe auch keine anderen Tanzplätz als diese besucht. Und wann

einer dergleichen gehalten werde, so laufen die Weiber zusammen und tuen einander solches kund.
Ihrem Buhlen aber habe sich nichts angenommens verrichten künd-ten, als was sie mit ihm getanzt und sich beschlafen lassen. Was ihr Buhl begehrt, das habe sie tun müssen.
Von ihrem Buhl habe sie Samen empfangen, welchen sie in des Teufels Namen auf die Äcker gesät, seien alsdann Mauß geworden.
In Teufels Namen abermals etwas, so sie vom Röhle bekommen, ausgeworfen, woraus eine große Menge Raupen erfolgte.
Ihre Baß und andere haben auf der Hasle ein Kechelin mit Wasser ausgeschütt, welches alsdann ein Regen, reifen und Hagel verursacht und die Keffer verderbt.
Habe das Heilige Sakrament, zeit sie darhinter, nur einmal empfangen, solches aber wieder in die Stiege fallen lassen und solches in der Kirchen under den Dielen in ihrem Stuhl gelassen. Das Heilige Kreuz habe sie in des Teufels Namen gemacht und dazu gesagt: Teufel, Teufel, Teufel. Das Weihwasser seither hinter diesem Wesen versteckt, niemals genommen.
Sailer-Basche, der Kirsner habe sie in des Weher-Annelins Küche Kripp beschlafen und ihr Geld, so aber nur Hafenscherben gewesen, gegeben. Sei aber nur der Teufel gewesen.

„Völlig krudes Zeug“, sagte Alfred, dem der Kopf schwirrte. „Was soll das sein?“
„Das, was darüber steht“, erwiderte Vanessa kühl: „Das Geständnis der Anna Gsell und der Maria Welsch im Löffinger Hexenprozess von 1636.“
Sie saßen auf Vanessas Bett in Vanessas sechs Quadratmeter großen Speicherwohnung und blätterten in der dicken Löffinger Chronik, in die Vanessa zahlreiche gelbe Marker-Zettel geklebt hatte.
Alfred lehnte sich gegen die Wandschräge: „Und deswegen machst du einen solchen Alarm?“ Er klang genervt und

übellaunig. Das war er auch. Nach dem Telefonat mit Junkel hatte er nicht geglaubt, dass es noch etwas geben könnte, was ihm den Aschermittwoch weiter vermiesen könnte. Er fühlte sich hilflos, machtlos, gelähmt. Was konnte er tun, um Anna zu finden? Nichts! Junkel hatte ihn um Geduld gebeten. Er solle sich für morgen bereithalten. Dann würden sie dem Förster Röhle einen Besuch abstatten. „Nicht unbedingt dienstlich, ist ja nicht mein Fall", hatte Junkel abgewiegelt, „aber halbdienstlich. Du hast mich um polizeiliche Hilfe gebeten."

Das war nicht tröstlich, das war beängstigend. Denn damit rückte Junkel Annas Verschwinden in einen direkten Zusammenhang mit dem „Hexenmord". War der Förster Röhle wirklich eine Spur? Anna hatte ihn doch überhaupt nicht gekannt. Oder etwa doch?

Vor Sorge und Unruhe kaum in der Lage, still zu sitzen, hatte Alfred im roten Flitzer weitere Runden um die verregnete Innenstadt gedreht und sich das Hirn zermartert, was er denn noch tun könne, was er vielleicht übersehen hatte, was er noch nicht gründlich genug überlegt hatte. Und bei dieser ergebnislosen Übung hatte ihn der Anruf Vanessas aufgeschreckt: „Komm sofort zu mir. Ich muss dir etwas zeigen. Der Hexenmord. Ich weiß jetzt, was Annas Verschwinden damit zu tun hat."

Das hatte gereicht, um Alfred sofort wachzurütteln. Aber bis jetzt hatte Vanessa immer noch nicht verraten, was sie entdeckt hatte. Stattdessen ließ sie ihn dieses alte Zeugs aus der Löffinger Chronik lesen, dieses geistesverwirrte Geständnis voller Dummheiten und Aberglauben, fast 400 Jahre alt, das außerdem unter der Folter zustande gekommen war und damit sowieso keinen Wert hatte.

„Ich verstehe immer noch nicht …“, nörgelte Alfred. „Deshalb hast du mich angerufen. Was soll denn daran eine heiße Spur sein?“
Vanessa schaute ganz ernst drein. Sie kniete sich jetzt neben Alfred und streichelte ihm die Wange. „Alfred, Alfred, du bist blind. Blind, wie ein Verzweifelter nur blind sein kann.“ Sie nahm ihn in die Arme. Alfred wehrte sich. „Was soll das denn jetzt?“
Vanessa schluchzte fast, als sie weitersprach: „Nicht das Geständnis ist wichtig. Nicht das Geständnis. Die Namen sind es. Schau dir die Namen an.“
Alfred stand immer noch auf dem Schlauch: „Anna Gsell und Maria Welsch. Ja, habe ich gelesen. Die zwei Verurteilten.“
„Ach Alfred! Jetzt weinte Vanessa wirklich: „Anna und Maria!“ Sie wiederholte und betonte dabei jeden einzelnen Buchstaben: „A-n-n-a und M-a-r-i-a!“
Jetzt fiel bei Alfred der Groschen. Er spannte sich: „Du meinst …?“
„Es ist doch so offensichtlich! Ja, das meine ich. Die beiden Frauen bei den Löffinger Hexenprozessen hießen Maria und Anna. Und jetzt: Die zuerst vermisste und dann ermordete Frau in Löffingen hieß Maria. Das Plakat um ihren Hals hat eindeutig den Hinweis auf die Löffinger Hexenprozesse geliefert. Und jetzt wird Anna vermisst. Anna, die in diesem Hexenfall recherchiert hat.“ Vanessa warf sich Alfred heulend um den Hals: „Oh Alfred, es tut mir so leid!“
Alfred war noch zu konsterniert, um mitzuheulen. Wenn Vanessa recht hatte, Maria und Anna …, dann, dann … Die Tragweite dieser Zusammenhänge gingen ihm auf. Dann war Anna jetzt in den Händen eines Mörders! Die geliebte Anna! „Oh mein Gott!“, entfuhr es ihm. Er ließ sich Vanessas Umarmung gefallen.

Eine halbe Stunde später stand Kommissar Junkel auf der Matte. Eine dezente Asbach-Fahne umgab ihn. Vanessa hatte ihn angerufen, ihm kurz ihren Verdacht geschildert. Junkel kam sofort, obwohl er ganz sicher längst Feierabend hatte, denn inzwischen dunkelte die Nacht herein. Junkel ließ sich die Löffinger Chronik von Emil Ketterer zeigen, las das dort abgedruckte Hexengeständnis zweimal von vorne bis hinten und dann immer heftiger schnaufend das ganze Kapitel über die Löffinger Hexenprozesse, und er vergaß dabei sogar seine Zigarette, die ungeraucht auf dem Porzellanunterteller verglühte, den Vanessa ihm als Aschenbecher hingeschoben hatte.
Er kratzte sich das schüttere Haar. Er ächzte und knurrte, während er las. Er stank nach Asbach. Aber er blieb aufs Höchste konzentriert. Vor allem wuchs die Falte auf seiner Stirn, und die Mundwinkel hingen immer verzagter herab, als verließe sie aller Mut.
„Das ist bitter!", kommentierte er schließlich. „Das ist ganz bitter." Er klappte die Ketterer-Chronik zu und warf sie neben sich auf das Bett: „Entweder wir spinnen grandios und konstruieren hier ein Hirngespinst, oder aber wir haben ein gewaltiges Problem. Und mit wir meine ich die Polizei …"
Er suchte nach seiner Zigarette, fand aber nur die verglimmte Aschespur. „Kippe?", fragte er Richtung Alfred. Es war aber Vanessa, die ihm eine Selbstgedrehte reichte.
Alfred tippte bereits eine Kurzfassung der neuesten Erkenntnisse in sein Smartphone, um Peter Sterzer auf dem Laufenden zu halten. Er hörte mit halbem Ohr Junkel zu, der in kriminalistischer Professionalität den Fall in einzelne Details zerlegte: „Wir haben heute Mittwochabend, richtig?"
Vanessa bejahte: „Richtig!"

„Dann ist Anna seit drei vollen Tagen verschwunden. Richtig?"

Wieder bejahte Vanessa: „Richtig!"

Junkel nahm einen tiefen Zug aus seiner Zigarette und pustete ihn gegen das angelehnte Oberlicht, das ein bisschen Sternenhimmel in Vanessas Bude ließ. „Die andere Frau, diese Maria, die war eine Woche verschwunden, ehe sie am Abend des siebten Tages plötzlich als Leiche auf dem Hexenball in Löffingen auftauchte!"

„Richtig", sagte Alfred, ohne dass ihn Junkel danach gefragt hätte. Aber Alfred kombinierte auf eigene Faust weiter: „Und es waren sieben Stationen eines Hexenprozesses, die auf dem Plakat standen, das der Mörder ihr um den Hals gehängt hatte."

„Richtig!", sagte jetzt Junkel. Er hustete kratzig in sich hinein: „Wenn der Mörder mit seinem Opfer jeden Tag eine dieser sieben Etappen eines Hexenprozesses durchspielt, dann hat Anna heute den dritten Tag hinter sich und …"

„Oh mein Gott!", entfuhr es Vanessa.

„Was war am dritten Tag?", wollte Alfred wissen.

Vanessa klärte auf, indem sie Emil Ketterers Chronik wieder zur Hand nahm und an einer der mit gelben Zetteln markierten Stelle aufschlug. Sie las vor: „Dritte Station des Gerichtsverfahrens: Die Tortur! Bei Halsstarrigkeit hat der Henker den armen Sündern die Hände auf den Rücken gebunden und sie aufgezogen. Ein Aufzug dauerte von eines Vaterunsers Länge bis zu einer halben Stunde. Er wurde oft vor- und nachmittags vollzogen. Nach dem Ablassen durften die Opfer sich setzen. Ganz Verstockten hing man Steine an die Füße oder legte die spanischen Stiefel an."

Die leise gesprochenen Worte lagen im Raum wie ein Hexenfluch. Alfred wollte das Ganze nicht zu Ende denken. Ihm standen die Bilder vor Augen, die er beim Hexenball von der toten Maria gemacht hatte. Die ausgerissenen Haare, die Blutstriemen am Hals und am Oberkörper, die blauen Flecken. Junkel produzierte Qualm und grunzte wieder vor sich hin. Er erhob sich ächzend: „Ich muss jetzt ein paar Telefonate erledigen. Die Sache wird heiß. Die Kollegen von der Soko Hexenschuss sollten Bescheid wissen." Er streckte sich: „Ich geh vor die Tür!"

Schon war er draußen.

„Er will nicht, dass wir alles mithören", schlussfolgerte Vanessa.

„Er ist ok!", verteidigte Alfred den Kommissar. „Er muss sich an seine Paragrafen halten. Und er hat Vorgesetzte im Genick, die ihn gerne erledigen würden. Aber auf ihn können wir uns verlassen. Er weiß immer nur ein bisschen mehr als er zugibt."

„Alfred, das Ganze ist ja so schrecklich. Was können wir bloß machen?"

Unwillig schüttelte Alfred den Kopf und machte sich von Vanessas dürren Armen frei. „Lass mich mal nachdenken", sagte er. „Da hängt bei mir noch irgendwas am Haken, irgend so ein Erinnerungsfetzen. Das ist wichtig. Gib mir mal ne Zigarette."

Vanessa opferte eine weitere Selbstgedrehte. In ihrer Bude stand der Qualm inzwischen so dicht unter der Decke wie einst zu Zeiten der Stumpen in der Neustädter Spritz. Das Oberlicht konnte sie nicht weiter öffnen, weil es sonst hereingeregnet hätte.

Ein kleiner, verschwommener Gedanke plagte Alfred. Da war irgendetwas. Irgendein Wort oder irgendeine Szene, die er sich in Erinnerung rufen musste. Es hing mit Anna zusammen und mit ihren letzten gemeinsamen Recherchen in Göschweiler. Alfred ließ alle Ereignisse nochmals vor seinem geistigen Auge ablaufen, jedenfalls soweit er sie noch

zusammenkratzen konnte. Wie war das nochmal gewesen, beim ersten gemeinsamen Besuch beim Kräuterhannele? Sie hatten Tee getrunken. Irgendso ein heißes Gift, vom Kräuterhannele angerührt. Nein, stimmte gar nicht. Es war Clemens gewesen, der den Tee aufgebrüht und an den Tisch gebracht hatte. Clemens, der Enkel vom Kräuterhannele.
Wieso war diese Szene wichtig? Alfred sprang auf und drehte wie ein eingesperrter Tiger Runden in Annas winzigem Zimmer.
Dieser Clemens nahm vor Alfreds innerem Auge Gestalt an. Ein unscheinbares Bürschchen, ein schüchterner, verzagter, verklemmter Typ. Die ganze Zeit hatte er in Kräuterhanneles Küche nur still in einer Ecke gestanden. Eindeutig stand er unter der Fuchtel seiner Großmutter. Aber er hatte plötzlich so glänzende Augen bekommen. Daran erinnerte Alfred sich wieder. Er hatte den Tee serviert und mit glänzenden Augen Anna angestarrt. Ja! Das war es gewesen, was Alfred so irritiert hatte. Dieser verklärte, verzückte Blick, den Clemens plötzlich bekommen hatte.
Warum?
„Ich komm nicht drauf!", fluchte Alfred und schlug sich mit der rechten Faust in die flache linke Hand.
„Wo kommst du nicht drauf?", wollte Vanessa wissen, die immer noch mit gekreuzten Beinen auf ihrem Bett saß.
Alfred hörte auf, herum zu tigern und blieb vor Vanessas Bett stehen: „Was da los war. In dieser Szene, als der Clemens plötzlich so glänzende Augen bekam."
Vanessa sah in fragend an. Sie konnte nicht wissen, wovon Alfred sprach. Bei ihm liefen alle Rädchen heiß. Wieso konnte er sich nicht erinnern, verflucht? Hatte er sich den Verstand schon so weggesoffen?
Was hatte das Kräuterhannele in dieser Szene gesagt? Sie hatten ja nur mit dem Kräuterhannele gesprochen. Und jetzt

fiel es Alfred wieder ein. „Ahh!“, stöhnte er. Vanessa staunte: „Stimmt was nicht?“
„Ahh! Ich hab’s!“, rief Alfred, lauter als geplant und vollkommen bestürzt.
„Ist alles in Ordnung?“
„Sie hat nach unseren Namen gefragt“, erinnerte sich Alfred jetzt laut. „Das Kräuterhannele hat nach unseren Namen gefragt. Und dann hat Anna sich vorgestellt. Mit ihrem Vornamen.“ Er fuchtelte mit der Faust durch die Luft, so als wollte er einen dort drin gefangenen Käfer unbedingt festhalten. „Ja, ja! Ich Idiot! Dass ich nicht früher darauf gekommen bin.“
„Ich verstehe nur Bahnhof“, gestand Vanessa.
Vanessa musste Alfred für einen Vollidioten halten, so wie er im Zimmer stand und die Faust durch die Luft rührte. Er stöhnte wieder schmerzvoll: „Anna hat ihren Vornamen gesagt, und da ist dieser Schwachkopf von Clemens in seiner Ecke plötzlich aufgewacht und hat wie aufgescheucht reagiert. Er hat gerufen ‚Anna Gsell, Anna Gsell, sie ist Anna Gsell. Das passt genau!‘ So hat er gerufen, und er war plötzlich vollkommen aufgeregt.“
„Bist du sicher?“, fragte Vanessa eingeschüchtert. „Dann kennt dieser Clemens die Hexenprozesse?“
Clemens hatte auch den Röhle ins Spiel gebracht. Den Namen des Försters, der so hieß wie der Teufel in den mittelalterlichen Hexenprozessen.
„Ich bin ganz sicher!“ Alfred brüllte es fast. „Dieser Clemens, das ist er. Das ist das Schwein. Den müssen wir schnappen.“
Die Tür ging auf und Kommissar Junkel kehrte zurück: „Wer brüllt denn da das ganze Haus zusammen, als habe er soeben den Fall aufgeklärt“, fragte er spöttisch, aber auch leicht besorgt. Alfred hatte sich wie ein Wahnsinniger angehört.

„Ich hab den Fall aufgeklärt", keuchte Alfred. Er erzählte Junkel alles, was ihm wieder eingefallen war und erläuterte, was er sich daraus zusammenreimte. Am Ende folgte die Schlussfolgerung: „Irgendwie ist dieser Clemens beteiligt. Vielleicht hat er die Frauen entführt. Dann ist er der Mörder. Möglicherweise hat er aber auch auf Anweisung vom Kräuterhannele gehandelt ..."
„Langsam, langsam", gebot Junkel und hustete trocken dazu. Der Kommissar nahm alles zur Kenntnis, machte sich sogar ein paar Notizen, und erklärte Alfred, der am liebsten gleich in den Hochschwarzwald hinauf gefahren wäre, dann trotzdem ganz sachlich, dass jetzt in der Nacht nichts mehr unternommen werden könne. „Wir schauen uns das Bürschchen morgen mal in aller Ruhe an", versprach er, „und den Förster Röhle gleich mit, und dann sehen wir weiter." Er klopfte Alfred väterlich auf die Schulter: „Bis dahin sollten wir alle noch ein paar Stunden schlafen."
Junkel verabschiedete sich. Alfred wollte nicht bei Vanessa bleiben, er fürchtete sich vor ihrer Anteilnahme. Also machte er sich ebenfalls auf den Nachhauseweg. Er fand die Aluleiter ans Zimmerfenster von Hugo angelehnt. Mit müden Knochen kletterte er empor. Das Fenster stand halb offen, er konnte einsteigen. Dazu musste er sich aber um die eigene Achse drehen und zuerst ein Bein über den Fenstersims in Hugos Zimmer schwingen. Er merkte bereits bei der Hälfte der Drehung, dass irgendetwas schief lief. Die Bewegung löste verknotete Nerven oder Muskeln. Jedenfalls machte es in Höhe von Alfreds Lendenwirbeln mal wieder „Plopp" und ein Peitschenhieb durchfuhr seinen Rücken. Er kippte vorneüber in Hugos Zimmer und brüllte vor Schmerz. Auf dem Parkettboden blieb er liegen. Er konnte sich nicht rühren. Seine Hilferufe blieben ungehört. Hugo war nicht zuhause.

SPUREN UND VERDÄCHTIGE

Es war Kommissar Junkel, der Alfred am nächsten Morgen in seiner misslichen Lage fand. Junkels verknitterter Kopf erschien im Fensterrahmen und zusammen mit der Morgensonne brachte er Licht in die trostlose Lage. Alfred lag noch immer gekrümmt in stabiler Seitenlage. Er wagte keine zusätzliche Bewegung, denn das jagte ihm sofort Schwärme von elektrischen Torpedos durch die Hüfte und den Rücken. So hatte er die ganze Nacht gelegen. Steif wie ein Brett. Er hatte kein Auge zugetan. Inzwischen drückte auch noch sei ne Blase wie ein gärender Hefeteig und drohte zu platzen. Alfred stöhnte: „Hilfe! Hilfe!“ Es war ein so klägliches Jammern, dass Junkel erschrocken durchs Fenster ins Zimmer purzelte.

„Was ist denn hier los?“

„Hhhe ….he …. Hexenschuss“, stöhnte Alfred. Dabei winkte er mit der rechten Hand wie ein Ertrinkender.

Junkel blieb breitbeinig vor Alfred stehen und musterte ihn neugierig. Alfred konnte aus den Augenwinkeln lediglich die dreckigen und vollkommen schiefgelaufenen Schuhe des Kommissars sehen. „Helfen Sie mir auf die Beine“, flehte er. „Aber vorsichtig!“

„Gleich!“, kündigte Junkel gelassen an. „Vorher muss ich erst mal in Ruhe die Lage peilen. Wo bin ich denn hier?“

„Das ist das Zimmer von Hugo, meinem WG-Genossen“, presste Alfred zwischen den Zähnen hervor. Die Schuhe verschwanden aus seinem Blickfeld. Junkel inspizierte den Raum.

„Hugo?“, fragte Junkel gedehnt. „Seit wann gibt es in deiner WG einen Hugo?“

„Er war auf Weltreise“, quälte Alfred sich eine Antwort ab. „Er ist erst vor ein paar Tagen zurückgekehrt.“
„Diese Wohnung ist versiegelt“, sagte Junkel lauernd. Alfred konnte ihn nicht mehr sehen. Er ahnte nur am Klang der Stimme, dass Junkel bei diesem Thema keinen Spaß verstand.
„Das Fenster war offen“, krächzte Alfred. „Das Siegel an der Tür ist unversehrt. Und Tim Joys Wohnung haben wir auch nicht angerührt.“
Jetzt vernahm Alfred das Zischen eines Streichholzes und sogleich erschnupperte er den Rauch von Junkels Zigarette. Der Kommissar schien entspannt nachzudenken.
„Das geht überhaupt nicht!“, erklärte Junkel schließlich. „Ihr könnt nicht über das Fenster in eine polizeilich versiegelte Wohnung einsteigen. Diese Wohnung ist beschlagnahmt.“
„Wir haben nichts angefasst. Überhaupt, es war Hugos Idee ...“, unternahm Alfred einen schwachen Versuch, sich reinzuwaschen.
„Ein Jahr Knast steht auf Siegelbruch. Und eine satte Geldstrafe ...“
„Das Siegel ist noch heil!“, verteidigte Alfred trotzig. „Wo sollen wir denn schlafen? Arbeiten? Studieren?“
Junkel kicherte gekünstelt, während Alfred nun doch mit zusammengebissenen Zähnen seine Lage veränderte, und auf dem Rücken zu liegen kam. Er sah Junkel jetzt wieder. Der Kommissar stand vor Hugos großer Blechkiste, die mit einem neuen Vorhängeschloss gesichert war.
„Was ist da drin?“
„Hugos Waffenlager“, antwortete Alfred mit gespieltem Ernst. „Panzerfäuste, Schnellfeuergewehr, Maschinenpistole, Handgranaten. Er plant die Weltrevolution.“
Junkel lachte krächzend. Der Gedanke an eine Weltrevolution schien ihn zu amüsieren. Plötzlich hörte Alfred von

draußen im Garten eine Stimme: „Was ist denn los? Soll ich auch hochkommen?“ Das war Vanessas Stimme. Sie schickte der Himmel.
„Ich habe sie abgeholt“, sagte Junkel beiläufig. „Dachte, sie will vielleicht mit in den Hochschwarzwald, wenn wir uns diesen Clemens nochmal anschauen.“
Noch immer machte Junkel keinerlei Anstalten, Alfred auf die Beine zu helfen. Der Kommissar schien jetzt genug von Hugos Zimmer gesehen zu haben. Er öffnete die Zimmertür und trat auf den Gang hinaus. „Schaue mir nur mal den Rest der Wohnung an“, verkündete er. „Ob das Siegel an Tim Joys Zimmertür tatsächlich noch unversehrt ist. Und deine Bude interessiert mich natürlich auch.“
„Können Sie mir dann gleich die Salbe mitbringen“, rief ihm Alfred hinterher. „Die Salbe gegen meinen Hexenschuss. Sie liegt gleich neben der Matratze, in ein Leinentuch eingewickelt.“
Junkel gab keine Antwort. Stattdessen erschien das Koboldgesicht von Vanessa im Fensterrechteck. Sie ließ einen kleinen, spitzen Schrei fahren. Alfred fand es angemessen, nochmals gequält zu stöhnen. Aber alleine Vanessas Erscheinen verlieh ihm schon Zuversicht und neue Kräfte. Es gelang ihm, sich in eine sitzende Position aufzurichten. Er schilderte seine Albtraumnacht, während Vanessa neben ihm kniete und Trost spendete. Bald kehrte auch Junkel mit der Salbe zurück. Vanessa schmierte mit Inbrunst Alfreds Hüfte und seine Bandscheiben ein. Sofort stellte sich wieder die heiße Strömung ein, die wie eine reinigende Lava durch Haut, Muskeln und Knochen fuhr. Erneut bewirkte die Hexensalbe Schmer Wunder. Schade nur, dass nunmehr die letzten Vorräte verbraucht waren. Alfred wagte es, sich zu recken und zu dehnen. Der Körper spielte mit. Die Nerven schrien nicht mehr wie Wahnsinnige auf der Streckbank,

sondern murrten nur noch leise. Es war erträglich. Schon konnte Alfred wieder schmerzfrei im Zimmer auf- und ab gehen. „Ich glaube, es wird wieder“, antwortete er auf Junkels Frage, ob sie denn nun bald aufbrechen könnten. Wenig später saßen sie im Auto. Die Frage nach dem verbotenen Einstieg in die polizeilich versiegelte Wohnung rührte Junkel nicht mehr an. Alfred hütete sich, das Thema seinerseits anzusprechen. Vielleicht mimte Junkel ja den Vergesslichen. Vielleicht behielt er das Thema auch nur in der Hinterhand, um es Alfred bei passender Gelegenheit wieder unter die Nase zu reiben.
Sie fuhren nicht mit Alfreds rotem Flitzer in den Hochschwarzwald, der blieb auf seinem Gartenparkplatz hinter der Villa stehen, sondern in Junkels zerbeulten Opel, der nach kaltem Rauch und saurem Schweiß stank. Die Aschenbecher im Wagen quollen über. „Ich bin wahrscheinlich der letzte Mensch in ganz Freiburg, bei dem noch im Auto geraucht werden darf“, räumte Junkel freimütig ein. „Das hält mir unerwünschte Mitfahrer vom Leib. Kürzlich musste ich mal meine Chefin mitnehmen …“ Er führte die Situation nicht weiter aus. Aber da Alfred Junkels heikles Verhältnis zur leitenden Kriminaldirektorin Dr. Leber-Semmlich kannte, brauchte er auch keine weiteren Erläuterungen. Eine gemeinsame Fahrt in Junkels Stinkbüchse dürfte das Klima zwischen den beiden aber sicher nicht gravierend verbessert haben.
Während der Fahrt nahm Alfred Kontakt mit Peter Sterzer auf. Es gab immer noch keine Nachrichten von Anna. Aber immerhin jetzt eine von der Polizei autorisierte Zeitungsnotiz, mit der die offizielle Fahndung ausgerufen wurde. Ein Bild von Anna war auch beigegeben, ebenso das Kennzeichen von Annas Auto, das ebenso spurlos wie sie selbst verschwunden war. Sterzer schickte eine PDF-Datei des BZ-

Artikels. Als Alfred es sich anschaute, zerriss es ihm fast das Herz. Unschuldig wie ein Milchmädchen aus der Werbung der Schwarzwaldmilch blickte ihm Anna aus schwarzen Augen entgegen. Schnell schloss er die Datei wieder. Das hielte er nicht aus. Dann wollte er den Laptop starten, schloss den Deckel aber schleunigst wieder, als Tim Joys Mostkopf erschien und zu sprechen anhob. Das hätte noch gefehlt, dass Junkel etwas davon mitbekam, dass Tim Joy aus dem Knast heraus Alfred Anweisungen erteilte.

Sie fuhren über Neustadt nach Rötenbach und von dort über die kleine Landstraße nach Göschweiler.

Alfred dirigierte durch den Ort und auf der anderen Seite wieder hinaus Richtung Stallegger Hof. Bald erreichten sie den kleinen Wanderparkplatz. Junkel ließ seinen Schrottopel gemächlich einrollen. Die Wiesen ringsum waren inzwischen komplett schneefrei. Von der Wutachschlucht zogen Nebelschlieren herauf, blieben aber an den Bäumen hängen, ohne es auf die Hochebene zu schaffen. Neugierig studierte der Kommissar aus dem Seitenfenster hinaus den weißen Kastenwagen, der noch immer auf seinem Platz stand. „Kommt mir bekannt vor“, murmelte er vor sich hin.

„Wer? Was?“, fragte Alfred, der Junkels Blicken gefolgt war.

„Hier, die weiße Kiste!“, sagte Junkel und schaltete den Motor aus. Der Opel blubberte kurz, dann schwieg er. Junkel kurbelte das Seitenfenster herunter und schüttelte den Kopf. „Nicht zu fassen!“, sagte er.

Vanessa beugte sich vom Rücksitz her nach vorne, indem sie den Kopf zwischen Junkel und Alfred streckte: „Da drin ist jemand. Da habe ich letztes Mal schon Bewegungen und einen Schatten gesehen. Und Alfred hat Fußspuren entdeckt …“

Junkel winkte ab. „Ich weiß, dass da drin jemand sitzt. Vermutlich zwei Personen. Das ist ein polizeiliches Überwa-

chungsfahrzeug. Da habe ich selbst schon Tage und Nächte drin verbracht." Er knirschte mit den Zähnen, als müsse er eine schwierige Entscheidung fällen. „Wir sollten die Jungs nicht stören. Schon gar nicht sollten sie merken, dass wir wissen, dass sie da drin sind. Vor allem kriege ich Ärger, wenn ich sie auffliegen lasse." Er kurbelte das Fenster wieder hoch und drehte sich zu Alfred und Vanessa um: „Wir tun erst Mal so, als hätten wir sie nicht bemerkt und auch keinen Verdacht geschöpft. Ich kriege später heraus, was die Kollegen hier machen. Aber wir steigen nicht aus. Wir fahren den Weg hinunter bis zu Kräuterhanneles Haus."
„Das ist ein ziemlich steiler und schlecht befestigter Weg", warnte Alfred.
„Genau das Richtige für meine Karre!", grunzte Junkel. Er startete den Wagen. Langsam rollten sie über den Wanderparkplatz und dann den schmalen Fußweg hinunter, der zum Hexenhaus von Kräuterhannele führte.
„Wahrscheinlich verfolgen sie uns jetzt mit dem Feldstecher", mutmaßte Junkel in Richtung der unbekannten Insassen des weißen Kastenwagens. Während er vorsichtig steuerte, den Fuß permanent auf Kupplung und Bremse, dozierte er: „Das ist so eine Kiste, die stellen wir manchmal an Plätzen auf, die wir unauffällig überwachen wollen. Dort drin können sich Ermittler einige Tage versteckt halten. Sie beobachten alles, was um sie herum geschieht, notieren jeden Wanderer und jedes Fahrzeug, und von außen sieht es so aus, als ob da einfach nur so ein altes Wohnmobil abgestellt worden wäre."
„ ... aus dem regelmäßig jemand herauskommt, um daneben an den Waldrand zu pinkeln!", mischte sich Alfred ein. Junkel sah ihn unsicher an. Alfred erläuterte: „Als hier noch Schnee lag, hat man die Spuren gesehen. Fußspuren und Pinkelspuren!"

Junkel lachte gepresst: „Diese Idioten!" Er hüstelte: „Das habe ich nicht gesagt." Dann fuhr er in seinen Erläuterungen fort, während sie sich jetzt schon in der kleinen Hofeinfahrt vor Kräuterhanneles Haus befanden. Rechts war die eingegatterte Eselsweide, momentan ohne Esel, links befand sich der kleine Brunnen.
„Ich vermute, dass das weiße Wohnmobil zur Soko Hexenschuss gehört", sagte Junkel. „Hier in der Nähe wurde die vermisste und ermordete Maria zuletzt gesehen. Es ist naheliegend, dass die Kollegen die Gegend beobachten. Hier hat man auch Marias verlassen Wagen gefunden."
„Auf einem Waldweg", ergänzte Alfred.
Junkel zog kurz eine Augenbraue in die Höhe. „Das kannst du nicht wissen!", behauptete er.
„Stand doch in der Zeitung", erwiderte Alfred.
„Eben nicht!", entgegnete Junkel. „Eben nicht! Ausdrücklich stand in der Zeitung, dass der Wagen auf einem Feldweg gefunden wurde. Das war eine von unseren Kollegen absichtlich falsch gelegte Spur."
Junkel rangierte den Opel rückwärts gegen das Haus, so dass er leicht und schnell wieder davonfahren konnte, sollte dies nötig werden. Er ergänzte: „Das haben wir so an die Presse gegeben, dass der Wagen auf einem Feldweg gefunden wurde. In Wirklichkeit war es aber ein Waldweg. Manchmal verplappern sich Verdächtige, wenn sie an solchen kleinen Details eine Wahrheit kennen, die nur die Täter wissen können." Er grinste jetzt, während er sich noch eine Zigarette ansteckte: „Und jetzt du Alfred! Woher wusstest du, dass das Auto auf einem Waldweg gefunden wurde? Das ist Täterwissen."
Alfred erschrak. „Ich ... ich weiß nicht mehr. Ich bin unschuldig. Keine Ahnung, wieso ich das mit dem Waldweg wusste. Ich erinnere mich nicht mehr." Er zögerte: „Vielleicht hab ich's auch nur falsch aufgeschnappt. Ein Zufall ...?"

Junkel seufzte, während er seine Fahrertür öffnete. „Glaub mir, es gibt selten Zufälle. Denk noch mal darüber nach!"
Der Kommissar stieg aus und sah sich unvermittelt der Bärengestalt des Kranitzers gegenüber. Wie aus dem Nichts war der Kerl plötzlich erschienen. Sein windschiefes Gesicht war gerötet wie das Antlitz eines Alkoholikers. Hatte er hinter dem Brunnen gestanden und gelauert? Jedenfalls stand er jetzt da und machte sich breit. In der rechten Hand, die locker an seiner Seite baumelte, hielt er eine massige Holzfälleraxt.
„Was wollt ihr?", brummte der Kranitzer, als auch Alfred und Vanessa ausgestiegen waren. Er zeigte dabei seine schiefen Zähne.
„Ein paar Fragen stellen", sagte Junkel freundlich und ohne den geringsten Anflug von Furcht oder Erschrecken. „Ich bin von der Polizei." Der Kranitzer zuckte zusammen. Unaufgeregt zog Junkel aus seinem zerknitterten Jackett seine Dienstmarke und hielt sie dem glotzenden Kranitzer unter die krumme Nase.
„Ich war schon bei der Polizei. Bin unschuldig", sagte der Kranitzer trotzig und doch auch irgendwie eingeschüchtert. Er trat einen Schritt zurück. Es war eine grobschlächtige aber vor Kraft strotzende Bewegung. Der Kerl besaß ganz sicher Bärenkräfte. Er gab durch seine Bewegung den Blick frei auf einen groben Hackklotz und dahinter einen Berg von gespaltenen Holzscheiten. Offenbar hatten sie den Kranitzer gerade beim Holzhacken gestört.
„Wir kennen deine Geschichte", sagte Junkel mit höflicher Autorität. „Du hast ja ein Geständnis abgelegt. Sehr vernünftig. Jetzt wollen wir mit dem Clemens sprechen." Alfred musste bewundernd anerkennen, dass der Kommissar genau den richtigen Ton traf. Kein Zungenschlag, der den Kranitzer irgendwie reizen könnte. Aber auch keine Tonlage, die dem unberechenbaren Kerl Oberwasser gab.

„Der Clemens ist nicht da", behauptete Kranitzer. Seine rötlichen Augenbrauen bebten. Aber als Junkel sich nicht eingeschüchtert zeigte, schlug er die Augen nieder.
„Wir schauen selber mal nach", kündigte Junkel an und drängte am Kranitzer vorbei Richtung offenstehender Haustür. Alfred und Vanessa folgten hastig und indem sie möglichst viel Abstand zum Kranitzer einhielten.
„Er ist nicht da", beharrte der Kranitzer. Über seiner riesigen Hakennase zogen sich die kleinen Äugelein zu zwei dunklen Punkten zusammen. Fast schien es Alfred, als habe er die Hand mit der Axt leicht drohend erhoben. Ungefragt folgte der Kranitzer Junkel, Alfred und Vanessa ins Haus. Die Axt behielt er in der Hand. Er trug sie wie ein Wikinger seine Streitaxt. Alfred ließ ihn nicht aus den Augen.
Sie betraten wieder Kräuterhanneles Küche, in der das Licht dämmrig wie immer schummerte. Es roch diffus nach abgestandenem Essen. Dabei dominierte der miefige, schwefelige Gestank von zu lange gegartem Kohl. Junkel schnupperte genauso angewidert wie Alfred. „Riecht nach Hexenküche", flüsterte er Alfred zu. Vanessa fasste Alfred beim Oberarm. Ihr war an diesem Ort sichtlich nicht geheuer. Sofort nahm die unheilvolle Atmosphäre in dieser dämmerigen und stinkigen Küche alle drei gefangen. Das Kräuterhannele kam durch eine niedrige Holztür herein, die Alfred bei seinen bisherigen Besuchen gar nicht aufgefallen war. Sie war so zwischen zwei Balken in die Wand integriert, dass man sie gar nicht als Tür erkannt hätte, selbst wenn man unmittelbar davor gestanden hätte. Raffiniert! Was sich wohl dahinter verbergen mochte, fragte sich Alfred. Er versuchte einen Blick in das Halbdunkel hinter der Tür zu erhaschen, aber schon hatte das Kräuterhannele die Tür wieder geschlossen.

„Hausfriedensbruch!“, keifte sie. „Ich habe genug!“ Sie klang sehr ungehalten. „Wer hat euch erlaubt hereinzukommen? Ihr seid nicht willkommen.“
„Mama, ich ...“, versuchte der Kranitzer eine krächzende Erklärung.
„Nächstes Mal verjagst du sie mit deiner Axt, anstatt sie hereinzulassen“, schimpfte das Kräuterhannele. Sie sah jetzt überhaupt nicht mehr aus wie eine freundliche alte Kräutersammlerin, sondern wie eine gallige Vettel, die am liebsten ihre ganze Umwelt vergiften würde. Sie trug immer noch ihre Schlabbertrainingshose mit der Aufschrift New York Giants und darüber einen weiten, selbstgestrickten Pullover aus mausgrauer Wolle. Auf den Hosenbeinen gesellten sich inzwischen zu den Kaffeeflecken auch noch Flecken von Eigelb. Ihre graue Haarmähne hing ihr strähnig nach allen Seiten vom Kopf. Sie machte keinen geordneten Eindruck wie bei den früheren Besuchen. Sie sah eher beängstigend aus. Wie eine Wahnsinnige, dachte Alfred.
„Ich bin von der Polizei“, sagte Kommissar Junkel gelassen, während er sich in aller Seelenruhe jedes Detail der Küche anschaute. Dazu schritt er das Wandregal ab, schnupperte an einem offenen Tonkrug, inspizierte die Töpfe auf dem Herd, deren Inhalt leise vor sich hin köchelte, begutachtete die getrockneten Pflanzen, die von den krummen Deckenbalken hingen.
„Wir haben der Polizei schon alles gesagt. Und den Karl haben sie wieder freigelassen, nach dem Verhör“, sagte das Kräuterhannele spitz, aber nicht mehr ganz so aggressiv. „Was wollen Sie noch?“
„Cannabisanbau ist verboten!“, sagte Junkel unvermittelt und rieb ein paar Blätter zwischen den Fingern, die er von der Decke geklaubt hatte. Das Kräuterhannele schenkte ihm einen giftigen Reptilienblick.

„Wir wollten nochmal mit Clemens sprechen“, mischte sich jetzt Alfred ein, während Vanessa interessiert die Cannabisabteilung an Kräuterhanneles Deckenbalken in Augenschein nahm.
„Ist nicht da!“, brummte Kranitzer-Karl aus dem Hintergrund.
„Der ist nicht da“, bestätigte das Kräuterhannele. „Bei der Arbeit.“
Vanessa nahm ein ganzes Büschel getrockneter Blätter vom Balken. „Ist das alles Cannabis?“, fragte sie neugierig.
„Finger weg!“, keifte das Kräuterhannele. „Ja“, sagte Junkel.
„Finger weg!“, wiederholte der Kranitzer und entwand Vanessa das Büschel mit sanfter Gewalt aus den Fingern. Erschrocken ließ Vanessa los.
„Wo arbeitet er?“, fragte Junkel sanft. „Wo arbeitet Clemens?“
„In Bräunlingen“, antwortete das Kräuterhannele wahrheitsgemäß, bemüht, ihrer Stimme einen konstruktiven Unterton zu verleihen. Alfred wusste aus seinen Gesprächen mit Clemens, dass dieser bei einem Metallbaubetrieb in Bräunlingen Hilfsarbeiter war, eine Art angelernter Mechatroniker ohne echte Ausbildung.
„Wann hat er Feierabend?“, fragte Junkel hartnäckig weiter. „Kommt er dann gleich hierher? Er wohnt doch hier, oder?“
„Er wohnt hier, ja“, bestätigte das Kräuterhannele, jetzt schon wieder giftig. „Wo soll er denn sonst wohnen?“
Junkel trat einen Schritt auf das Kräuterhannele zu. Er strahlte jetzt sehr viel Polizeiautorität aus, wirkte souverän wie ein Fernsehkommissar. Alfred bewunderte ihn in diesem Augenblick. „Können wir mal sein Zimmer sehen?“, lautete Junkels nächste, lauernde Frage.
Das Kräuterhannele schnaubte und warf mit einer abrupten Kopfbewegung ihre wirren Haarsträhnen in den Nacken:

„Ha! Was noch? Habt ihr nicht schon das letzte Mal alles umgekrempelt, wo ihr den Karl mitgenommen habt? Er ist unschuldig, genau wie der Clemens. Zeigen Sie mal Ihren Durchsuchungsbefehl?“
Junkel machte eine bedauernde Geste mit beiden Händen: „Ich habe eigentlich auf Freiwilligkeit gesetzt. Ich habe keinen Durchsuchungsbefehl. Noch nicht …“ Er ließ den letzten Satz unbeendet in der Luft hängen.
Das Kräuterhannele seufzte tief, als laste ein unvorstellbares Gewicht auf ihren Schultern. „Niemand geht in sein Zimmer. Karl, pass bloß auf.“ Sie wandte Junkel den Rücken zu und widmete sich demonstrativ einem ihrer dampfenden Kochtöpfe. „Ich will, dass Sie jetzt gehen.“
„Wir kommen am Abend noch mal“, kündigte Junkel unbeeindruckt an. „Nach Feierabend. Wenn der Clemens Feierabend hat.“
Da fiel Alfred noch etwas ein: „Der Clemens hat doch gar kein Auto und keinen Führerschein. Wie kommt er eigentlich nach Bräunlingen? Wie kommt er am Abend zurück?“
„Ein Kollege fährt ihn“, erwiderte das Kräuterhannele unwillig. „Karl! Wie heißt er noch mal?“
Der Kranitzer-Karl antwortete wie auf Kommando: „Der Schürle ist's! Schürle Mario. Der fährt ihn.“ Er stand in der Ecke wie ein ausgestopfter Bär. Obwohl er gruselig aussah wie ein Wundertier aus einem Kuriositätenkabinett, verlor er langsam für Alfred seinen Schrecken. So nach und nach sah Alfred im Kranitzer den etwas zurückgebliebenen Dorfbuben, der sich mehr recht als schlecht durch die Welt schlug und ganz und gar am Rockzipfel seiner dominanten Hexenmutter hing. Wahrscheinlich war er ein armer Kerl. Aber war er auch harmlos? Was, wenn seine Mutter ihn anstiftete? Dann war dem Kerl mit seinen Bärenkräften vermutlich alles zuzutrauen.

Junkel notierte sich den Namen von Clemens' Arbeitskollegen. Dann nahm er mit einer schwungvollen Geste dem Kranitzer das Büschel mit den Cannabisblättern wieder aus der Hand: „Das ist konfisziert", sagte er humorlos. „Ich bedanke mich für die Auskünfte. Wir kommen wieder", kündigte er an. „Schönen Tag noch!"

Als sie wieder in Junkels Opel saßen, nahm jeder von ihnen zuerst eine Zigarette in den Mund. Sie qualmten einvernehmlich, während Junkel chauffierte. Im ersten Gang kletterte der Opel den rumpligen Weg zum Waldparkplatz empor, wobei der Opel mehrfach mit dem Bauch aufsaß und der Unterboden knirschende Schleifgeräusche hinterließ.

„Inzwischen werden die Jungs wissen, welcher Opel hier vorbeigekommen ist", sagte Junkel, als sie auf das weiße Wohnmobil zufuhren. „Die haben sicher das Kennzeichen prüfen lassen. Dann wissen sie auch, dass ein Kollege von ihnen hier unterwegs ist."

Er sollte Recht behalten. Als sie den Waldparkplatz erreichten, trat ein bleicher, ziemlich junger Mann aus dem Wohnmobil und verstellte ihnen den Weg. Durch Handzeichen bedeutete er Junkel, dass er das Seitenfenster öffnen solle. Junkel tat ihm den Gefallen.

„Kommissar Siegfried Junkel?", fragte der junge Bleichling.

Junkel nickte. „Der bin ich", sagte er trocken.

„Kriminalkommissaranwärter Martin", stellte sich der Jüngling vor. Für Alfred sah er aus wie ein übernächtigter Fünfzehnjähriger nach drei Tagen Rock am Ring. „Wir gehören zur Soko Hexenschuss. Verdeckte Ermittlung. Sie kommen uns ein bisschen in die Quere, Herr Kommissar."

„Wen überwacht ihr hier?", fragte Junkel scharf. „Etwa die Kräuterhexe da unten?"

„Alle, die sich regelmäßig hier herumtreiben. Den da haben wir auch schon ein paarmal gesehen", sagte der Jung-

kommissar, indem er mit einem Nicken des Kinns Richtung Alfred deutete.
„Ich euch auch", sparte sich Alfred den Spott nicht auf. „Insbesondere eure Pinkelspuren sind mir aufgefallen."
Der Jungkommissar flüstere Junkel zu: „Es gibt hier diesen Förster Röhle. Auf den haben wir es abgesehen. Der hat sich hier herumgetrieben, obwohl sein Revier auf der anderen Seite der Wutachschlucht liegt."
Junkel flüsterte zurück: „Nehmt ihn fest: Der hatte ein Verhältnis mit der ermordeten Maria!"
„Nein?"
„Doch!"
„Woher wissen Sie das?"
„Alfred, sag es ihm", forderte Junkel Alfred auf. Alfred folgte gehorsam: „Ich weiß es vom Pfarrhiesler Egon. Das ist der seltsame Kauz, der hier mit seinem Traktor Touristen spazieren fährt."
„So ein Traktor mit Stierhörnern vorne drauf?"
„Genau! Das ist er. Der weiß alles, was hier geschieht. Und der kennt jeden. Von dem weiß ich es."
Dem Gesicht des Kriminalkommissaranwärters war anzusehen, dass er diese Informationen jetzt so mühsam verdaute wie eine rohe Kartoffel. Junkel empfahl noch einmal: „Nehmen Sie ihn ins Verhör. Und dann verhaften sie den Förster Röhle. Vielleicht war er ja nicht nur der Liebhaber von Maria, sondern auch ihr Mörder. Sowas soll es schon gegeben haben …"
Nach dem Austausch weiterer Belanglosigkeiten, während der auch noch ein zweiter Kommissaranwärterjüngling seinen Kopf aus dem weißen Wohnmobil streckte, verabschiedete Junkel sich mit jovialen Grüßen an „alle Kollegen der Soko", denen er „viel Erfolg" wünschte.

Dann fuhren sie nach Bräunlingen, wo sie schnell in der Nähe des Fußballstadions auch die Metallbaufirma fanden, bei der Clemens arbeitete. Junkels Polizeimarke öffnete die Tür zum Geschäftsführer, der aber freundlich verneinte: Nein, Clemens sei nicht anwesend. Er sei überhaupt nach der Fasnet noch nicht zur Arbeit erschienen, und er habe sich auch nicht gemeldet. „Das kennen wir von ihm. Er ist ein unreifer, manchmal etwas schwieriger Junge. Es kommt immer mal vor, dass er unentschuldigt ein paar Tage fehlt." Der Geschäftsführer zuckte mit den Schultern: „Hilfsarbeiter, die bereit sind, seine Arbeit zu machen, gibt es nicht so viele. Da drücken wir alle Augen zu. Wenn er da ist, dann ist er fleißig und zuverlässig …"
Junkel fragte nach Mario Schürle, dem Arbeitskollegen, mit dem angeblich Clemens immer zur Arbeit und zurück fuhr. Es erschien ein hagerer Kerl im blauen Anton und mit ölverschmierten Fingern, die er ergebnislos an seinen Hosenbeinen abzuwischen suchte.
„Ich wohne in Rötenbach. Da lese ich den Clemens auf der Fahrt zur Arbeit morgens in Göschweiler auf und am Abend fahre ich ihn wieder bis zum Wanderparkplatz", bestätigte dieser Mario Schürle. „Aber am Montag hat er mich angerufen, dass er die ganze Woche nicht arbeiten kann und ich ihn nicht mitnehmen muss. So bin ich erst gar nicht über Göschweiler gefahren."
„Am Montag hat er angerufen und das mitgeteilt?", fragte Junkel sicherheitshalber nach. Schürle bestätigte: „Ja, das war am Rosenmontag. In aller Frühe. Ich hab noch gedacht, welcher Dubel ruft denn da so früh an …"
„Wie hat er geklungen?", unterbrach Junkel.
Schürle überlegte kurz: „Sehr euphorisch. Er klang … irgendwie aufgekratzt. Ich dachte, er gönnt sich vielleicht einen Urlaub oder sowas. Oder vielleicht hat er mal eine

Freundin abbekommen, irgendso eine Fasnetliebe ... Und das will er jetzt auskosten. Ja, so wirkte er."
Junkel sah Alfred und Vanessa mit ernstem Blick an. „Das gefällt mir gar nicht."
Vanessa sprach aus, was Alfred lieber für sich behielt: „Sie glauben, er hat sich die Woche freigenommen wegen ... wegen ... Anna?"
„Ja verdammt! Das glaube ich", schimpfte Junkel. Er klang ausgesprochen beunruhigt. Und Alfred sank das Herz in die Hose.

DER RÖHLE

Nach dem Misserfolg in Bräunlingen entschied Junkel, da es noch früh am Tage war, einen Abstecher nach Bonndorf zu machen. Er interessierte sich für den Förster Röhle. Sie nahmen die Kreisstraße, die vom Bräunlinger Ortsteil Döggingen hinunter in die Wutachschlucht führt und diese bei der Wutachmühle überquert. Auf der anderen Seite der Schlucht ging es wieder hinauf und über das Dorf Wutach Richtung Bonndorf. Junkel kannte sich erstaunlich gut aus. „In Bonndorf gibt es einen forsttechnischen Landesstützpunkt", dozierte er, während er durch die Kurven in die Wutachschlucht hinunter kurbelte. „Habe vorher ein bisschen recherchiert. Der Röhle arbeitet dort. Er veranstaltet unter anderem Motorsägenlehrgänge für Landwirte." Junkel bremste scharf, weil ein UPS-Lieferwagen im Rennmodus von unten kommend die Kurve schnitt und fast in Junkels Opel gekracht wäre. Es roch metallisch, nach Bremsbacken, die bereits auf dem Zahnfleisch daherkamen. Alfred und Vanessa wurden ruckartig nach vorne geworfen. Der Opel knatterte empört. Junkel schimpfte. Reaktionsschnell fotografierte er das Nummernschild des UPS-Wagens, der sich jetzt im Schritttempo verstohlen vorbei schlich. „Hebe ich mir für den Nachtisch auf", kommentierte Junkel, als er sein Handy wieder einsteckte.

„Aber es ist doch nicht verboten, schnell hier durch die Kurve zu fahren. Sie können ihm nichts anhaben", nahm Vanessa Partei für den UPS-Fahrer.

„Wegen der Kurvenschneiderei kriege ich ihn nicht dran. Das stimmt. Aber wer so durch die Wutachschlucht rauscht, der hat noch ein paar andere Mängel. Entweder am Fahrzeug oder in der eigenen Biografie. Ich kann sehr nach-

tragend sein …" Er ließ offen, was er zu tun beabsichtigte. Alfred staunte. Er entdeckte immer wieder neue Seiten an Junkel. Dieser altgediente Polizeikommissar war jedenfalls alles andere als ein demotiviertes Auslaufmodell, das bald zum alten Eisen gehörte. Junkel war immer noch ein heißblütiger Polizist, auch wenn er das oft gut zu tarnen wusste.
„Ich erzähle euch mal ein bisschen was über die Hexenverfolgung im Hochschwarzwald", lenkte Vanessa ab, während sie die Wutachbrücke passierten. „Im Verlauf des Dreißigjährigen Krieges breitete sich von Thann im oberen Elsass über Ortenberg und Offenburg eine Welle der Hexenverfolgung über den Rhein aus. Die Prozesse fußten alle auf der peinlichen Gerichtsordnung des Kaisers Karl V. von Habsburg. Diese Gerichtsordnung verpflichtete die lokalen Fürsten, ‚Unkeuschheit wider die Natur' zu verfolgen. Und ihr werdet ja wohl zugeben, dass Unzucht mit dem Teufel eine Unkeuschheit wider die Natur darstellt."
„Hat man den angeklagten Frauen deshalb immer irgendwas mit dem Teufel angehängt?", fragte Junkel.
„So ist es. Der Teufel konnte in jedem stecken. Das war ein einfaches Muster. Hier in der Gegend fanden die ersten Hexenprozesse 1631 in Hüfingen und Bräunlingen statt. Die ersten Frauen, die dort verhört und dann hingerichtet wurden, haben unter der Folter alles Mögliche zugegeben und in ihrer Not auch jede Menge weitere Unschuldige denunziert. Man wollte von ihnen bei der Folter ja immer Namen von Mitwissern und Mitwirkenden hören. Also gaben sie Namen an. Und so schwappten die Prozesse über Bräunlingen und Hüflingen schließlich bis nach Löffingen."
„Überall gibt es Hexen", spottete Alfred.
„Und Teufel", keilte Vanessa zurück.
„Was war die Rolle des Teufels bei diesen Anklagen?", fragte Junkel, während er eine Hand vom Steuer nahm und in

seiner Jackentasche nach einer vorgefertigten selbstgedrehten Zigarette fingerte.
„Der Teufel war natürlich der Verführer. Aber er war eben auch das Unzüchtige, das Verbotene. Und wer sich mit ihm einließ, der konnte nur eine Hexe sein“, erläuterte Vanessa, korrigierte sich dann aber: „Nein, andersherum: Nur an Hexen hatte der Teufel Interesse. Wenn also einer, den man als Inkarnation des Teufel ausgemacht hatte, sich für eine Frau interessierte, so verriet er damit, dass diese Frau in Wirklichkeit eine Hexe war. So herum ging die Schlussfolgerung.“
„Fein! Und woran erkennt man einen Teufel?“, wollte Alfred wissen. „Sind die alle mit Klumpfuß und Hörnern herumgelaufen.“
„Das ist ja das Infame!“, schimpfte Vanessa. „Dem Teufel wurde unterstellt, dass er jedermanns Gestalt annehmen könne. Wenn also eine Frau gestand, sie habe mit ihrem Nachbarn gebumst, dann war das in den Augen der Justiz nicht der Nachbar, sondern der Teufel in des Nachbars Gestalt.“
„Schlechte Aussichten für die Verteidigung“, meinte Junkel trocken. Die Zigarette nahm er dazu nicht aus dem Mund.
Alfred zündete sich jetzt ebenfalls eine Zigarette an, eine zweite reichte er Vanessa, für die er mitgedreht hatte.
Bald stand Junkels Opel vollkommen unter Qualm. Zufällig vorbeifahrende ADAC-Retter hätten einen schweren Motorschaden vermuten müssen. Die drei Insassen des Opels fühlten sich wohl.
Sie hatten Glück und erwischten Förster Röhle am Schreibtisch an seinem Arbeitsplatz. Dieser befand sich in einem langweiligen Zweckbau in der Nähe des Sportplatzes. Röhle war ein großer Mann mit rotem Gesicht, dem das Försterhemd an Brust und Bauch leicht spannte. Das erinnerte

Alfred an den späten John Wayne. Der hatte es im fortgeschrittenen Heldenalter auch versäumt, die Hemdgröße zu wechseln. Röhle zeigte sich sehr überrascht und irritiert von dem Besuch. Er schloss schnell die Tür seines Büros hinter den Besuchern, nachdem Junkel sich als Polizist ausgewiesen hatte. Die Rolle und Funktion von Alfred und Vanessa ließ Junkel absichtsvoll im Unklaren.

„Was wollen Sie?“

Junkel kam schnell zur Sache: „Sie hatten ein Verhältnis mit der ermordeten Maria aus Löffingen. Sie haben sich häufig mit ihr bei Göschweiler getroffen. Ihre Schäferstündchen fanden dort zum Teil im Auto statt.“

Röhle ließ sich schwer schnaufend auf seinen Bürostuhl plumpsen. Er wirkte wie ein großer Punchingball, der soeben von der Decke gefallen war. Er trug einen Bürstenhaarschnitt. Das Haar changierte bereits von blond zu grau. Er blickte aus freundlichen, blauen Augen, die sich jetzt allerdings entsetzt weiteten.

„Was …? Woher …?“

„Das wissen wir“, gab Junkel schnell zur Antwort. „Es gibt auch Leute, die Sie beobachtet haben.“

„Ja, dieser Spanner“, empörte sich Röhle. „Dieser Clemens!“ Er stöhnte heftig, als habe ihm jemand eine Lanze in die Brust gebohrt. „Ich bin erledigt“, flüsterte er und ballte beide Hände zu hilflosen Fäusten. Spontan überkam Alfred Mitleid. Der Mann sah aus wie ein Börsenmakler, der sich gerade in den Ruin gezockt hat.

Junkel bohrte nach: „Den Sachverhalt streiten Sie also schon mal nicht ab. Sie wissen, dass Sie für die Ermittlungen als hochgradig verdächtig gelten.“

Röhle nickte ergeben, protestierte aber gleichzeitig: „Ich bin unschuldig!“ Er ließ die Fäuste auf die Schreibtischplatte vor sich sinken: „Ich bin unschuldig. Das schwöre ich.“

„Sie sind bereits verhört worden?", fragte Junkel vorsichtig. Röhle schüttelte den Kopf: „Nein! Aber ich habe jeden Tag damit gerechnet, dass die Polizei auftaucht. Ich habe gezittert. Was glauben Sie, was los ist, wenn meine Frau ..., meine Chefs ..., die Nachbarn. Wenn die erfahren ..." Er sprach seinen Schrecken nicht aus. Vanessa, die sich bisher im Schatten von Junkel und Alfred gehalten hatte, trat zornig vor: „Ja, was wird denn dann los sein? Hätten Sie sich das mal früher überlegt! Sie hatten ein Verhältnis, jetzt stehen Sie gefälligst auch dazu." Verächtlich setzte sie hinzu: „Ihr Männer seid doch alle gleich."

Junkel fasste Vanessa am Unterarm und bedeutete ihr, sich zurückzuhalten. Er wollte die Gesprächsregie bei sich behalten.

„Ich glaube Ihnen, dass Sie nicht der Mörder von Maria sind. Warum sollten Sie auch? Aber vielleicht kennen Sie den Mörder? Oder sein Motiv? Warum hielt der Mörder Maria für eine Hexe? Wie war das mit dem Spanner?"

Röhles Gesicht lief rot an. „Wenn ich den Kerl in die Finger kriege." Er machte eine Geste mit beiden Händen, die durchaus Würgemale hinterlassen hätte, wenn ein Hals dazwischen gewesen wäre. „Der hat uns aufgelauert. Der hat uns beobachtet. Das war dieser Clemens, der Balg von dieser Kräuterhexe. Ein Gestörter!"

„Was meinen Sie damit?"

Röhle schimpfte: „Der ist irgendwie durchgeknallt. Er hat uns verfolgt und belauert. Einmal saß er auf einem Baum und hat uns beim ..., beim .... hat uns beobachtet."

„Beim Bumsen!", half Vanessa nach.

„Ja-a-a-a", räumte Röhle zögerlich ein, um dann weiter zu schimpfen: „Und als ich ihn dann ertappt habe, diesen perversen, widerlichen Wicht, da, da, da hat er mich angebrüllt,

ich sei der Teufel. Ich sei der Buhl der Hexe! Solches Zeug hat er mir nachgeschrien. Völlig krank!"
„Haben Sie eine Erklärung, warum er Sie und Maria für Teufel und Hexe gehalten hat?"
„Die Kräuterseminare. Das war der Anfang von allem. Dieser ganze Zauber- und Giftmischerkram, den die alte Kräuterhexe veranstaltet hat, das Kräuterhannele. Da hätte Maria niemals hingehen dürfen. Ich habe versucht, ihr die Seminare auszureden." Er seufzte: „Dort hat der Clemens sie entdeckt und dann auf Schritt und Tritt verfolgt. Der hat uns auf dem Wanderparkplatz aufgelauert und ... und ..., na das habe ich ja bereits erzählt!"
„Und was haben Sie dann gemacht?"
„Ich habe ihm gedroht, dass ich ihn vom Baum herunterschießen würde. Dann habe ich das Gewehr aus dem Kofferraum geholt. Da war er aber schon verschwunden. Hat sich in die Büsche verdrückt."
Röhle unterbrach sich in seiner Darstellung, zögerte kurz und schaute dann mit ganz neuem Gesichtsausdruck Junkel an. „Dieser Hexenfirlefanz ...! Sie glauben doch nicht ...? Sie denken ..., Sie denken, er war es?"
„Könnte er es gewesen sein?", fragte Junkel knapp zurück.
Röhle sprang auf. Plötzlich war sein ganzer Körper wilde Kraft. Er schlug sich mit der flachen Hand gegen die Stirn: „Aber ja! Ich Idiot. Wie blind war ich. Er war's. Er hat sie umgebracht! Ohh..." Seine letzten Worte gingen in ein verzweifeltes Stöhnen über. Er ließ heftig atmend sich wieder auf seinen Bürostuhl fallen. Sein Brustkorb hob und senkte sich. Seine Gesichtszüge versteiften sich, sein Mund war aufgesperrt, und er wirkte wie ein eingefrorener Screenshot seiner selbst. „Tagelang bin ich wie ein Blinder durch den Wald gestolpert. Ich habe geglaubt, ich finde den Täter. Ich habe nach Maria gesucht. Aber auf den Clemens ... Dass

er es gewesen sein könnte ... Nein, darauf bin ich nicht gekommen."
„Haben Sie keinen Hinweis, keine leise Spur, nichts entdeckt?", fragte Vanessa hoffnungsvoll. Aber Röhle schüttelte den Kopf: „Es lag ja Schnee. Fußspuren hätte ich sofort gefunden. Aber nichts. Nichts! Der Wald ist voller Tierspuren, ja. Aber kein einziger menschlicher Fußabdruck zwischen dem Haus vom Kräuterhannele und dem Stallegger Hof. Es war zum Verzweifeln."
„Wir glauben, dass er es war, der Clemens", sagte Junkel jetzt ernst. „Und wir glauben, dass er noch eine zweite Frau entführt und jetzt in seiner Gewalt hat. Deshalb ist alles wichtig, was Ihnen einfällt. Erinnern Sie sich an irgendein Detail? An eine Besonderheit? Ein auffälliges Verhalten bei Clemens?"
„Alles an ihm war auffällig", giftete Förster Röhle mit hochrotem Kopf. „Er schrie mir immer nach, ich sei der Teufel. Und Maria schimpfte er immerzu eine Hexe."
„Sicher haben Sie aus der Zeitung erfahren, unter welchen Umständen Marias Leiche schließlich beim Hexenball aufgetaucht ist?
„Ja, ja! Schrecklich! Das ist ein vollkommener Irrer. Das ist krank. Wie kann man nur!" Röhle war immer noch aufgebracht wie ein auf die Tribüne verwiesener Fußballtrainer. Er schüttelte den Kopf und fuchtelte mit den Fäusten.
Junkel wandte sich an Alfred und Vanessa: „Irgendwo hat dieser Clemens ein Versteck. Dort hat er Maria festgehalten und gequält. Und ich fürchte, er hält dort auch Anna gefangen. Wir müssen sofort eine Suchaktion starten. Ich rufe gleich unsere Leitstelle an. Die Soko muss ausschwärmen." Er sah auf die Uhr: „Es ist Freitagnachmittag und Anna ist seit fünf Tagen verschwunden. Ihr wisst, was das bedeutet.

Die Leiche von Maria ist nach sieben Tagen aufgetaucht. Sieben Stationen durchläuft jeder Hexenprozess.“
Alfred stöhnte. Vanessa schloss ihn tröstend in die Arme. Röhle schaute aus blutunterlaufenen Augen von einem zum anderen. „Was meinen Sie …“, fragte er unsicher.
„Ich vermute, dass Clemens Anna im gleichen Versteck gefangen hält, wie er es mit Maria getan hat. Ich glaube überhaupt, dass er an ihr genau die gleichen Abläufe exerziert, wie bei Maria. Das ist zwanghaft. Ein Psychopath. Wir müssen herausfinden, wo dieses Versteck ist.“
„Irgendwo in der Wutachschlucht“, schlug Förster Röhle unsicher vor. „Da hat er sich immer herumgetrieben.“
„Gibt es viele Verstecke in der Wutachschlucht, die in Frage kommen?“, wollte Junkel wissen. Er setzte sich mit einer Arschbacke auf Röhles Schreibtisch. Wie konnte er so ruhig bleiben? Alfred kochte vor Sorge und Beunruhigung. Er wäre am liebsten sofort losgestürmt und hätte die ganze Wutachschlucht umgegraben, um Anna zu finden. Junkel ging die Sache scheinbar so gelassen an, als bereite er eine abendliche Grillpartie vor. „Wir müssen bedenken“, sagte er, „als Maria verschwand lag Schnee in Göschweiler und es herrschten Minustemperaturen.“ Er klopfte sich mit zwei Fingern gegen die Stirn, als wollte er ein paar Ideen heraustrommeln: „Aber es gab keine Fußspuren im Schnee. Im Freien wird er also nicht gehaust haben. Es muss eine feste Behausung sein.“
„Da gibt es nicht viel in der Wutachschlucht: Den Stallegger Hof, die Schattenmühle mit allen Nebengebäuden, das Haus von Kräuterhannele …“
„Das haben die Kollegen von der Soko Hexenschuss bereits einmal auf den Kopf gestellt. Dort ist kein Versteck, das hätten sie gefunden“, unterbrach Junkel. Gleichzeitig überlegte er laut weiter: „Außerdem haben die zwei Kollegen im wei-

ßen Kastenwagen Tag und Nacht die Zufahrt zu Kräuterhanneles Haus überwacht. Es wäre ihnen aufgefallen, wenn Clemens mit einer Frau in seiner Gewalt dort vorbei gekommen wäre."

„Ohne Auto!", warf Alfred dazwischen. „Wir müssen bedenken, dass er nicht motorisiert ist."

Förster Röhle fielen noch ein paar mögliche Verstecke ein: „... oder vielleicht eher oben in Göschweiler. Da gibt es einige leerstehende Gebäude. Beim alten Hirschen, bei der Rochuskirche, ein, zwei alte Bauernhäuser ..." Er zögerte kurz, dann fiel ihm noch etwas ein: „Oder unten beim alten Freibad. Das steht auch leer und ist schön abgelegen."

Junkel machte sich eifrig Notizen. „Ich setze gleich die Soko in Marsch. Wir werden den ganzen Ort auf den Kopf stellen. Wir werden jedes Kellerloch und jeden Speicher durchsuchen. Es wäre doch gelacht, wenn wir den Drecksack nicht finden ..." Für seine Verhältnisse war Junkel ziemlich emotional geworden.

Alfred hingegen wurde während all dieser Erwägungen immer stiller und nachdenklicher. Vanessa streichelte ihn sanft, weil sie glaubte, Alfred litte so sehr unter Annas ungewissem Schicksal. Aber Alfred grübelte. Sein eigener Einwurf bezüglich Clemens' mangelnder Mobilität beschäftigte ihn. Ihm war ein Gedanke gekommen. Er sprach ihn aus: „Wie hat Clemens die Leiche von Maria zum Hexenball gebracht?"

Die anderen verstummten. Sie sahen Alfred ratlos an. Er wiederholte: „Wie hat Clemens die Leiche von Maria zum Hexenball gebracht?" Weil die anderen offenbar nicht gleich den Sinn dieser Frage verstanden, erläuterte er: „Wir wissen, dass Clemens keinen Führerschein und kein Auto besitzt. Er muss sich immer von Kollegen abholen und fahren lassen. Wenn er also irgendwo zwischen Göschweiler

und der Wutachschlucht sein Versteck hat, dann hätte er an jenem Abend des Hexenballs die Leiche von dort aus mehr als fünf Kilometer nach Löffingen zur Festhalle schaffen müssen. Das kann ich mir ohne Auto nicht vorstellen."
„Zumal er ja beim Hexenball als angehende Junghexe Dienst hatte", ergänzte Vanessa.
Junkel zog die vorsichtige Schlussfolgerung: „Dann hat er sein Versteck vielleicht gar nicht hier in Göschweiler. Dann hat er es in Löffingen. In der Nähe der Festhalle."
Alfred nickte: „So sieht's aus! Zumindest müssen wir das in Erwägung ziehen."
„Sei's drum. Dann drehen wir auch ganz Löffingen um. Die Soko lässt hier in Göschweiler keinen Stein auf dem anderen, dafür sorge ich. Und ebenso in Löffingen." Er sah Alfred und Vanessa scharf an: „Auf dem Rückweg fahren wir an der Festhalle vorbei. Das schaue ich mir selbst mal an."
Er schnappte sein Diensthandy, wählte kurz und bellte dann Befehle hinein, als sei er der Oberkommandierende von Dessert-Storm. Offenbar scheuchte er die gesamte Kripo Südbadens Richtung Göschweiler. Mehrfach betonte er die Dringlichkeit des Unterfangens. Die vermisste Anna und die Parallelen ihres Verschwindens zum Fall der ermordeten Maria hatten sich inzwischen unter den Polizeidienststellen herumgesprochen. Es war klar, dass noch an diesem Abend und wenn nötig die ganze Nacht hindurch die Suche nach Clemens' Versteck andauern würde. Noch eine tote Frau, das konnte die Kripo sich nicht erlauben.
„Und Ihnen rate ich, bei Ihrer Frau eine schnelle Beichte abzulegen, bevor sie von Ihrem Seitensprung von der Polizei oder gar aus der Zeitung erfährt", sagte Junkel an die Adresse von Förster Röhle. Der saß inzwischen wieder ganz

kleinlaut auf seinem Bürostuhl, wie ein ertappter Sünder in Erwartung der Strafe.
„Man wird Sie festnehmen. Vermutlich heute Abend noch. Nutzen Sie die verbleibende Zeit“, empfahl Junkel und klopfte Röhle aufmunternd auf die Schulter. „Und machen Sie keine Dummheiten. Ist es nicht wert …“
So ließen sie Röhle alleine zurück. Sie hatten es eilig, nach Löffingen zur Festhalle zu kommen.

DER SECHSTE TAG

Junkel fuhr zuerst mit seinem scheppernden Opel einmal komplett um die Löffinger Festhalle herum, ehe er vor den Rundbögen beim Treppenaufgang direkt neben mehreren dort wartenden Streifenwagen anhielt. Polizisten in Uniform und in Zivil streunten umher. Der Eingang zur Festhalle wurde von zwei Polizisten mit Schäferhunden bewacht. Die Soko Hexenschuss war also bereits in Aktion. Ein Polizeibeamter näherte sich und grüßte zackig. Junkel hatte sich vorher angekündigt. Er stieg aus seinem Wagen aus. Vanessa und Alfred blieben sitzen. Junkel unterhielt sich kurz mit dem Polizeibeamten. Der Polizist teilte knapp mit, dass bereits Fahnder im Gebäude seien und es vom Keller bis unter das Dach auf den Kopf stellten. „Wenn es da ein Versteck gibt, dann finden wir es, seien Sie versichert", beteuerte der Beamte. „Und wir kämmen auch die ganze Umgebung durch. Vom Sportplatz oben bis hinunter zum Schulzentrum und rüber bis zum Gewerbegebiet an der B31. Jedes Loch! Jedes Loch!"

Das weitere Gespräch konnten Alfred und Vanessa nicht verstehen, weil Junkel sich mit dem Beamten entfernte und zu einer Gruppe von wartenden Kriminalpolizisten hinüberging. Vanessa nutzte Junkels Abwesenheit, um sich das Büschel Cannabiskraut anzueignen, das der Kommissar beim Kräuterhannele konfisziert und im Auto fahrlässig auf der Ablage deponiert hatte. Es sah aus wie ein großer Moosknollen. Vanessa erklärte: „Das häckselst du mit einem Zwiebelschneider klein, dann kannst du dir daraus einen Joint drehen." Sie schnupperte an ihrer Beute und machte dazu einen Gesichtsausdruck wie ein Gourmet beim Entkorken einer teuren Flasche Rotwein. Da Junkel länger be-

schäftigt schien, klappte Alfred seinen Laptop auf und fuhr ihn hoch. Sofort erschien das vertraute Kürbisgesicht von Tim Joy, so bleich, dass Alfred erst glaubte, sein Farbbildschirm sei defekt. Schnell stellte Alfred den Kontakt her und prompt meldete sich Tims sonore Radiostimme: „Wird auch Zeit! Wo hast du gesteckt Alfred? Ich brauch deine Hilfe."
„Ganz meinerseits", tippte Alfred. Zu seiner Verblüffung erwiderte Tim: „Du musst nicht mehr eintippen. Du kannst sprechen. Ich habe mir einen Empfänger gebaut. Vielen Dank nochmal für das Smappee-Gerät und den Radiowecker. Aber jetzt brauche ich noch einen Hörmann ProMatic Garagentorantrieb Serie 3 BiSecur. Hörst du? Schreib dir das auf."
„Für was … warum …?", stammelte Alfred. Tim Joys Stimme unterbrach ihn: „Frag nicht lange, beeil dich. Ich werde hier gleich kontrolliert."
„Ich bin schreibbereit", erklärte Alfred: „Buchstabiere mal!" Tim Joy wiederholte seine Bestellung. „Du musst darauf achten, dass das Gerät einen 24 Volt Gleichstrom-Getriebemotor hat und einen Netzanschluss von 230 bis 240 Volt Wechselspannung."
„Tim, wozu das ganze Zeugs? Was willst du im Gefängnis damit?"
„Handlungsfähig bleiben!", antwortete Tim knapp. „Bring alles wieder zum alten Schiller!"
Während Alfred auf Geheiß brav alle Angaben in sein Laptop eingab und sogleich auch auf die Google-Shopping Ergebnisse für Tims gewünschten Garagentorantrieb stieß, kehrte Junkel schlurfenden Schrittes zum Auto zurück.
„Hey, 276 Euro kostet das Ding!", beschwerte Alfred sich noch, da kletterte Junkel auch schon wieder hinter das Steuer. Alfred klappte schnell seinen Laptop zu. Vanessa plapperte drauflos, um Junkel vom Fehlen der Cannabisblätter

abzulenken: „Wissen sie etwas, die Kollegen? Haben sie etwas gefunden? Suchen sie auch außerhalb von Löffingen und Göschweiler?"

Junkel knurrte nur und startete dann den Wagen. Erst als sie schon vor der Stadt auf die B31 einbogen, gab er einen knappen Lagebericht: „200 Mann im Einsatz. Suchhunde, Infrarot. Die ganze Nacht werden die durchmachen. Es herrscht höchste Alarmstufe. Alle glauben jetzt, dass Clemens der Mörder ist, nach dem wir suchen müssen. Und alle glauben, dass er Anna in seiner Hand hat."

Alfred telefonierte mit Peter Sterzer und brachte ihn auf den neuesten Stand. Sterzer klang verzweifelt. Weinte er? Am Telefon war das für Alfred schwer festzustellen. Aber es klang danach.

„Wir können uns ja noch kurz in der Spritz treffen", schlug Alfred vor, ohne Junkel und Vanessa zu fragen. „Wir essen dort noch was, ehe wir runter nach Freiburg fahren. In zehn Minuten sind wir da."

„Danke für die Einladung!", knurrte Junkel überrumpelt. „Und wenn es keine Einladung ist, dann fahre ich ohne anzuhalten an der Spritz vorbei."

„Ich hab kein Geld", jammerte Alfred.

„Dann lass anschreiben", erwiderte Junkel. „In deiner Stammkneipe wirst du ja wohl kreditwürdig sein."

So landeten sie also noch zum Abendessen in der Spritz, wo Peter Sterzer bereits in der hintersten Ecke einen kleinen Vierertisch für sie besetzt hielt. Masken von Narrenfiguren aus dem ganzen Hochschwarzwald hingen ringsum an den Wänden. Hinter ihrem Tisch ausgerechnet zwei Hexenmasken.

Sterzer sah tatsächlich verheult aus. Alfred hatte in der Spritz schon viel Elend gesehen, vor allem wenn Alkohol im Spiel war, aber eine Trauergestalt wie Peter Sterzer war

ihm selbst im größten Vollsuff noch nie erschienen. Der BZ-Fotograf hing in der Ecke wie ein dreimal auf die Matte geklopfter Boxer. Seine sonst so fröhlichen Augen waren rotverheult und sein normalerweise immer leicht grinsend wirkender Mund hing auf Halbmast wie ein welker Waschlappen. All diese Veränderungen waren der Sorge um Anna geschuldet. Alfred fragte sich, ob er ähnlich erledigt aussah. Sterzer schniefte und schluchzte, als Junkel, Vanessa und Alfred sich zu ihm an den Tisch setzten. „Sie haben ihr Auto gefunden", sagte er mit zitternder Stimme, kaum dass alle richtig Platz genommen haben. „Ihr Auto. Annas Auto."
„Wo?", fragte Junkel sachlich.
„In Göschweiler. Außerhalb. Beim alten Freibad. Die Polizei hat mich angerufen." Peter Sterzer brachte die Informationen nur stockend hervor. Alfred bestellte unterdessen drei Bier, weil er gesehen hatte, dass vor Peter Sterzer bereits ein Mineralwasser stand. Wenn es einem mental schlecht ging, so brauchte man sich deswegen doch noch lange nicht zu kasteien, so Alfreds Ansicht. In der Not hatte man ein Bier erst recht nötig. Auch Junkel schien diese Auffassung zu vertreten, denn er nickte zustimmend, als Alfred bestellte. Und Vanessa brauchte man sowieso nicht zu fragen.
Sterzer wusste nicht viel mehr als dies: Im Rahmen ihrer Großfahndung hatte die Soko Hexenschuss auch das Gelände rings um das stillgelegte ehemalige Freibad Göschweiler durchkämmt und dort Annas Auto gefunden. Unversehrt und unverschlossen.
„Die Spurensicherung wird jetzt jeden Fusel, jedes Haar und jeden Schweißflecken in diesem Auto einsammeln und unter die Mikroskope legen", erläuterte Junkel. „Wenn es etwas zu finden gibt, dann finden die Kollegen es. Verlasst euch drauf."
„Was soll es zu finden geben?", wollte Vanessa wissen.

Junkel antwortete: „Kampfspuren? Männerhaare? Sperma? Wer weiß?“
Sterzer stöhnte laut, Alfred stöhnte innerlich. Beide litten. Wie konnte Junkel diese Dinge auch nur aussprechen.
„Wieso ist Anna nach Göschweiler gefahren?“, überlegte Vanessa laut, während die Wirtin Marina das Bier brachte und dann die Essensbestellungen aufnahm. „Was gibt es so wichtig zu diskutieren?“, fragte sie Alfred, der aber keine Lust hatte, etwas von seinen Sorgen preiszugeben. Auch die anderen am Tisch schwiegen demonstrativ. Die Wirtin musste ihre Neugier wieder zurück mit hinter den Tresen nehmen. Als sie außer Hörweite war, nahm Junkel einen kräftigen Schluck, setzte das Glas ab und wedelte anerkennend mit dem Zeigefinger: „Das ist eine Gretchenfrage: Warum ist Anna nach Göschweiler gefahren? Sie muss freiwillig dahin gefahren sein.“
Sie rätselten eine Weile über diesen Sachverhalt. Vanessa, die neben Junkel noch am ehesten ihren Verstand beisammen hatte, fügte noch eine weitere Frage hinzu: „Wenn auch Anna in Göschweiler verschwunden ist, genauso wie zuvor die ermordete Maria, dann hat der Mörder vielleicht doch dort sein Versteck?“
„Und nicht bei der Festhalle in Löffingen“, ergänzte Junkel. „Dann passt das Ganze aber nicht auf Clemens, denn der ist nicht motorisiert. Wie soll er eine Leiche von Göschweiler zur Festhalle Löffingen bringen?“
„Vielleicht hatte er einen Komplizen?“, mutmaßte Vanessa.
„Den hätten aber ganz sicher die zwei verdeckten Ermittler im Kastenwagen bemerkt“, wehrte Junkel ab. „Sie haben jedes Auto und jeden Wanderer registriert.“
„Nein! Nein! Nein! Aufhören!“, brüllte plötzlich Peter Sterzer, hielt sich die Ohren zu und sprang auf. Die ganze Spritz verstummte. Die Gäste an den anderen Tischen dreh-

ten sich um und starrten neugierig zu Alfreds Gruppe. „Ich kann das nicht mehr mit anhören, wie ihr hier über Anna diskutiert."

„Weibergeschichten!", kommentierte am benachbarten Stammtisch der altgediente Hefeschnapsvernichter und wandte sich wieder ab. Die anderen Stammtischgäste taten es ihm gleich.

Peter Sterzer setzte sich wieder und sagte ganz leise: „Entschuldigung! Aber ich halte das nicht mehr aus. Anna ist seit fünf Tagen verschwunden. Morgen ist der sechste Tag. Wenn wir sie morgen nicht finden ..." Er sprach nicht aus, was er sagen wollte, aber alle anderen am Tisch konnten den Satz im Geiste selbst beenden: „ ... dann ist sie tot!"

Das Essen wurde gebracht. Schnitzelberge! Bratkartoffelberge! Salatberge! Die Spritz war berüchtigt für ihre Portionen. Alfred orderte bereits das zweite Bier. Junkel stieg um auf Kognak, mit der seltsamen Begründung: „Ich muss noch fahren!"

Während sie aßen, redeten sie nicht viel. Von der Wand glotzten stumm die Hexenmasken. Alfred und Vanessa spachtelten mit Appetit, Junkel begnügte sich mit der Hälfte seiner Portion und Sterzer stocherte nur in seinen Bratkartoffeln herum und stierte dabei auf die Gabelspitzen, als könne er mit ihnen die Bratkartoffeln zum Reden bringen. Stattdessen fiel ihm selbst etwas ein: „Die Letzte, die Anna am Fasnachtsonntag noch in der Redaktion gesehen hat, war die Sekretärin. Sie war es auch, die mir erzählt hat, dass Anna nochmal überraschend weggefahren ist." Er zögerte, als müsse er im Geiste das Gespräch nochmals rekonstruieren. „Und dann habe Anna noch so eine Bemerkung gemacht ..." Sterzer hielt unsicher inne. Er schaute Junkel an: „Ich weiß nicht, ob das was zu bedeuten hat. Vielleicht ist es völlig unwichtig?"

„Was für eine Bemerkung?“, forderte Junkel zum Weiterreden auf. Die wässrigen Augen des Kommissars wirkten jetzt hochkonzentriert. Der alte Fuchs spürte, wann es darauf ankam, genau hinzuhören.
„Die Sekretärin hat mir erzählt“, so fuhr Sterzer jetzt fort, „dass Anna im Hinausgehen noch gesagt habe: ‚Da komme ich ja jetzt doch noch zu meinen Handschuhen‘. Ja, das hat sie noch gesagt, jetzt kommt sie doch noch zu ihren Handschuhen. Und dann hat sie die Redaktion verlassen.“
Junkel und Vanessa schauten verständnislos drein, Sterzer erwartungsvoll. Nur Alfred verstand sofort. Er klopfte mit der flachen Hand auf den Tisch: „Clemens!“, entfuhr es ihm. „Das ist endgültig der Beweis! Clemens hat sie nach Göschweiler gelockt.“ Er schüttete wie zur Bestätigung einen großen Schluck Bier hinunter.
„Den Zusammenhang verstehe ich ehrlich gesagt nicht“, räumte Vanessa ein. „Was haben die Handschuhe und Clemens miteinander zu tun?“
Alfred erklärte es: „Als wir an jenem Samstag beim Kräuterhannele waren, Anna und ich, da hat Anna dort ihre Handschuhe liegen lassen. Wir sind ziemlich Hals über Kopf aufgebrochen und dabei hat sie vergessen, ihre Handschuhe wieder einzustecken. Und als wir dann oben beim Wanderparkplatz waren und Anna es bemerkte, da hatten wir beide keine Lust mehr, noch einmal umzukehren.“
Junkel, bedächtig das Kognakglas leerend, hatte aufmerksam zugehört. Jetzt ergänzte er: „Nur drei Leute konnten Annas Handschuhe haben: Das Kräuterhannele, der Kranitzer oder Clemens.“
„Der Kranitzer war es nicht“, gab Alfred sich überzeugt. „Der kann ja nicht einmal richtig telefonieren. Und den hat die Polizei auseinandergenommen, als Anna bereits verschwunden war. Die hätten es sicher herausgefunden, wenn

er an ihrem Verschwinden irgendwie beteiligt gewesen wäre."
„Sehe ich genauso", pflichtete Junkel bei.
„Aber das Kräuterhannele kann es doch auch nicht gewesen sein, oder?", stellte Vanessa fragend fest. „Die verlässt ja ihre Hütte nicht und was hätte sie für ein Motiv? Sie ist doch selbst eine Hexe?"
„Bleibt nur der Clemens. Aber was hätte Clemens für ein Motiv?", spitzte Junkel die Fragerei zu.
„Er ist ein Idiot! Ein Spanner! Ein Verrückter! Frag den Förster Röhle. Vielleicht ist er auch ein Sadist und Vergewaltiger. Er war's. Er war's. Ich weiß es."
„Wir müssen diesen Scheißkerl finden", fasste Junkel ungewohnt emotional zusammen. „Wir haben noch einen Tag. Morgen! Morgen müssen wir ihn finden!"
Alfred, der es sich zur Angewohnheit gemacht hatte, im Geiste alle Gespräche und Begegnungen mit Clemens nochmals abzuklopfen, förderte unvermittelt noch ein weiteres Puzzlestück ans Tageslicht: „Mir fällt jetzt wieder ein, wieso ich wusste, dass es ein Waldweg war, auf dem Marias Auto gefunden wurde. Mann! Klar! Jetzt wird es klar!"
„Was wird klar?", fragte Junkel. Die anderen am Tisch blickten verständnislos.
„Das ist der Beweis. Der Beweis, dass Clemens die Maria entführt und getötet hat. Täterwissen!"
Junkel schaute Alfred an wie jemanden, den man auf seinen Geisteszustand überprüfen müsste. Aber Alfred sortierte bereits seine Überlegungen: „Es war Clemens, der mir gegenüber behauptet hat, Marias Auto sei auf einem Waldweg gefunden worden. Das hat er gesagt, als es noch niemand wissen konnte. Bei meiner ersten Begegnung mit ihm, damals beim Maskenschnitzer. Alle anderen kannten nur die Version aus der Zeitung, die von einem Feldweg geschrieben

hatte. Nur Clemens bestand schon damals steif und fest darauf, dass es ein Waldweg gewesen sei. Nur deshalb hat sich das bei mir so eingeprägt. Und jetzt fügt es sich zusammen. Clemens hatte Täterwissen. Er war es, der auch Maria entführt hat."

Junkel machte sich Notizen. „Das müssen wir in einer Zeugenvernehmung nochmal korrekt zu Papier bringen", murmelte er. „Heute Abend nicht mehr. Wird Zeit, endlich ins Bett zu kommen."

Obwohl Alfred am liebsten im Hochschwarzwald geblieben wäre, um am nächsten Morgen auf eigene Faust die ganze Wutachschlucht durchzukämmen, sah er ein, dass er die Suche der Polizei überlassen musste. Es gab nichts, was er tun konnte. Es war das Vernünftigste, mit Junkel und Vanessa wieder nach Freiburg zurückzukehren.

Er versprach Peter Sterzer, ihn sofort anzurufen, wenn sich etwas Neues ergeben sollte. Umgekehrt wollte auch Sterzer Alfred permanent auf dem Laufenden halten. Auch Junkel schwor einen heiligen Eid, dass er sofort jede neue Entwicklung weitermelden würde, soweit er das mit seiner polizeilichen Geheimhaltungspflicht vereinbaren könne. Er teilte bei dieser Gelegenheit auch mit, dass der Mann, der sich zu dem tödlichen Schuss in Friedenweiler bekannt hatte, wieder auf freien Fuß gesetzt worden war. „Es besteht keine Fluchtgefahr. Der Mann ist geständig und die Staatsanwaltschaft geht von einem Unfall, von einem dummen Zufall aus."

Alfred bestand nicht darauf, dass Junkel weitere Einzelheiten preisgab. Wenn es etwas geben sollte, was Alfred in diesem Fall wissen musste, dann würde Junkel es ihm ganz sicher auf die eine oder andere Art und Weise zuschieben.

So gingen sie auseinander. Junkel chauffierte Alfred und Vanessa nach Freiburg zurück und lud beide im Stadtteil

Stühlinger aus. Alfred folgte Vanessas Einladung, bei ihr in der Dachwohnung noch kurz ‚das Kraut' auszuprobieren. Junkel hatte nicht bemerkt, dass Vanessa die Cannabisblätter eingesteckt hatte, oder er hatte es absichtsvoll übersehen. Bei dem schrulligen Kommissar wusste man nie so genau, woran man war.

Die Versuchung war für Alfred groß, nach der Einladung zum ersten Joint auch noch die für einen zweiten anzunehmen, und dann vielleicht auch noch die Einladung in Vanessas Couchbett, aber er riss sich noch rechtzeitig los und wankte dann zu Fuß nach Hause. Dort suchte er zuerst im Garten nach dem Aufstieg zu seinem Zimmer, aber die Aluleiter war verschwunden. Das war die erste Überraschung. Sein Briefkasten barg die zweite Überraschung: Mahnschreiben der Rechtsanwaltskanzlei Dewaldt & May aus Düsseldorf, die die Zwangsvollstreckung ihrer diversen Forderungen ankündigte, welche sich inzwischen samt Zinsen und Bearbeitungsgebühren auf über 75.000 Euro beliefen. Im Haus selbst erlebte Alfred die nächste Überraschung: Seine Wohnung war nicht mehr versiegelt und in der Küche wartete Jochen Schiller auf ihn, der Sohn des Rechtsanwalts, der Wohnungsinhaber. Wie immer sah Schiller junior aus wie soeben einem Modejournal entsprungen.

„Mein Vater hat das mit der Polizei geklärt", erläuterte er mit einer großzügigen Handbewegung, die irgendwie die gesamte Wohnung meinte. „Die Wohnung ist wieder freigegeben. Nur Tims Zimmer bleibt versiegelt."

„Danke!", sagte Alfred lahm, während er gleichgültig am Türrahmen lehnte. Erschrocken sprang Jochen Schiller auf: „Alfred, was ist los? Du machst ja ein furchtbares Gesicht." Er legte brüderlich den Arm um Alfred, als wollte er ihn an sich drücken. Alfred ließ es halbwegs geschehen. Mühsam unterdrückte er die Tränen und schluckte, als hätte er einen Kloß im Hals. „Anna", sagte er nur. „Es ist schrecklich." Mit diesen Worten wäre er zusammengesackt, wenn Jochen Schiller ihn nicht aufgefangen hätte. Betroffen führte Schiller Alfred zum Stuhl am Küchentisch und setzte ihn vorsichtig dort ab. Wieder einmal erwies es sich, dass Jochen Schiller ein perfekter junger Mann war. Er sah nicht nur blendend aus, er war nicht nur klug und gebildet und der Schwarm aller Frauen an der juristischen Fakultät, er besaß nicht nur mehr Geld, als Alfred es sich je erträumen konnte, er stand nicht nur vor einer strahlenden Karriere als Jurist und möglicherweise auch als aufstrebender FDP-Jungpolitiker, nein, er war zu allem Überfluss auch noch nett, mitfühlend und aufrichtig um Alfred besorgt. Alfred schüttete ihm sein ganzes Herz aus, seinen ganzen Kummer, die Sorge um Anna, die ihn schier wahnsinnig machte. Und da er schon einmal dabei war, lud er auch noch den ganzen übrigen Ärger ab, den er am Hals hatte: „Diese Rechtsanwälte verfolgen mich. Ich soll 75.000 Euro zurückzahlen. Ich bin blank, ich hab keine Einnahmen mehr. Die Polizei ermittelt wegen Betrugs gegen mich."

Schiller legte wieder den Arm um Alfreds Schultern: „Mach dir wegen des Geldes keine Sorgen. Das regle ich."

„Du? Wie willst du das regeln?"

„Mein Vater vertritt dich vor Gericht. Wir drehen den Spieß um und verklagen unsererseits die Banken, Versicherungen und sonstigen Heuschrecken, die dir jetzt an den Kragen wollen. Die Rückforderungen sind vollkommen haltlos ..."

„Moment, Moment!", wehrte Alfred ab. „So einen Prozess kann ich niemals bezahlen. Schon gar nicht, wenn dein Vater da mitwirkt. Die teuerste Kanzlei in ganz Freiburg ..."

„Du musst doch überhaupt nichts bezahlen. Dafür hast du doch einen Rechtschutz."

„Ich hab ... was?"

„Eine Rechtschutzversicherung. Du kannst prozessieren bis zu einem Streitwert von fünf Millionen."
Alfred glotzte wie ein Goldfisch. „Ich hab keine ..."
„Aber doch! Du hast Rechtschutz. Du hast mich doch beauftragt, bei deinem Kumpel Linus eine Versicherung abzuschließen. Erinnerst du dich nicht mehr?"
Ungläubig schüttelte Alfred den Kopf.
„Das war, nachdem du beim Umzug in Friedenweiler durch den Todesschuss traumatisiert wurdest", erläuterte Schiller mit sanfter Stimme. Er sprach mit Alfred wie mit einem heulenden Kind, das sich mit dem Taschenmesser geschnitten hatte und nun Trost brauchte. „Ich habe schon die Klage eingereicht. Gegen den Umzugsveranstalter."
„Aber das war doch ein Scherz", wehrte Alfred ab. „Das war doch nicht ernst gemeint, als wir da drüber geredet haben."
„Oh doch!", widersprach Schiller. „Ich habe es ernst gemeint. Sei froh! Darum hast du jetzt eine Rechtschutzversicherung und wir können diese Banken und Versicherungen so richtig kneten."
„Aber sie sind doch im Recht!"
„Ha, ha, ha!" Schiller lachte lauthals los, als hätte er noch nie einen besseren Schenkelklopfer gehört. „Glaubst du, die wollen, dass diese ganze Geschichte öffentlich wird? Dass sie einen Lohnschreiber für die Social Media-Foren angeheuert haben? Da können die lange im Recht sein, sie werden alles tun, damit das unter der Decke bleibt." Schiller klopfte mit der Faust auf den Tisch: „Ich sage dir, das läuft auf einen Vergleich hinaus. Am Ende halten wir still und lassen diese Praktiken nicht auffliegen. Dafür verzichten die auf ihre Forderungen und schreiben deine Honorare als Lehrgeld ab. Ne Wette drauf!"
Ungläubig schüttelte Alfred den Kopf. Schiller streichelte ihm die Wange. Es war eine irritierend zärtliche Geste. Den

Zauber des Augenblicks zertrümmerte jedoch die lautforsche Stimme Hugos, der in diesem Moment mit unüberhörbarem Getrampel die Wohnung betrat und sich zu Alfred und Jochen Schiller an den Küchentisch setzte.

Hugo schien nicht zu erkennen, dass sich Alfred in ausgesprochen wackligem Gemütszustand befand. Unaufgefordert erzählte von einer Sitzung der Internationalen Marxistischen Studenten Freiburg, von der er soeben kam. „Ich bin in den Vorstand gewählt. Stellvertretender Vorsitzender der Ortsgruppe Freiburg. Jetzt geht es los. Jetzt wird etwas unternommen. Die Zeit des Debattierens und des Theoretisierens ist vorbei."

„Armer Irrer", sagte Jochen Schiller lässig, der die Linkslastigkeit bei Hugo offenbar schon kannte und darüber seinen Spott ausschüttete: „Dass es diesen Splitterverein überhaupt noch gibt." Hochmütig fragte er: „Wieviel Leute seid ihr überhaupt? Wieviel waren in dieser Versammlung?"

„Vier!", räumte Hugo freimütig ein. Er grinste genauso hochmütig wie Schiller, und Alfred registrierte, dass die beiden den Faden einer wohl schon älteren Diskussion wieder aufnahmen, denn Hugo schoss sogleich zurück: „Also ungefähr so viel wie bei einer FDP-Kreisversammlung."

„Der Marxismus hat ausgedient", stichelte Schiller. „Diese Gleichmacherideologie hat überall versagt, wo man daraus Regierungsformen machen wollte. Vergiss es einfach. Oder komm zu den Liberalen. Dem Liberalismus gehört die Zukunft."

„Der Liberalismus ist eine Idee, die von denjenigen, welche ihn in ihrem Parteinamen tragen, verraten und mit Füßen getreten wird. Ihr sagt Freiheit und meint eure eigene Ellbogenfreiheit. Ich habe selten eine politische Pfründenpartei erlebt, die weniger liberal war als die Liberalen in Deutschland. Nur Lobbyistentum und Klientelpolitik."

„Liberal ist modern. Liberal entspricht dem Kern des menschlichen Wesens …“
„Liberal ist Scheiße! Die Weltrevolution wird diesen Mist hinwegspülen und den Liberalen das Geld wegnehmen, das sie auf ihren verdammten liberalen Konten bei verdammten liberalen Banken in verdammten korrupten Ländern horten.“
„'Tschuldigung, aber ich gehe ins Bett!“, mischte Alfred sich müde ein. „Ich kann nicht zuhören. Ich kann nicht mitreden. Ich hab andere Sorgen …“ Er erhob sich schwerfällig und schlich hinüber in sein Zimmer. Ihm war zum Heulen. Anna in den Händen eines Psychopathen, und diese zwei Idioten diskutierten über die Weltrevolution. Da gab es ja wohl Wichtigeres im Moment. Alfred schleppte sich in sein Zimmer und ließ die beiden Streithähne alleine zurück. Dann fiel er auf seine Matratze, wo er sich in einen unruhigen und anstrengenden Schlaf wälzte, ohne am nächsten Morgen das Gefühl zu haben, wirklich geschlafen zu haben. Stattdessen jagten sich die immer selben Gedanken fortwährend im Kreis herum. Sie drehten sich um Anna, um Hexen, um Clemens, um das Kräuterhannele. Dabei tauchte immer wieder die eine Frage auf, die Alfred unbedingt klären musste: Wie hat sich Clemens fortbewegt? Wie hat er die Leiche transportiert? Wie hat er die Strecke zwischen Göschweiler und Löffingen gemeistert? Unmöglich zu Fuß!
Bald pochte eine zarte Frühlingssonne ans Fenster und kündigte den neuen Tag an. Vögelchen zwitscherten draußen im Garten. Aus dem Nachbarzimmer dröhnte das revolutionäre Schnarchen von Hugo herüber und milder Straßenlärm verriet, dass Müllabfuhr und Berufsverkehr bereits unterwegs waren.

„Es ist Annas sechster Tag!“ Mit diesem Gedanken wachte Alfred auf und um diesen einzigen Gedanken drehte sich alles. Was, wenn heute Anna nicht gefunden wurde?
Ohne Frühstück und ohne sich die Zähne zu putzen machte sich Alfred unverzüglich ans Telefonieren. Unmöglich konnte er ruhig in seiner Bude sitzen und den Tag abwarten. Er musste etwas unternehmen. Und das Gedankenkarussell seiner Wachträume hatte ihm eingegeben, was zu tun war. Sein erster Anruf galt Roland Müller, dem Löffinger Hexenguru, dem Maskenschnitzer, dem Oberhexenmeister a.D. Alfred wollte von ihm wissen, welche Mitglieder der Löffinger Hexen in der Regel Chauffeur für Clemens gespielt hatten. Und er ließ sich alle Telefonnummern der aktiven Löffinger Hexen geben. Die nächsten zwei Stunden verbrachte er damit, von seiner Matratze aus einen nach dem anderen abzutelefonieren und zu befragen: „Hast du Clemens am Tag des Hexenballs von Göschweiler nach Löffingen gefahren? Weißt du, wer ihn gefahren hat? Hast du die Telefonnummer von weiteren Vereinsmitgliedern, die mir vielleicht diese Fragen beantworten können? Weißt du, wie er nach Löffingen gekommen ist?“ Zum Glück war Samstagmorgen, so dass Alfred fast alle Gesprächspartner zu Hause erwischte. Manche waren ungehalten, weil Alfred sie aus dem Bett klingelte. Manche wehrten ab, weil sie nichts mit Clemens zu tun haben wollten: „Den habe ich noch nie ausstehen können“, war eine häufige Antwort. Oder: „Der hätte sowieso nicht zu uns gepasst. Zum Glück ist die Junghexenvereidigung geplatzt!“
Am Ende aber wusste Alfred eines: Niemand von den Löffinger Hexen oder aus dem Umfeld der Löffinger Zunft hatte Clemens am fraglichen Tag gefahren. Niemand wusste, wie er von Göschweiler nach Löffingen zur Festhalle gekommen war. Übereinstimmend gaben aber alle, die sich erinnerten,

zu Protokoll, dass Clemens kurz vor Beginn des Hexenballs aufgetaucht war, um seinen Helferdienst anzutreten.
Alfred grübelte und haderte. Was konnte er jetzt noch tun? Wen konnte er fragen? Da fiel ihm der Pfarrhiesler Egon Albert ein. Das war doch so ein Waldläufer. Der kannte jeden Winkel rund um Göschweiler wie seine Westentasche. Der wusste vielleicht auch mehr über Clemens. Den musste er anrufen. Der letzte Strohhalm.
Google lieferte beim ersten Versuch einen Volltreffer und spuckte Adresse und Telefonnummer von Egon Albert in Löffingen-Göschweiler aus. Während er auf dem Smartphone wählte, machte sich bei Alfred die Verdauung bemerkbar. Die Schnitzel- und Bratkartoffelberge vom Vorabend. Das musste wieder raus. So führte Alfred das Gespräch von der Kloschüssel aus. Er kam sofort zur Sache, nachdem der Pfarrhiesler von seiner Frau ans Telefon gerufen worden war und Alfred sich vorgestellt hatte: „Ich muss noch mal ein paar Fragen zu diesem Clemens stellen, dem Enkel des Kräuterhanneles. Es ist wichtig. Es geht um Leben und Tod.“ Er schilderte kurz aber eindringlich die Situation und die Fahndung der Polizei. „Anna befindet sich in Lebensgefahr. Heute ist der sechste Tag. Wir müssen also unbedingt herausfinden, wo dieser Clemens sie versteckt haben könnte. Und wie er sie in dieses Versteck gebracht hat. Ihr Auto wurde beim alten Freibad gefunden.“
Der Pfarrhiesler überlegte, während Alfred verdaute. Dies verursachte hörbare Geräusche. „Was haben Sie gesagt?“, fragte der Pfarrhiesler. „Nichts, nichts. Lassen Sie sich nicht ablenken.“
„Dersell hat einen Esel!“, sagte der Pfarrhiesler.
„Er hat einen …?“

„Esel“, ergänzte der Pfarrhiesler. „Er ist mit einem Esel unterwegs. Er reitet auf ihm. Ich habe die beiden oft auf den Waldwegen und in den Flühen beobachtet.“
Alfred schlug sich mit der freien Hand gegen die Stirn: „Aber klar! Ich Idiot …“
„Was haben Sie gesagt?“
„Nichts! Ich rede mit mir selber. Er reitet auf dem Esel, sagen Sie? Wie weit kommt er da in der Stunde?“
Der Pfarrhiesler überlegte. Alfred hörte es am schweren Schnaufen. Es vergingen einige Sekunden, ehe eine Antwort kam: „Vielleicht fünf bis acht Kilometer! Der Esel geht nur im Schritt, der hat keine Eile. Aber er kann den ganzen Tag und die Nacht durchlaufen, ohne dass er müde wird. Immer das gleiche Tempo.“
„Ich war blind!“, schalt Alfred mit sich selbst, während die selbsterzeugten Düfte aus der Kloschüssel ihn daran erinnerten, dass sein Geschäft noch immer nicht ganz erledigt war. Er pumpte in sich hinein und presste dabei auch einen bisher verborgenen Gedanken hervor: Die Tierspuren! Förster Röhle hatte rund um das Haus von Kräuterhannele nur Tierspuren entdeckt. Kein Wunder! Wenn Clemens auf dem Esel gesessen hatte, dann gab es nur Tierspuren.
„Ist noch irgendwas?“, fragte der Pfarrhiesler.
„Ja, ja! Legen Sie noch nicht auf!“, sagte Alfred schnell. „Mit diesem Esel, … also der Clemens … wenn der mit diesem Esel unterwegs ist. Wo kann er sich mit dem Tier verstecken? Irgendwo zwischen Wutachschlucht und Göschweiler, zwischen Reiselfingen und Löffingen? Fällt Ihnen da gar nichts ein?“
Doch. Dem Pfarrhiesler fiel sofort etwas ein. Wenn sich einer auskannte, dann war er es. „Die Dolinen! Die Löcher! Da hat der Clemens schon als Kind immer gespielt. Dort …“

„Stopp! Halt! Was ist das, die Dolinen?“, unterbrach Alfred. Der Pfarrhiesler seufzte. Wahrscheinlich fragte er sich insgeheim, mit was für einem Idioten er es zu tun hatte. Wie konnte man fragen? Aber er erklärte geduldig: „Die Dolinen, das sind Erdfälle, Karsthöhlen. Davon gibt es jede Menge oberhalb der Wutachschlucht. Und in der Schlucht selbst gibt's auch viele Höhlen.“ Er zählte auf: „Das Münzloch, die Eisbärenhöhle, das Gaisloch, das Knochenloch, das Erdloch, das Großloch ...“
Bei Alfred klingelte etwas. „ ...Loch .... Loch .... Loch?“ Da war etwas. Da hing ein Erinnerungsfetzen im Kopf. „Gibt es ein Muckenloch?“, fragte er. Ihm war nämlich eingefallen, dass das Kräuterhannele bei einem seiner Besuche diese Bezeichnung einmal verwendet hatte. Sie hatte hinter Clemens hergerufen: „Hau ab in dein Muckenloch“. So hatte sie gesagt.
Am anderen Telefonende blieb es stumm. Alfred fürchtete bereits, die Verbindung sei zusammengebrochen. Er wagte keine Nachfrage. Misstrauisch lauschte er in sein Smartphone hinein.
„Ja!“, kam plötzlich klar und sachlich die Antwort. Alfred war, als hörte er großen Ernst aus der Stimme des Pfarrhieslers. „Das Muckenloch gibt es. Das ist auch eine Doline. Ganz versteckt im steilen Gelände. Dersell hat dort einen Unterschlupf. Das weiß ich. Ich habe ihn schon gesehen. Manchmal übernachtet er dort.“
„Das ist es!“ brüllte Alfred, so dass beim Pfarrhiesler am anderen Ende der Telefonverbindung jetzt möglicherweise die Fensterscheiben klirrten. „Das ist das Versteck! Das Muckenloch! Da müssen wir hin. Sofort! Ich komme hoch!“
Der Pfarrhiesler kam gar nicht dazu, zu widersprechen. Alfred nahm ihn vollkommen in Beschlag: „Ich komme zu Ihnen nach Göschweiler hoch. In einer Stunde bin ich

da. Dann führen Sie mich zum Muckenloch. Versprochen? Warten Sie auf mich. Auf jeden Fall. Nicht abhauen."

„Ich warte auf Sie", bestätigte der Pfarrhiesler stockend und beendete die Verbindung.

DAS MUCKENLOCH

Dieser Hexenschuss war schlimmer als alle anderen zuvor. Alfreds abrupte Bewegung, mit der er den Oberkörper vertikal verdrehte, um nach dem Klopapier zu greifen, zerfetzte den letzten Friedensvertrag, den seine Nerven noch mit den Bandscheiben abgeschlossen hatten. Sofort schoss ein stechender Schmerz das Rückgrat aufwärts und abwärts und gleichzeitig auch noch seitlich in das Becken. Alfred rutschte von der Kloschüssel wie eine Ladung Blumenerde, die jemand aus dem Schubkarren kippt. Dann lag er mit heruntergelassenen Hosen zu Füßen der WC-Schüssel unmittelbar unter dem Schriftzug „Keramak/Geberit" und konnte aus nunmehr eigener Anschauung nachvollziehen, warum Jochen Schiller kürzlich mal in die WG hineingebrüllt hatte: „Einer von euch könnte mal wieder das Klo putzen!"
Jochen Schiller! Wo war er? Schlief er noch? Alfred brüllte aus Leibeskräften: „Jochen, Jochen! Hilfe! Hilfe!" Selbst das Brüllen verursachte Schmerzen.
Nichts rührte sich. „J…o…o…o…chen", brüllte Alfred nochmals. Und fügte hinzu: „Hier, hierher! Auf dem Klo bin ich."
Kein Jochen erschien. Stattdessen öffnete sich die Klotür und ein verschlafener Hugo im weißen Unterhemd, mit verstrubbeltem Haar und einer khakifarbenen Schlafanzughose lehnte im Türrahmen.
„Hey Alter! Bist zu blöd zum Scheißen?"
„Hugo, du? Wo ist Jochen?"
„Nicht mehr da. Gestern Nacht noch abgehauen, der –Bourgois. Zurück in sein Bonzennest." Hugo gähnte demonstrativ, als könnten ihn solche menschlichen Schwächen nicht mehr erschüttern.

„Hilf mir Hugo, hilf mir! Du musst mir helfen." Alfred stöhnte und presste zwischen den Zähnen hervor: „Hexenschuss! Mich hat es so was von erwischt. Ich kann mich nicht bewegen."
„Schon wieder? Das hattest du doch kürzlich schon mal."
„Hugo, rede nicht! Hilf mir!" In schnellen, atemlos abgehackten Sätzen schilderte Alfred die Gefahr, in der Anna sich befand, und die Notwendigkeit, jetzt sofort in den Hochschwarzwald zum Pfarrhiesler zu fahren, um das Muckenloch aufzusuchen, wo der Wahnsinnige Anna gefangen und versteckt hielt. „Wir müssen sie befreien …", endete Alfred.
„Und da hast du dir vor Aufregung erst einmal in die Hose gemacht", spottete Hugo, während er vielsagend den Blick streifen ließ. „Nicht mal runtergespült."
„Hugo! Bitte!" Alfred flehte. Die Not machte ihn unterwürfig: „Hilf mir. Bitte, bitte, Hugo. Lass mich nicht im Stich. Ich muss in den Hochschwarzwald. Hast du Schmerztabletten? Aspirin? Oder was Stärkeres?"
Hugo schüttelte den Kopf und umschritt vorsichtig mit seinen blanken Füßen den am Boden liegenden Alfred und die Kloschüssel. Er betätigte die Spülung. Dann erbarmte er sich, riss eine Familienportion Klopapier von der Rolle und wischte Alfred ohne viel Federlesens den Hintern ab.
Alfred stöhnte gequält, als Hugo ihm die Hose hochzog. Mit vereinten Kräften und unter heftigen Schmerzensschreien und Krümmungen Alfreds schafften sie es, Alfred auf die Beine zu stellen.
„Ich kann mich nicht bewegen", konstatierte Alfred. „Ich kann nur stehen!" Tränen des Schmerzes und der Verzweiflung standen ihm in den Augen. „Stütz mich ab! Bring mich runter zum Auto!"

„Warte, ich zieh mir etwas an", erwiderte Hugo. Um dann trocken hinzuzufügen: „Ich fahre dich. Wo sind die Autoschlüssel?"

Zwanzig quälende Minuten später saßen sie in Alfreds rotem Flitzer. Hugo hinter dem Steuer, Alfred steif wie ein Hackklotz auf dem Beifahrersitz. Ihn die Treppe hinunter und schließlich ins Auto zu manövrieren war eine Meisterleistung von Hugo gewesen. Es war, wie wenn ein einzelner Mann einen Kühlschrank vom Speicher über eine Wendeltreppe in den Keller hätte transportieren und dort in ein millimetergenau ausgemessenes Regal hineinrangieren müssen.

Hugo trug Springerstiefel und einen um zwei Nummern zu großen Tarnanzug. Darin sah er aus wie die Guerillakämpfer im südamerikanischen Urwald. „Was hast du vor?", presste Alfred zwischen zusammengekniffenen Lippen hervor.

„Vielleicht müssen wir kämpfen", meinte Hugo in freudiger Erwartung. Dabei klopfte er sich auf die geschwellte Brust und grinste gelblich.

Bei der Ausfahrt aus dem Gartengrundstück schrammte Hugo zuerst die Hecke, dann einen halb in der Hecke versteckten Betonpfeiler. „Verdammt!", fluchte er und fuhr gleich auch noch eine auf dem Gehweg von der morgendlichen Müllabfuhr übrig gebliebene gelbe Tonne über den Haufen. Zum Glück war sie schon geleert.

„Hey, hey, langsam! Vorsichtig! Bist du wahnsinnig?", intervenierte Alfred. „Hast du überhaupt einen Führerschein?"

Alfred hatte Hugo in vollstem Vertrauen den Autoschlüssel ausgehändigt. Aber als dieser jetzt mit den Schaltgeräuschen eines Unimogs in die Straße einbog und dabei den Schaltknüppel bediente wie jemand, der Haselnüsse in einen Kuchenteig rührt, kamen Alfred leichte Zweifel. Hugo erwischte den zweiten Gang. Prompt schüttelte er auf Alfreds Frage auch den Kopf und antwortete freimütig: „Führerschein? Ist was für Bürgerliche. Brauche ich nicht. Autofahren kann jeder."

Er bewies es. Und wie! Irgendwie kam er heil bis auf die Schwarzwaldstraße, wenngleich er penetrant die Gegenfahrbahn als sein Eigentum betrachtete. Auf der Schwarzwaldstraße schlängelte Hugo sich ganz gut in den Verkehr ein und rollte in der Schlange durch den B31-Tunnel mit. Allerdings blieb er unerschrocken die ganze Zeit im zweiten Gang, was dem roten Flitzer ungefähr so schmeckte wie einer Kettensäge die Begegnung mit einem Maschendrahtzaun. Alfred musste sich sehr diszipliniert auf die Zähne beißen, um nicht einzuschreiten. Aber er war gleichzeitig auch zu sehr mit seinen eigenen Schmerzen beschäftigt. So ertrug er Hugos Fahrkünste. So gut es ihm möglich war, betrieb Alfred während der Fahrt Richtung Hochschwarzwald Kommunikation. Er telefonierte mit Peter Sterzer, um ihn knapp zu informieren und sein Kommen anzukündigen. „Wir nehmen dich mit. Ich glaube, ich kenne das Versteck. Halte dich bereit." Sterzer hatte tausend Fragen, aber Alfred würgte ihn ab: „Besorge mir Schmerztabletten. Die Gleichen wie kürzlich. Alles andere erzähle ich dir, wenn wir dich aufgelesen haben."

Dann erwischte er über den Laptop Tim Joy in dessen Gefängniszelle und brachte ihn auf den neuesten Stand in Sachen Cyberkriminalfall: „Deine Wohnung ist noch versiegelt. Mich hat die Polizei für Morgen zum Verhör eingeladen. Schiller ist mein Rechtsanwalt. Er glaubt, dass er mich raushauen kann." Tim bedankte sich bei Alfred für die Beschaffung des gewünschten Garagentorantriebs und wollte wissen, wie es um den Hexenfall stehe. Alfred setzte ihn kurz ins Bild und beantwortete ein paar Fragen, die Tim Joy bei dieser Gelegenheit stellte. „Ich recherchiere ein biss-

chen für dich im Netz", versprach Tim. „Vielleicht finde ich ja etwas, was dir weiterhilft."
In einer knappen SMS informierte Alfred auch Kommissar Junkel, dass er unterwegs in den Hochschwarzwald war. Ohne Details. Aber der Kommissar sollte wenigstens ungefähr wissen, wo Alfred sich herumtrieb. Außerdem erhoffte Alfred sich davon, dass vielleicht umgekehrt auch Junkel ihn über Neuigkeiten per SMS auf dem Laufenden halten würde.
Dann erreichten sie das Höllental, und Alfred hatte bis dahin gelernt, dass sein roter Flitzer im zweiten Gang bei 8.000 Umdrehungen 110 Stundenkilometer erreichte und dabei Geräusche machte wie eine Kreissäge. Die Schmerzen in Alfreds Rücken hatten noch immer nicht nachgelassen. Er musste sich in den Beifahrersitz pressen, um nicht bei jeder Kurve oder Unebenheit der Straße durchgeblitzt zu werden wie ein Todeskandidat auf dem elektrischen Stuhl. Als sie bei Titisee den großen Parkplatz beim Schwarzwald-Bad passierten, deutete Hugo auf die vielen abgestellten Autos und fragte: „Müssen wir tanken?" Nein! Der Tank war noch halb voll.
Auf der anderen Straßenseite, beim Altenweg an der Wegkreuzung zum Bürklehof, parierten zwei Reiter ihre scheuenden Pferde. Schuld an ihrer Panik waren die kreischenden Geräusche, die Alfreds roter Flitzer in der Autoschlange von sich gab. „Herrgott, schalte endlich in einen höheren Gang!", fluchte Alfred zum wiederholten Male. Hugo bleckte die gelben Zähne und wehrte ab: „Traue mich nicht. Sonst lande ich aus Versehen im Rückwärtsgang. Das ist mir schon mal passiert ..."
Die scheuenden Reitpferde brachten Alfred auf einen Gedanken: Clemens und sein Esel. Wenn Clemens den Esel ritt und gleichzeitig auch als Lasttier nutzte, dann hatte er

die ermordete Maria möglicherweise von seinem Versteck bei Göschweiler auf dem Esel bis nach Löffingen zur Festhalle transportiert. Und dann? Alfred erinnerte sich an seinen nächtlichen Spaziergang mit Vanessa. Sie waren einmal um die Festhalle herum geschlendert und hatten aus dem Wald oberhalb der Festhalle seltsame Tierschreie gehört. Eule oder Esel? Vanessa hatte schon damals gesagt, für sie habe es nach Esel geklungen. Hatte Clemens also die Leiche mit dem Esel zur Festhalle gebracht? Danach sah es aus. Dann hatte er die tote Maria, eingepackt in eine Decke, bei seinem Esel deponiert, den er den ganzen Abend über dort in dem Wäldchen angeleint zurückgelassen hatte? In einem unbeobachteten Moment zu später Stunde muss er den Leichnam dann über die hinteren Lieferantenzugänge in die Festhalle gebracht und spektakulär die Hexenrutsche hinuntergeschoben haben. So langsam fügte sich das Bild.
Sie erreichten Neustadt und luden wie verabredet bei der Badischen Zeitung Peter Sterzer auf. Der Fotograf hatte für Alfred die gewünschten Schmerztabletten besorgt und überreichte sie zusammen mit einem kleinen Fläschchen Mineralwasser. Da hatte er gut mitgedacht. Aber er sah zum Erbarmen aus. Unrasiert, unausgeschlafen, mit rot verweinten Augen und einem Gesichtsausdruck, der besagte: Die Welt geht unter.
Alfred schaffte es, während er drei Ibuprofen der Masterklasse einwarf und hinunterspülte, Hugo zu überreden, das Steuer des roten Flitzers an Peter Sterzer zu übergeben. So erfreute sich das geschändete Fahrzeug bei der Weiterfahrt nach Göschweiler an einer gesitteten Behandlung. Öl- und Kühlertemperatur sanken wieder auf Normalwerte. Das Getriebe beruhigte sich. Auf dem Weg nach Göschweiler klärte Alfred Peter Sterzer über den neuesten Stand der Informationen auf.

„Wieso alarmieren wir nicht die Polizei?“, fragte Peter Sterzer als Erstes.
„Hab ich doch, hab ich doch“, beruhigte Alfred. „Aber hier geht es um jede Minute. Wenn ich vor der Polizei bei Anna bin, dann kann das vielleicht ihr Leben retten.“
„Oh je, oh je“, stöhnte Peter Sterzer. „Hoffentlich hast du Recht! Hoffentlich finden wir das Versteck.“
Dafür war der Pfarrhiesler zuständig. Wie versprochen wartete er mit tuckerndem Traktor vor seinem Haus in Göschweiler. Er trug ein fröhliches Hütchen und schien überhaupt in Ausflugsstimmung. Das Wetter spielte mit. Am Himmel zeigte sich sogar zaghaft die Sonne. Vielleicht hatte Alfred ihm nicht eindringlich genug klargemacht, worum es eigentlich ging. Jedenfalls war der Pfarrhiesler von ansteckend guter Laune und verkündete fröhlich: „Alle umsteigen! Das Auto bleibt hier. Wir fahren mit dem Bulldog!“
Das war freilich leichter gesagt als getan. Neben der Sitzschale, die dem Fahrer vorbehalten war, gab es auf dem Traktor nur noch zwei spartanische Sitzgelegenheiten, nämlich auf dem Schutzblech über den beiden mannshohen Hinterreifen. Hugo erklärte sich sofort bereit, hinten auf dem Trittbrett stehend mitzufahren. Er brauche keinen Sitz. Außerdem könne er auf diese Weise schneller abspringen.
„Wo fahren wir hin?“, wollte Alfred wissen, als sie den Rochusweg hinunter aus dem Dorf tuckerten.
„Erst mal zum Roßhag“, kündigte der Pfarrhiesler an. „Dort zeig ich euch, wie so ein Dolinenloch aussieht. Dann habt ihr schon mal eine Vorstellung. Von dort geht's dann weiter zum Muckenloch. Das liegt ein bisschen versteckter.“
Der Pfarrhiesler saß auf seinem wippenden Traktorsitz wie ein Schiffskapitän auf der Brücke, hielt das große Lenkrad mit beiden Händen und steuerte querfeldein über die gül-

ledampfenden Felder. „Die Bure müssen ihr Zeug jetzt im März rausbringen“, sagte er entschuldigend.
Da der Pfarrhiesler ein erfahrener Fremdenführer und überdies ein kundiger Einheimischer war, wusste er einiges über die Dolinen: „Die entstehen, wenn im Untergrund Hohlräume zusammenbrechen. Das passiert hier überall, weil unser Untergrund hier aus Gips und Muschelkalk besteht. Die Wutach ist ja früher hier drübergeflossen und hat alles ausgehöhlt.“ Er zupfte entschuldigend in seinem Bart und präzisierte: „Ganz früher war das! Eiszeit und so.“
Alfred hörte nur mit einem Ohr zu. Er hielt Ausschau. Angestrengt spähte er über die Schnauze des Traktors hinweg in die Landschaft.
„Man muss sich das so vorstellen: Der ganze Untergrund ist hier von Klüften und Spalten durchzogen. Bei jedem Regen rinnen die Wassermassen durch diese unterirdischen Wege talwärts in die Wutachschlucht. Jedes Mal höhlen sie den Untergrund weiter aus. Diese unterirdische Erosion schafft Hohlräume, die eines Tages zusammenbrechen. So war es 1954, als das Roßhagloch entstand. Auf einen Schlag war da ein vierzig Meter tiefes Loch mit einem Durchmesser von fünfzehn Metern mitten auf einer Viehweide.“
„Und da kann man rein?“, wollte Peter Sterzer wissen. „Da kann sich jemand wie Clemens verstecken?“
Der Pfarrhiesler nickte, was beim Vibrieren des Traktors eine Extraleistung war. „Im Untergrund gibt es Gänge und Räume. Da kann es sich einer gemütlich machen, wenn er weiß, wie er hinunterkommt.“
Sie hielten auf freiem Feld an einem Zaun an. Dahinter tat sich das Riesenloch der Roßhagdoline urplötzlich und ohne Vorwarnung vor ihnen auf.

„Wow!“, entfuhr es Alfred. Hugo tauchte bereits unter dem Zaun hindurch und robbte sich an die Abbruchkante, von der aus es zwanzig Meter steil in die Tiefe ging.
Der Pfarrhiesler stieg ihm mit aller Vorsicht nach und Alfred und Peter Sterzer folgten, hielten aber Abstand zur Bruchkannte.
„Das hier ist ein spezielles Loch“, erklärte der Pfarrhiesler. „Die Doline ist ja noch ziemlich neu, kaum fünfzig Jahre alt. Das Muckenloch, wo ich euch jetzt gleich hinbringe, ist schon viel älter. Deshalb sind die Ränder dort schon längst eingefallen und man kann in das Loch hinuntersteigen. Aber es ist genauso tief. Früher sind die Dorfkinder dort sogar mit dem Schlitten hinunter gefahren.“
Sie kehrten zum Traktor zurück. Der Pfarrhiesler setzte seine Erläuterungen im Gehen fort: „Unten im Muckenloch gibt es zwei oder drei Höhlen. Man findet sie nicht so leicht, teilweise sind sie zugeschüttet oder mit Sträuchern zugewachsen. Aber der Clemens hat dort seit seiner Kindheit immer gespielt und ich weiß, dass er sich in einer dieser Höhlen eingerichtet hat. Ich habe ihn gesehen, wie er mit seinem Esel Bretter und Decken und allerlei Kram dort hinuntertransportiert hat. Das ist schon zwei oder drei Jahre her.“
Der Traktor brachte sie weiter talwärts. „Das Kräuterhannele wohnt in so einem uralten Bauernhaus“, fuhr der Pfarrhiesler in seinen heimatkundlichen Erläuterungen fort. „Das Haus gehörte ihrem Großvater. Zu dem sagten die Leute früher Muckenlocher. Weil schon er sich immer im Muckenloch herumgetrieben hat. Der Muckenlocher. Dersell war schon ein kauziger Typ. Aber seine Enkelin, das Kräuterhannele, die ist noch seltsamer. Und der Clemens erst … Das vererbt sich immer schlimmer …“

Der Pfarrhiesler brach seine Erklärungen ab, hielt an und schaltete den Traktor aus. Die plötzliche Stille war beängstigend. „Weiter fahre ich nicht“, begründete der Pfarrhiesler. „Sonst hört uns der Clemens, wenn er wirklich unten im Muckenloch sitzt.“ Er deutete mit der Hand weiter talwärts, wo das Gelände steil zur Wutachschlucht hin abfiel. Ein kleines Wäldchen stach ins Auge. „Dort bei dem Schachen, dort ist das Muckenloch. Dort müsst ihr hin. Aber das müsst ihr ohne mich regeln. Das ist nicht meine Angelegenheit. Ich warte hier.“

Hugo war schon abgesprungen und hielt wie einst Lederstrumpf Ausschau nach Feinden. Alfred und Peter Sterzer folgten zögernd. Alfred fühlte sich immer noch steif und sperrig, aber die Schmerztabletten zeigten Wirkung. Zwar zwickte noch jede hastige Bewegung, aber er konnte ohne fremde Hilfe gehen und die Rückenmuskulatur hatte sich bereits wieder entspannt. Peter Sterzer schlotterten die Knie: „Sollen wir nicht doch lieber warten, bis die Polizei kommt?“

„Vorwärts!“, befahl Hugo. Er ging gebeugt wie ein GI auf Urwaldpatrouille und winkte Alfred und Peter Sterzer, ihm zu folgen.

Alfreds Laptop brummte und verlangte nach Aufmerksamkeit. Er klappte den Deckel hoch und schaltete ein. Sofort erschien der Halloweenkopf von Tim Joy und leuchtete bleich wie ein indischer Papierlampenschirm.

„Hi, Alfred!“

„Was gibt's so Wichtiges?“, zischte Alfred etwas ungehalten und widerstand dem Impuls, sofort wieder auszuschalten. Tim Joy mit seinen Cybertricks hatte ihm jetzt gerade noch gefehlt.

Alfred ließ sich zurückfallen, um Tims Botschaft anzuhören.

„Nach Auswertung aller sozialempirischen und psychiatrischen Parameter, die ich aufgrund der Daten zur Persönlichkeitsanalyse dieses Clemens eingespeist habe, kann ich dir jetzt sein Motiv sagen“, verkündete stolz die schmeichelnde Bassstimme Tims. „Das Netz hat hochgerechnet und ein Psychogramm ausgespuckt.“
„Na ist ja interessant“, spottete Alfred. „Aber mach schnell, denn ich hab nicht viel Zeit.“
Tim Joy dozierte: „Dieser Clemens hat eine Hexenpsychose. Er hasst Hexen. Er verachtet sie. Er bekämpft sie. Er will sie töten. Insgeheim richtet sich das gegen seine Großmutter, die ihn aufgezogen und dabei gedemütigt, traumatisiert und vermutlich auch hochgradig verkorkst hat. Ein Prozess, der sicher schon in der Kindheit begonnen hat und jetzt mit Gewalt zum Ausbruch kommt.“
„Aha!“, sagte Alfred.
„Und deshalb hat sich Clemens die Opfer im Umfeld seiner Großmutter gesucht: Teilnehmerinnen der Kräuterseminare zum Beispiel. Die am Hexenwesen interessierte Journalistin. Für Clemens alles Verkörperungen der Hexen und insgeheim natürlich Ersatzopfer anstelle seiner Großmutter. – Hörst du noch zu?“
Alfred bejahte, obwohl er bereits nervös wurde. Hugo und Peter Sterzer hatten schon hundert Meter Vorsprung.
„Clemens muss voller Hass- und Gewaltfantasien gegenüber seiner Großmutter sein. Aber noch schaffen sich diese Fantasien Bahn, indem er solche Ersatzopfer wie Maria und Anna auswählt. Nicht mehr lange, und er wird aber seine Großmutter umbringen. Das ist vorgezeichnet.“
Alfred widersprach vorsichtig: „Wieso ist dann nur der Clemens so, der Enkel? Kräuterhanneles Sohn, der Kranitzer, der ist ganz anders gestrickt.“

„Das ist das andere Extrem, ganz typisch“, wusste Tims Bildschirmkopf sofort eine Antwort. „Dieser Sohn, der wurde von der Mutter geliebt, verhätschelt und gepäppelt – vor allem, als sich abzeichnete, dass er nicht alle Tassen im Oberstübchen hat. Der Kranitzer verehrt und beschützt seine Mutter. Am liebsten würde er alles ausmerzen, was der Mutter nicht gefällt. Zum Beispiel Männer unter Hexenmasken. Aber dazu ist er zu gutmütig. Er träumt nur davon. Er würde niemals selbst Gewalt anwenden. Ganz anders der Enkel. Bei dem hat sich das Ganze ins Gegenteil gedreht. Der hasst seine Großmutter und alles, was mit ihrem Hexenwesen zu tun hat. Das ist bei ihm eine aggressive Zwangsstörung …“
„Hör mal Tim“, unterbrach Alfred. „Das ist ja alles recht und gut und so ähnlich hab ich mir das auch schon gedacht. Aber ganz ehrlich. Das bringt mich jetzt überhaupt nicht weiter. Ich muss hinter den anderen her. Wir suchen dieses Arschloch, um Anna zu retten. Da ist es mir doch völlig egal, warum er ein Arschloch ist.“
Triumphierend kam Tims Stimme aus dem Tablet-Lautsprecher: „Dann habe ich was für dich. Ich weiß, wo er steckt.“
Alfred schwieg verdutzt. Hatte er sich verhört? „Du weißt …?“, fragte er ungläubig.
„Ja, pass auf!“ Tims Stimme nahm einen ungewohnt eifrigen Ton an. „Ich habe alle deine Angaben ins Netz eingespeist. Alle Infos. Außerdem alles, was ich im Netz über diesen Ort Goschweiler …“
„Göschweiler“, verbesserte Alfred.
„Alles was ich über diesen Ort an Geodateninformationen finden konnte. GoogleMaps und so. Alles habe ich in Wahrscheinlichkeitsrechnungen untersucht. Das kann man ausrechnen. Dann erscheint eine Landkarte und da kannst du Vektoren eintragen. Da, wo sie sich überschneiden …“

„Mach voran Tim“, forderte Alfred ungeduldig und ungehalten. „Ich muss jetzt los. Was hast du herausgefunden?“
„Ich hätte es dir gerne ausführlich erklärt“, gab sich Tim geschlagen. „Aber wenn s pressiert, dann halt die Kurzform: Es gibt da bestimmte Erdhöhlen rund um Göschweiler. Und die Wahrscheinlichkeitsrechnung sagt, dein Clemens hält sich in einer davon versteckt, die Muckenloch heißt. Merkt dir das: Muckenloch! Ich schicke dir gleich mal eine Karte und die GPS-Daten dazu. Kannst du nicht verfehlen …“
Bei aller Bewunderung für Tims Recherchekunst konnte Alfred sich die Bemerkung nicht verkneifen: „Super, Tim. Unglaublich, was das Internet alles kann. Richtig gut. Muss nur noch ein bisschen schneller werden. Das weiß ich nämlich alles schon.“ Und damit klappte Alfred den Laptop zu und hastete über die abschüssige Wiese hinter Hugo und Peter Sterzer her, so gut es seine verspannten Glieder erlaubten.
Die Dinge nahmen ihren Lauf.

SHOWDOWN

Alfred musste sich quälen. Jeder Schritt tat weh. Vor allem, weil es immer steiler bergab ging. Warum hatte er sich auch noch die Tasche mit dem blöden Laptop umgehängt? Das war jetzt nur hinderlich. Hugo und Peter Sterzer waren längst in dem kleinen Waldstück verschwunden, in dem sich angeblich das Muckenloch verbarg. Alfred hatte die beiden Gefährten aus den Augen verloren.
Er eierte wie ein außer Kontrolle geratener Roboter dem Wäldchen entgegen. Einmal stürzte er und rollte einige Meter abwärts, wie es spielende Kinder gerne machen. Nur dass es in Alfreds Fall kein freiwilliges Kugeln war. In der güllegetränkten Wiese schon gar nicht. Sofort stank er wie ein Büffel. Und Aufstehen war eine Kunst. Vor Wut über seine eigene behinderte Motorik traten ihm die Tränen in den Augen. So erreichte er die Ansammlung von Gestrüpp, Buschwerk und Bäumen. Es handelte sich um einen Urwald aus Brombeerhecken, jungen Tännchen, Vogelbeeren und anderen Pionierhölzern, sowie dazwischen einige größere Buchen und verwilderte Obstbäume. Zum Glück war erst Anfang März, und die Vegetation befand sich noch weitgehend im Winterschlaf. Wenn im Sommer alles grünte und sprießte, hätte ein Unkundiger niemals einen Pfad durch diesen Dschungel gefunden. So aber erreichte Alfred schnell die Kante, die den Dolineneinbruch anzeigte. Die Seitenwände der Doline waren längst nicht so steil wie im Roßhag, sondern bewachsen und mehrfach eingestürzt und abgerutscht, so dass man hinunter klettern konnte. Auch die Doline selbst, mehr als sechzig Meter im Durchmesser, war bis auf den Grund bewachsen mit Gesträuch und Büschen aller Art. Im gleichen Augenblick als Alfred Ausschau nach

einem geeigneten Abstieg hielt, hörte er vom Grunde des Trichters einen Schrei. Eine Frauenstimme: Anna! Also doch. Alles stimmte. Hier steckte sie. Und sie lebte. Gott sei Dank!

Eindeutig war es Annas Stimme. Ein lauter, angstvoller, verzweifelter und doch irgendwie befreiter Schrei. Ein einziges Wort war es, das Anna hinausschrie bis hinauf zu Alfred: „Peter!"

Das galt Peter Sterzer. Hatte er Anna schon gefunden? Schon befreit? Was war mit Clemens?

Auf dem Hosenboden rutschte Alfred den Abhang hinunter, von Angst und Sorge getrieben. Büsche schlugen ihm ins Gesicht. Die Hose zerriss. Er verlor einen Schuh. Der Riemen der Laptoptasche verfing sich an einem Ast. Fast kugelte Alfred sich den Arm aus, als er weiterrutschte und den Laptop mitsamt Tasche auf halber Strecke zurückließ. Alles egal. Anna lebte! Sie war gerettet.

Als Alfred endlich am Grunde der Doline aufschlug, ramponiert wie ein Rodeoreiter nach dem siebzehnten Abwurf, lag er rücklings auf dem Schotter und blickte geradewegs in einen von Büschen und Farnen so stark umwucherten Höhlenraum, dass man ihn von oben niemals hätte entdecken können. Die Szene, die sich ihm darbot, hätte in ihrer ganzen Dramatik auch aus einem Fernsehtatort stammen können: Bäuchlings auf dem Boden lag Clemens. Hugo kniete auf seinem Rücken und riss mit einer Hand Clemens' Kopf am Haarschopf in die Höhe. In der anderen Hand hielt er eine monströse, täuschend echt wirkende Riesenpistole, deren Lauf er dem Rotz und Wasser geifernden Clemens in den Mund geschoben hatte. Clemens würgte und keuchte, aber Hugo hielt ihn im Griff und brüllte ihn an wie ein Navy-Seals Ausbilder seine Kadetten. „Arschloch! Arsch-

loch! Arschloch! Keine Bewegung, oder ich puste dir das Gebiss aus der Schnauze."
Seitlich an der Höhlenwand stand Peter Sterzer und hielt Anna fest umschlungen. Sie lag in seinen Armen und schluchzte. Ihr Haar war vollkommen zerfetzt und zerfranst, ganze Büschel waren ausgerissen, ganz so, wie es auch bei der ermordeten Maria geschehen war. Alfred bemerkte auch Würgemale an ihrem Hals und die blanken Oberarme, die sie wie eine Ertrinkende um Peter Sterzer geschlungen hatte, waren übersät von Prellungen und Schürfungen. Sie trug ein verdrecktes und zerrissenes kurzärmliges Sweatshirt und eine lehmverschmierte Jeans. Sie stand barfuß auf ihrem ramponierten Anorak. Ihre nackten Füße waren dick geschwollen und blau gefärbt. Clemens muss sie traktiert und gequält haben. Ihr ganzer zarter Körper bebte unter heftigen Schluchzern. Das Gesicht hatte sie so fest an Peter Sterzers Brust gedrückt, dass sie wahrscheinlich gar nicht bemerkt hatte, dass inzwischen auch Alfred eingetroffen war. Im Hintergrund der Höhle schimmerten durch das Halbdunkel die Konturen eines mit Pfählen und Brettern gezimmerten Aufbaus, der an eine selbstgebaute zweite Ebene im Kindergarten erinnerte. Decken hingen von der Plattform herunter und Alfred vermutete, dass Clemens dort oben sein Nachtlager eingerichtet hatte. Noch vor der Höhle, direkt an der Stelle, an der Alfred nach seiner Rutschpartie schließlich zum Liegen gekommen war, stand der Esel und furzte. Als jetzt Alfred vor seine Hufe rollte, drehte er sich einmal gemächlich um die eigene Achse, streckte Alfred das Hinterteil entgegen und urinierte ihm direkt auf den Leib. Danke! Alfred rappelte sich auf und versetzte dem unschuldigen Tier einen Fußtritt. Jetzt entdeckten Hugo und Peter Sterzer den Neuankömmling.

„Alles gut, Alfred“, rief Peter Sterzer herüber. „Anna lebt und wir haben den Dreckskerl. Hugo hat ihn erledigt.“
Hugo schien tatsächlich voll in seinem Element zu sein. Alfred beschlich der Verdacht, dass sein WG-Genosse durchaus Übung darin hatte, irgendwelche Gegner zu überfallen und niederzuringen. So wie er jetzt auf dem jammernden Clemens kniete und ihn in Schach hielte, machte er das nicht zum ersten Mal.
„Hugo, der Kerl erstickt“, rief Alfred. „Siehst du nicht, dass er keine Luft mehr bekommt. Nimm mal dieses Ding aus seinem Mund.“
„Er soll keine Luft bekommen“, motzte Hugo, doch er tat Alfred den Gefallen und lockerte den Druck. Sofort schrie Clemens los: „Ich kann alles erklären. Sie hat gestanden! Sie hat gestanden!“
„Halt s Maul du Arschloch!“, erwiderte Hugo und presste Clemens Gesicht brachial auf den Höhlenboden. „Sonst blas ich dich aus!“
Alfred war unentschlossen, ob er zu Anna oder zu Hugo hingehen sollte. Alles in ihm drängte danach, zu Anna hin zu eilen und sie in die Arme zu schließen. Aber Anna hing immer noch an Peter Sterzer und krallte sich an ihm fest wie eine Katze am Baum. Sie musste Alfreds Stimme gehört haben, doch sie sah nicht einmal auf.
Alfred unterdrückte seinen Impuls, dem am Boden liegenden Clemens mit dem linken Fuß, an dem noch ein Schuh saß, kräftig in die Fresse zu treten. Es brauchte seine ganze Beherrschung, diesem Impuls nicht nachzugeben. „Was jetzt?“, fragte er an die Adresse Hugos: „ Wo hast du diese täuschend echte Pistolenimitation her?“
„Das ist keine Imitation“, blaffte Hugo. Und Clemens, der es wagte, den Kopf leicht zu drehen, brüllte er an: „Damit du es auch glaubst. Schau her!“ Er hob die Pistole und gab ei-

nen Schuss hinaus ins Freie ab. Der Knall hallte im Höhleninneren wie ein Schallmauerdurchbruch. Draußen iahte empört der Esel.
„Desert Eagle, vierundvierziger Magnum!", brüllte Hugo hinterher. „Glaubt ihr es jetzt?"
„Ich bringe Anna nach oben", verkündete Peter Sterzer. „Kümmert ihr euch um den Wahnsinnigen."
Hugo meinte mit vollem Ernst: „Ich jag ihm eine Kugel durch den Schädel und wir lassen ihn hier unten vermodern!" Seine Augen bekamen einen fiebrigen Glanz, sein Blick wurde starr wie hypnotisiert. Alfred gruselte es. Was war in Hugo gefahren? „Gib mir diese Pistole", sagte er sanft, während hinter ihm Peter Sterzer mit Anna die Höhle verließ. „Wir brauchen keine Pistole, um den Kerl festzuhalten. Er ist unbewaffnet."
Hugo nickte: „Du nimmst die Pistole und hältst den Kerl in Schach. Ich hole die Handschellen, mit denen er Anna gefesselt hat. Die legen wir ihm an." Er übergab die Pistole an Alfred. Zögernd richtete dieser den Lauf auf den am Boden liegenden Clemens. „Am besten, du stehst auf ihn drauf", empfahl Hugo. „Dann kommt er nicht auf dumme Gedanken."
Während Alfred diesen Rat befolgte und sich mit einem Fuß wie ein Elefantenjäger auf Clemens' Rücken stellte, eilte Hugo zielstrebig zu einem hölzernen Verschlag im Höhlenhintergrund, den Alfred erst jetzt bemerkte. „Da drin hat er sie gefangen gehalten", erläuterte Hugo. Er kroch in die Holzkiste, die nicht viel größer war als eine Hundehütte, und kam alsbald mit eisernen Handschellen wieder herausgekrabbelt. Unterdessen regte sich Clemens vorsichtig unter Alfreds Fuß. „Ich schieße!", drohte Alfred, obwohl er genau wusste, dass er niemals schießen würde. Was würde er machen, wenn Clemens plötzlich aufspringen und nach

der Waffe greifen sollte? „Ich schieße!“, wiederholte er noch einmal, diesmal schärfer. Aber Clemens blieb brav. Er murmelte lediglich unverdrossen: „Aber sie hat gestanden. Sie ist eine Hexe, sie ist eine Hexe. Ich habe ihr Geständnis …“ Das kümmerte Alfred und Hugo nicht. Hugo kniete sich vor Clemens nieder und riss ihm die Hände auf den Rücken. Es machte metallisch „klack, klack“, und schon lag Clemens sicher verwahrt in den Handschellen.

Plötzlich übertönte Hubschrauberlärm alle anderen Geräusche. Direkt über der Doline tauchte ein Helikopter auf und verwirbelte Büsche und Sträucher und alles, was nicht niet- und nagelfest war. Alfreds Laptop segelte plötzlich durch die Luft. Dann setzte vom Rande der Doline her Hundegebell ein, so dass der Esel erschrocken in die Höhle flüchtete und dabei fast Alfred über den Haufen galoppierte.

Hugo brüllte in den Lärm hinein: „Polizei! Polizei kommt!“ Schon hörten sie die ersten Stimmen. Befehle wurden gebrüllt. Eifrig kläfften die Polizeihunde. „Hier, hierher, wir haben was gefunden!“, wollten sie sagen. Alles ging jetzt blitzschnell. Die Polizei war vom Pfarrhiesler alarmiert worden, nachdem dieser den Schuss gehört hatte, den Hugo aus seiner Monstermagnum-Pistole abgegeben hatte. Weil die Soko Hexenschuss wegen der Großfahndung nach Anna unmittelbar in der Nähe war, dauerte es nur wenige Minuten, bis sie nun am Tatort erschien. Ein Rudel schwer bewaffneter Polizisten, behelmt und mit Panzerwesten geschützt, erstürmte die Dolinenhöhle. Geifernde Hunde zerrten wie wahnsinnig an ihren Leinen und kläfften in rasendem Eifer. Der Esel bockte und büxte aus. Ein Beamter warf sich hinterher, wurde aber nur mit einem Tritt auf den Helm belohnt. Eine Lawine von Staub, Ästen und Dreck flog empor, als der Esel in Panik das Gestrüpp durchbrach und den Dolinenrand erklomm.

Gleichzeitig sah Alfred mit einem Mal ein Dutzend Gewehrläufe auf sich gerichtet und jemand brüllte: „Waffe fallen lassen und Hände hoch! Lassen Sie die Waffe fallen!"
Alfred gehorchte und riss die Hände hoch. Schon waren fünf Mann über ihm und wetteiferten, ihn in den Schwitzkasten zu nehmen. Andere Polizisten zerrten Clemens auf die Beine, der fortwährend jammerte: „Sie hat gestanden, sie hat gestanden."
Hugo war vom Erdboden verschwunden. Wie hatte er das fertig gebracht?
Bald legte sich der Staub.
„Zwei Verdächtige festgenommen", verkündete der kommandierende Einsatzleiter in ein Funkgerät hinein, und Alfred erkannte in ihm den bleichen Kriminalkommissaranwärter Martin aus dem weißen Kastenwagen. „Gesuchte Person lebend aufgefunden. Unterkühlt und leicht verletzt. Sehr geschwächt. Steht unter Schock. Krankenwagen ist angefordert. Ihr Freund ist bei ihr."
„Ihr Freund ...?" Alfred wollte vor Empörung platzen. Aber starke Polizeiarme hielten ihn gefangen wie in einem Schraubstock. Man legte ihm Handfesseln an.
„Ich bin unschuldig", protestierte Alfred laut. „Ich bin ... ich gehöre zu ...."
„Sie stinken nach Gülle und Eselpisse", rümpfte der Kriminalkommissaranwärter Martin die Nase und nahm zwei Schritte Abstand. „Und wir haben Sie mit gezückter Waffe am Tatort angetroffen. Sie sind festgenommen! Erzählen Sie Ihre Geschichte, wenn wir in Freiburg sind."
„Ich bin unschuldig, verdammt nochmal", wiederholte Alfred.
Die Hunde kläfften ihn an.
„Sie hat gestanden, sie hat gestanden ...", beteuerte Clemens.

Auch ihn bellten die Hunde nieder.
„Bringt die beiden Festgenommenen nach draußen“, befahl Kriminalkommissaranwärter Martin. Und zu den übrigen Polizisten gewandt: „Alles absichern hier. Die Spurensicherung ist unterwegs. Ich glaube, das war ein Volltreffer. Der Mörder und sein Komplize. War mir von Anfang an klar, dass es kein Einzeltäter sein kann.“ Jungmartin schüttelte empört den kurzgeschorenen Polizistenkopf: „Bestien! Alle beide! Gott sei Dank haben wir sie erwischt!“